रंग कोलाज

रंग कोलाज

देवेन्द्र राज अंकुर

राजकमल प्रकाशन

ISBN : 978-81-267-0011-0

मूल्य : ₹595

पहला संस्करण : 2000
This book is printed on **Print on Demand** Technology : 2025

प्रकाशक : राजकमल प्रकाशन प्रा. लि.
1-बी, नेताजी सुभाष मार्ग, दरियागंज
नई दिल्ली-110 002

शाखाएँ : अशोक राजपथ, साइंस कॉलेज के सामने, पटना-800 006
पहली मंजिल, दरबारी बिल्डिंग, महात्मा गांधी मार्ग, प्रयागराज-211 001
1, अनमोल सोराबजी सन्तुक लेन, धोबी तलाव, मरीन लाइंस, मुम्बई-400 002
वेबसाइट : www.rajkamalprakashan.com
ई-मेल : info@rajkamalprakashan.com

RANG KOLAJ
by Devendra Raj Ankur

महेश आनन्द, सुरेन्द्र शर्मा और
अमिताभ श्रीवास्तव के लिए

कसौटी, जनसत्ता, रंग प्रसंग, सबरंग, आजकल, छायानट, रंग संवाद, वर्तमान साहित्य, कलावार्ता, समकालीन भारतीय साहित्य. कहन और कला प्रयोजन का आभार, जिनमें ये लेख पहली बार प्रकाशित हुए।

आत्मगत

सोचा तो यही था कि इस संकलन का शीर्षक 'दूसरा रंग' रखा जाए लेकिन अपने अभिन्न मित्रों के सुझाव पर उस विचार को त्याग दिया। इसीलिए इस बार 'रंग कोलाज'—यों भी सामग्री की दृष्टि से यह संकलन पहले वाले से बिलकुल अलग है और अपने में भी विविधता लिए हुए है। सभी लेख रंगमंच के अलग-अलग पक्षों से संबद्ध हैं लेकिन प्रमुखता अभिनय से जुड़ी सामग्री की ज़्यादा है। कोशिश की गई है कि अभिनय जैसे अमूर्त और रहस्यात्मक माध्यम को कहीं भीतर से पकड़ा जाए और उसकी रचना प्रक्रिया के साथ-साथ उससे जुड़े दूसरे प्रश्नों के उत्तरों की भी खोज की जाए। इस प्रक्रिया में शास्त्रीय रंगमंच, लोक रंगमंच, यथार्थवादी रंगमंच, पारसी रंगमंच, नुक्कड़ रंगमंच और कहानी का रंगमंच—हर तरह की धारा के भीतर से गुज़रकर जाँचने-परखने की चेष्टा की है मैंने। एक जिज्ञासा ने मुझे सदैव उत्सुक बनाए रखा है कि आख़िर उपर्युक्त सभी तरह के रंगों में अभिनय की प्रक्रिया भी अलग-अलग होती है या होनी चाहिए, एक जैसी होती है या फिर वह भी स्वयं में उतनी ही अमूर्त, रहस्यपूर्ण और निराकार होती है, जितना कि अभिनय स्वयं में होता है। एक तरह से यह सारा अध्ययन अभिनय के सौन्दर्यशास्त्र को जानने, समझने रचने, तोड़ने और पुनः निर्मित करने की दिशा में एक विनम्र प्रयास है। मुझे नहीं लगता कि मेरी खोज समाप्त हो गई है बल्कि सच्चाई ठीक इसके उलट है। अभी तो यह यात्रा मात्र एक शुरूआत है, जिस पर चलकर मैं सचमुच में अभिनय के दर्शन और सौन्दर्यशास्त्र पर एक स्वतंत्र पुस्तक लिखना चाहता हूँ। उदाहरण के लिए हम प्रायः किसी भी प्रस्तुति के बाद इस तरह के उद्गार सुनते हैं कि फ़लाँ-फ़लाँ अभिनेता ने बहुत अच्छा अभिनय किया। अब यह अच्छा अभिनय क्या है ? और कहाँ से पैदा होता है ? क्या उसकी आवाज़ और रंग भाषण से ? उसके शरीर और उसकी गतियों से ? क्या इनके अपने-आप में सुंदर, सुडौल और सौष्ठव पूर्ण होने से ? क्या चरित्र के साथ एकाकार होने से ? नाटककार के आलेख को उसकी तमाम गहराइयों, जटिलताओं और सूक्ष्मताओं को दर्शक तक संप्रेषित करने से ? यदि इन सारे प्रश्नों का मिला-जुला उत्तर

हाँ है, तो क्या हम अंततः उसी यथार्थवादी दृष्टि से विचार नहीं कर रहे हैं, जिसे हम जान-बूझकर, सोच-समझकर नकारते रहे हैं या नकारना चाहते हैं ? इसी अध्ययन का दूसरा पहलू है अभिनय की व्यावहारिक प्रक्रिया—मुझे संतोष और साथ-साथ .खुशी भी है कि अपने सम्पर्क में आए कम से कम छः अभिनेताओं की रचना प्रक्रिया को विवेचित और विश्लेषित करने की एक छोटी-सी कोशिश की है ताकि स्वयं अभिनेताओं के भीतर से गुज़रकर ही उपर्युक्त प्रश्नों को हल करने की दिशा में आगे बढ़ा जा सके।

प्रकारांतर से यह संकलन किसी सोची-समझी योजना के तहत नहीं, अनायास ही प्रस्तुति प्रक्रिया की पूरी यात्रा का जायज़ा लेता जान पड़ता है—नाटककार का आलेख, निर्देशक की भूमिका, अभिनेता की प्रक्रिया, प्रदर्शन स्थल का संभावित स्वरूप और दर्शकों की प्रतिक्रिया सभी लेख रंगमंच के इन सारे कारक तत्त्वों को अपने में समेटे हुए हैं। इसीलिए यह अकारण नहीं कि कई स्थानों पर कुछ बातें बार-बार संदर्भ के रूप में सामने आती हैं लेकिन दोहराव का ख़तरा उठाते हुए भी उन्हें जाने दिया गया है। सिर्फ इसलिए कि कई बार यह बेहद ज़रूरी हो जाता है कि हम बहुत अच्छी तरह से जानी-पहचानी चीज़ों को भी याद करते चलें ताकि अपने अध्ययन में आगे बढ़ने में सुविधा हो। हाँ, एक लेख अलग से लिखने की इच्छा इस संकलन में पूरी नहीं हो पाई और वह यह कि नाटककार के आलेख से प्रस्तुति आलेख तक की यात्रा को किसी आलेख विशेष के संदर्भ में व्याख्यायित किया जाए और वह भी प्रस्तुति के वास्तविक अनुभवों के माध्यम से नहीं वरन् आलेख के भीतर निहित संभावित कल्पनाओं, परिकल्पनाओं की अनेकानेक दृष्टियों से खोजबीन की जाए। संभव है अगले संकलन तक यह काम पूरा हो जाए।

अध्ययन, विवेचन और विश्लेषण से बिलकुल अलग इस बार दो नाटकों के अनुवाद भी शामिल किए हैं रंग कोलाज में और शायद इसीलिए कोलाज जैसा शीर्षक सूझ गया। सचमुच में सामग्री की विभिन्नता को ये नाटक ही मुख्य रूप से स्थापित करते हैं और एक दूसरे रूप में उस सामग्री से जुड़कर उसे एक संपूर्णता भी प्रदान करते हैं क्योंकि बार-बार नाटक के आलेख की भी बात की गई है। प्रत्यक्ष-अप्रत्यक्ष रूप में दोनों आलेख दो अलग-अलग देशों, भाषाओं और शैलियों में लिखे होने के बावजूद कहीं भारतीय रंगमंच की अपनी निजता और पहचान से भी गहरे में जुड़ते हैं, जो एक साथ ही शैलीबद्ध भी है, यथार्थवादी भी है, लोककथा भी है और विसंगत नाटक भी है। क्या यहीवह रास्ता नहीं है, जिसे पाने के लिए हम लगातार कोशिशें करते आ रहे हैं अर्थात् भारतीय

रंगमंच जो भी, जैसा भी है या होगा, वह अपनी संपूर्णता में शास्त्रीय, लोक, यथार्थवादी, भारतीय, पाश्चात्य सभी कुछ एक साथ होगा। वह किसी एक शैली के अतिवादी छोर पर रुक ही नहीं सकता—क्या उसका आज तक का इतिहास भी इस तथ्य को प्रमाणित नहीं कर देता ? फिर भारतीय रंगमंच ही क्यों, दुनिया के किसी रंगमंच के विषय में यह टिप्पणी की जा सकती है। क्या हम अपने लिए विश्वासपूर्वक यह कह सकते हैं कि हम एक ही विचारधारा के समर्थक हैं, एक ही तरह की जीवन शैली के अभ्यस्त हैं और मात्र एक अंतिम निष्कर्ष के रूप में अपने जीवन दर्शन को प्रस्तुत कर सकते हैं ? यदि चित्रकला में सफ़ेद और काले को रंग ही नहीं माना जाता, मनुष्य को अच्छे और बुरे के एकांगी चौखटों में बंद नहीं किया जा सकता तो फिर भारतीय रंगमंच को लेकर ही इतना पूर्वाग्रह-दुराग्रह क्यों ? रंगमंच तो अपनी मूल प्रकृति और स्वभाव में ही एकायामी नहीं होता।

महज़ सात-आठ महीनों में ही दूसरे संकलन के आ जाने से यह अनुमान क़तई न लगा लिया जाए कि जैसे सचमुच बहुत जल्दी है कहीं पहुँचने की। दोनों नाटक क्रमशः उन्नीस सौ सतासी और नवासी में अनूदित हुए थे और पहली बार प्रकाशित रूप में सामने आ रहे हैं। यह अलग बात है कि पिछले बारह-तेरह वर्षों में अलग-अलग निर्देशकों द्वारा मंचित होकर बेहद लोकप्रिय हुए हैं। जहाँ तक लेखों का सवाल है, उनके लिए पत्र-पत्रिकाओं के वे सम्पादक ज़िम्मेदार हैं जिनके आग्रह पर ये पहली बार लिखे गए और प्रकाशित भी हुए। अपने पत्र-पत्रिकाओं में उन्होंने इस सारे रंग विमर्श को नियमित और निश्चित स्तम्भ की तरह से स्थान दिया, शायद इसीलिए चिंतन, मनन और लेखन की यह निरंतरता, सक्रियता और प्रतिबद्धता बराबर बनी रही है और विश्वास है कि आगे भी बनी रहेगी।

यह संकलन इतनी जल्दी प्रकाशित होकर आपके सामने है—इसका पूरा श्रेय राजकमल प्रकाशन और उसके प्रबंध निदेशक अशोक महेश्वरी को दिया जाना चाहिए जिन्होंने इसके प्रकाशन में अतिरिक्त रुचि और तत्परता दिखाई।

अंत में—इस संकलन का भी मेरे सहकर्मी, पाठक, दर्शक और अग्रज वैसा ही खुला स्वागत करेंगे, इस आशा, आकांक्षा और विश्वास के साथ।

18.3.2000

—देवेन्द्र राज अंकुर

अनुक्रम

अभिनेता की रचना प्रक्रिया

यह सच है कि रंगमंच का सबसे प्रमुख कारक तत्त्व है अभिनेता, लेकिन उसी की रचना प्रक्रिया इतनी जादुई और रहस्यात्मक है कि उस पर बहुत कम विचार-विमर्श हुआ है। अभिनय क्या है—इसे लेकर भारतीय और पश्चिमी रंग चिन्तन में आदिकाल से ही गहन मनन और विवेचन होता रहा है किन्तु अभिनय अथवा अभिनेता की वास्तविक रचना यात्रा या प्रक्रिया क्या होती है या कि क्या हो सकती है, इस विषय में कोई बहुत ज़्यादा स्रोत सामग्री उपलब्ध नहीं है। ऐसा क्यों हुआ—दूसरी विधाओं और कलाओं के परिप्रेक्ष्य में इसे समझने की चेष्टा की जा सकती है। अभिनय को छोड़कर शेष सभी दूसरी कलाओं में सृजन की रचना प्रक्रिया दो स्तरों पर चलती है—पहले कोई कथा, कहानी या विचार रचनाकार के हृदय में जन्म लेता है, उसके बाद वह उसे अपने माध्यम में साकार अभिव्यक्ति देता है। लेखक अपनी क़लम से अपने कथ्य को काग़ज़ पर शब्दों के माध्यम से, चित्रकार कैनवास पर रंग-ब्रश से, मूर्तिकार पत्थरों में छैनी या हथौड़े से और फ़िल्मकार कैमरे और फ़िल्म की सहायता से अपनी आन्तरिक अनुभूति को बाह्य रूप में अभिव्यक्त करते हैं। इससे यह स्पष्ट है कि उपर्युक्त सभी कलाओं में साधक, साधन और साध्य अलग-अलग हैं, लेकिन अभिनय, और उसी के साथ-साथ संगीत और नृत्य में साधक, साधन और साध्य एक ही होता है। इनमें भी संगीत की स्थिति अलग रखी जा सकती है क्योंकि कम-से-कम वाद्य-संगीत में ये तीनों तत्त्व अलग-अलग ही होते हैं। नृत्य और अभिनय एक-दूसरे के पूरक और समानान्तर माने जा सकते हैं लेकिन एक सीमा के बाद नृत्य भी इस प्रक्रिया में अलग होने लगता है क्योंकि वहाँ आलेख का पाठ कोई दूसरा करता है, वाद्य-संगीत की ज़िम्मेदारी अलग लोगों पर होती है और नृत्यकार केवल मुद्राओं व गतियों का प्रयोग करता है। इस दृष्टि से अभिनेता की कला सबसे जटिल, संश्लिष्ट और उतनी ही रहस्यपूर्ण भी है। इसमें कोई सन्देह नहीं कि यहाँ कथा, कहानी या विचार मूलतः अभिनेता के मन-मस्तिष्क में जन्म नहीं लेता, वह उसे नाटक के आलेख के रूप में रचनाकार से प्राप्त होता है लेकिन बस यहीं तक नाटककार का कोई सहयोग रहता है। इसके बाद की सारी रचना-प्रक्रिया से अभिनेता को मात्र अपने माध्यम से गुज़रना होता है। यूँ कहने को उसके साथ अभिनेताओं का एक बड़ा समूह और उन सबके ऊपर एक निर्देशक भी रहता है लेकिन जहाँ तक किसी भूमिका को मंच पर प्रस्तुत करने का प्रश्न है, उसकी तैयारी में निर्देशक अथवा दूसरे रंगकर्मी बाहर से कितने ही सुझाव और संकेत दें किन्तु वास्तव में यह तैयारी अभिनेता की

बिलकुल अपनी सम्पत्ति होती है। इसके विषय में न तो स्वयं अभिनेताओं ने ज़्यादा सोच-विचार किया है और न ही इसकी पहल आलोचकों, चिन्तकों और निर्देशकों की तरफ़ से हुई है। यदि स्वयं अभिनेता से भी इस प्रक्रिया को लेकर कुछ जानने-समझने की कोशिशें हुईं तो वह भी इस विषय में कोई बहुत गहरी बातचीत नहीं कर पाया। एक मायने में उसका अनुभव भी गूँगे के मुँह में गुड़ वाले मुहावरे की ही पुष्टि करता है अर्थात् वह उसे अनुभूत तो करता है लेकिन उसके विषय में कभी विस्तार से दूसरों के साथ शेयर नहीं कर पाता। इस अर्थ में वह सचमुच दूसरे माध्यमों के सृजनात्मक तत्त्वों से एकरूपता रखता है क्योंकि प्रायः देखा गया है कि रचनाकार स्वयं अपनी रचना को लेकर बहुत कम संवाद कर पाता है। शायद एक रचनाकार और आलोचक के बीच यही मूल अन्तर है। बहरहाल, एक निर्देशक के तौर पर रंगमंच से सम्बद्ध होने के कारण अभिनेता की रचना प्रक्रिया सदैव ही मेरी जिज्ञासा का विषय रहा है। मैंने अपने अभिनेताओं के साथ और स्वयं अपने स्तर पर जितना कुछ जानने और समझने की कोशिश की है, उसे अपने पाठकों, दर्शकों और सहकर्मियों के साथ शेयर करने का प्रयत्न करूँगा।

एक जिज्ञासा आरम्भ में ही उठती है—दूसरे सृजनधर्मी रचनाकारों की तुलना में अभिनेता को कहाँ तक सृजनशील कलाकार माना जा सकता है ? रंगमंच को छोड़कर दूसरे जितने भी कला माध्यम हैं, जिनकी चर्चा ऊपर की गई है, उनमें किसी रचना से पहले विचार की प्रेरणा स्वतःस्फूर्त होती है यानी उसका जन्म रचनाकार के अन्तर में सहज, अनायास और अचानक ही होता है, जबकि अभिनेता के साथ ऐसी बात नहीं है। उसका आलेख पहले से तैयार होता है, उसमें किस भूमिका को निभाना है, यह निर्देशक द्वारा निश्चित किया जाता है, उस भूमिका को कैसे आरम्भ से अन्त तक निभाया जाना है, यह भी लगभग सम्पूर्ण रूप से निर्देशक द्वारा ही तय किया जाता है—इन सबके बाद अभिनेता की अपनी रचना प्रक्रिया को किस रूप में स्वीकार किया जाए ? वह स्वतःस्फूर्त मानी जाए अथवा सोच-समझकर तैयार की गई रचना। पहली स्थिति सम्भव ही नहीं है और दूसरी स्थिति में अभिनेता रचनाकार की अपेक्षा व्याख्याकार के निकट ज़्यादा पड़ता है। लेकिन कहा यही जाता है कि अभिनेता का रंगकर्म भी उतना ही सृजनधर्मी होता है, जितना कि दूसरे रचनाकारों का—यह कैसे, कब सम्भव होता है, अभिनेता की रचना प्रक्रिया के सन्दर्भ में इन सम्भावनाओं को भी जाँचना-परखना होगा।

अभिनेता की प्रक्रिया आलेख के पाठ से आरम्भ होती है। निर्देशक द्वारा अभिनेता को भूमिका दी जाने के बाद यह पाठ प्रक्रिया उस समय तक जारी रहती है, जब तक कि निर्देशक नाटक के गतिविधान से सम्बन्धित कार्य की शुरुआत नहीं करता। इस पाठ के दौरान ही अभिनेता भूमिका में पैठने लगता है। भूमिका में पैठना भी कई रास्तों से होकर गुज़रता है—एक रास्ता तो यह है कि अभिनेता उस चरित्र की आयु, वेशभूषा, आर्थिक स्थिति, सामाजिक स्थिति, दूसरे चरित्रों के साथ उसके सम्बन्ध, नाटक में

आरम्भ से लेकर अन्त तक उसका चारित्रिक विकास, उसकी आवाज़, उसकी चाल-ढाल, उसकी क्रियाएँ-प्रतिक्रियाएँ, उसके हाव-भाव—इनको और इनसे मिलते-जुलते सभी सूत्रों को निश्चित करके अपने व्यक्तित्व को उन्हीं के अनुसार ढालने की शुरुआत करे अर्थात् जो चरित्र वह निभाने जा रहा है, हूबहू वैसा ही बनने और दिखने का प्रयत्न करे। दूसरे शब्दों में अभिनेता एक चरित्र को अपने ऊपर, बाहर से आरोपित करके अपने भीतर की तरफ़ यात्रा करता है। आधुनिक रंगमंच के सबसे बड़े सिद्धान्तकार, अभिनेता और निर्देशक स्टानिस्लाव्स्की ने इसी अभिनय-प्रक्रिया का प्रतिपादन किया था। इसी से मिलती-जुलती बात भरत के 'नाट्यशास्त्र' में भी उपलब्ध है, जहाँ वह इस प्रक्रिया का विवेचन करते हैं कि किस पात्र के लिए कौन-सा अभिनेता उपयुक्त रहेगा, उसकी क्या वेशभूषा होगी, क्या केश विन्यास, अलंकरण और रूप-सज्जा होगी। एक प्रकार से यह सारी प्रक्रिया मंच पर यथार्थ को अपने उसी रूप में प्रस्तुत करने से सम्बद्ध है। यही विचार चौथी शताब्दी ई.पू. में यूनान के सुप्रसिद्ध दार्शनिक अरस्तू ने भी प्रस्तुत किया था, जब उन्होंने कला की व्याख्या और परिभाषा की थी—'कला जीवन का अनुकरण है।' इसी से मिलता-जुलता मत हमारे यहाँ भरत ने अपने 'नाट्यशास्त्र' में भी व्यक्त किया है, जब वह कहते हैं कि नाटक लोकवृत्त का अनुकीर्तन है। इस प्रकार दोनों ही आचार्य इसे स्वीकार करते हैं कि नाटक जीवन की अभिव्यक्ति है। यह अलग बात है कि पश्चिमी परम्परा यथार्थ की अभिव्यक्ति पर बल देती है, जबकि भारतीय परम्परा में यथार्थ की अपेक्षा उसके भावानुकीर्तन को रेखांकित किया गया है।

अभिनेता की रचना प्रक्रिया का दूसरा विकल्प यह है कि वह भूमिका की तैयारी की शुरुआत अपने भीतर से करे अर्थात् उसे बाहर से किसी काल्पनिक या चिर-परिचित चरित्र को अपने ऊपर आरोपित करने की आवश्यकता नहीं है। इसके विपरीत उसे स्वयं अपने चरित्र एवं व्यक्तित्व में ही ऐसे मिलन-बिन्दुओं की तलाश करनी चाहिए जो भूमिका के पात्र से मेल खाते हों। इस प्रकार उसे भूमिका के निर्वाह में बहुत ही सहज एवं स्वाभाविक प्रतीति होगी क्योंकि यदि भूमिका के लगभग सभी गुण-अवगुण स्वयं अभिनेता में मौजूद हैं तो उसे कहीं बाहर जाने की ज़रूरत नहीं है। यह प्रक्रिया एक प्रकार से यथार्थ की हूबहू अभिव्यक्ति न होकर, कोई विशेष अभिनेता यथार्थ को किस रूप में देखता और प्रस्तुत करता है, उस पर निर्भर करती है। यह भी कहा जा सकता है कि यह प्रक्रिया चरित्र-निर्माण प्रक्रिया के उस बने-बनाए ढाँचे को तोड़ देती है जिसमें किसी पात्र की ऊँचाई कितनी है, अभिनेता को भूमिका बाँटते समय इस तथ्यात्मक विवरण का भी ध्यान रखा जाता है। देखा जाए तो इस दूसरे विकल्प में इस तरह की तथ्यात्मक ज़रूरतों का कोई महत्त्व नहीं रह जाता। इसीलिए यह विकल्प हमारी भारतीय परम्परा के ज़्यादा निकट पड़ता है। कालान्तर में जर्मनी के नाटककार-निर्देशक ब्रेष्ट ने भी अपने सिद्धान्तों एवं अवधारणाओं के लिए इसी प्रक्रिया की पुष्टि की क्योंकि यहाँ चरित्र की बाह्य रेखाओं को उतना महत्त्व न देकर उसके स्वभाव, व्यवहार, प्रतिक्रियाओं पर ज़ोर दिया गया है।

एक तीसरा विकल्प पूरी तरह से भारतीय रंग परम्परा का उत्तराधिकारी है। इसके अतिरिक्त वह विश्व की उन दूसरी परम्पराओं में भी मिलता है, जहाँ चरित्र-निर्माण पर कोई आग्रह नहीं है, वरन् सम्पूर्ण रूप में प्रस्तुतिपरक पद्धति का अनुकरण किया जाता है। यह प्रस्तुतिपरक पद्धति क्या है—इसमें अभिनेता अपने भीतर और बाहर से एकदम ख़ाली पात्र की तरह से होता है। उसमें जो भी सामग्री डाल दी जाए, वह उसी का पात्र कहलाने लगता है। सीधे-सादे शब्दों में इसे यूँ समझा जा सकता है—पाश्चात्य परम्परा में दूध पीने के लिए अलग गिलास है, शराब पीने के लिए अलग गिलास है, लेकिन भारतीय परम्परा में एक ही गिलास दोनों कार्यों के लिए प्रयोग में आ सकता है। यदि और स्पष्ट करना चाहें तो कह सकते हैं कि पश्चिमी नाटक में गिलास-विशेष को देखते ही दर्शक समझ जाता है कि चरित्र उसमें दूध पीने जा रहा है या शराब, जबकि भारतीय परम्परा में गिलास का अपना कोई विशेष चरित्र नहीं है, वह उसमें डाली जाने वाली सामग्री पर निर्भर होगा। ज़ाहिर है कि इस प्रक्रिया में जहाँ अभिनेता से यह अपेक्षा की गई है कि वह भीतर से ख़ाली, निसंग और तटस्थ रहेगा, वहीं दर्शकों के साथ जुड़ी वह स्वीकृति भी सम्मिलित है, जिसके आधार पर वे अभिनेता द्वारा प्रस्तुत पात्र को तुरन्त पहचान लेते हैं क्योंकि उन्हें पात्र की यथार्थगत पहचान से उतना सरोकार नहीं, जितना कि वे यह देखने को उत्सुक होते हैं कि अभिनेता-विशेष उस पात्र को कितनी निजता, कितनी विशिष्टता और कितने नव्यतम रूप में प्रस्तुत करेगा। संक्षेप में, हमारी रंग परम्परा में पात्र की वेशभूषा, मुख सज्जा, रंग, अलंकार आदि सबकुछ पहले से निश्चित और रूढ़िबद्ध है। अतः उसे अलग से देखने में दर्शक की कोई रुचि नहीं, वह तो अभिनेता की कला के आन्तरिक पक्ष को देखने का इच्छुक है। इस देखने-सुनने के अनुभव को संगीत और नृत्य जैसी कलाओं के सन्दर्भ में अच्छी तरह से समझा जा सकता है। उदाहरण के लिए संगीत में सभी रागों के सुर और मात्राएँ पहले से निश्चित हैं, फिर भी अलग-अलग गायकों को सुनने का अनुभव एक-दूसरे से अलग होता है। यही बात नृत्य के विषय में भी स्वयंसिद्ध है।

यहीं पर एक और प्रसंग का उल्लेख करना भी अप्रांसगिक नहीं होगा। कहा जाता है कि चूँकि प्रस्तुति के स्तर पर यथार्थवादी नाटक और शैलीबद्ध नाटक अलग अलग रूप में रूपायित होते हैं, अतः उनके भीतर से गुज़रते हुए अभिनेता की रचना प्रक्रिया भी भिन्न-भिन्न होती है। लेकिन क्या सचमुच में ऐसा होता है ? जहाँ तक प्रस्तुति शैली जैसे बाह्य रूपाकार का प्रश्न है, निश्चय ही दोनों तरह के नाटक अभिनेता से अतिरिक्त सूझ-बूझ, कौशल एवं अभ्यास की माँग करते हैं लेकिन इससे यह निष्कर्ष कदापि नहीं निकाला जा सकता कि अभिनेता की रचना प्रक्रिया भी अलग-अलग होगी। इसे हम एक दूसरी विधा, साहित्य के उदाहरण से समझ सकते हैं। लेखक को कहानी लिखनी है अथवा उपन्यास, नाटक लिखना है अथवा कविता—इनकी प्राविधियाँ भले ही अलग-अलग हो सकती हैं और होती ही हैं लेकिन क्या वह अन्तःस्फूर्त प्रेरणा भी अलग होती है जिसके कारण रचनाकार किसी भी प्रकार के रचनात्मक लेखन के लिए प्रवृत्त

होता है ? ज़ाहिर है कि इस बात को लेकर कोई विवाद नहीं हो सकता कि किसी भी कला रूप की रचना के पीछे एक ही प्रकार की प्रेरणा कार्यरत होती है। यह अलग बात है कि अपनी अभिव्यक्ति में सभी कला माध्यम एक-दूसरे से अलग व्यक्तित्व ग्रहण कर लेते हैं।

हाँ, एक बात पूरी तरह से अटल और निश्चित है कि अभिनेता चाहे यथार्थवादी नाटक में अभिनय करे, चाहे शैलीबद्ध नाटक में—अपनी भूमिका की तैयारी के लिए वह चरित्र को बाहर से अपने ऊपर आरोपित करे, उसकी खोजबीन स्वयं अपने भीतर से ही करे अथवा स्वयं को नितान्त निस्संग रखकर किसी भी भूमिका या चरित्र का वहन करे—कहने का तात्पर्य यह कि वह जो भी जिस रूप में मंच पर प्रस्तुत कर रहा है, वह पहले तो स्वयं उसे विश्वसनीय लगे और साथ-साथ दर्शकों के लिए भी उतना ही विश्वसनीय होना चाहिए। दरअसल, यही वह मूलमंत्र है, जिसे अधिकांश अभिनेता समझ नहीं पाते और वे चरित्र की मात्र बाहरी रेखाओं और रंगों में सिमटकर रह जाते हैं। इसीलिए उनका अभिनय निहायत सतही, एकांगी और बनावटी लगता है और दर्शक भी उससे प्रभावित नहीं हो पाता। यदि अंग्रेज़ी से दो शब्दों को उधार लिया जाए तो कहा जा सकता है कि वह ऐक्टर से ज़्यादा परफ़ार्मर होने लगता है। ऐक्टर मात्र अपने लिए और नाटक के लिए अभिनय करता है, जबकि परफ़ार्मर केवल दर्शकों के लिए। इसीलिए जहाँ अभिनेता की कला सूक्ष्म एवं आन्तरिकता लिये होती है, वहाँ परफ़ार्मर का सारा ध्यान कारीगरी, क़लाबाज़ी और तकनीकी कौशल पर ही रहता है। इसमें कोई सन्देह नहीं कि अभिनेता को भी तकनीकी कौशल की ज़रूरत पड़ती है, लेकिन उसके सन्दर्भ में वही सबकुछ नहीं है। इसीलिए जहाँ परफ़ार्मर का व्यक्तित्व और चरित्र हमेशा एक ही रहता है, चाहे वह किसी भी प्रस्तुति में काम करे, वहाँ अभिनेता का चरित्र और व्यक्तित्व बदलता रहता है, नाटक-दर-नाटक। एक महान् अभिनेता की तो पहचान ही यही है कि वह मंच पर चरित्र के रूप में जाना जाए, न कि उस रूप में, जैसाकि वह अपने वास्तविक जीवन में है। सम्भवतः इसीलिए हमारी रंग परम्परा में एक मुहावरा है कि अभिनेता के न तो केश होने चाहिएँ और न दाँत। इसका अर्थ यही है कि इन दोनों के अभाव में वह जब चाहे जैसा रूप धारण कर सकता है। यह मुहावरा अभिनय के एक और पक्ष की तरफ़ भी संकेत करता है, और वह यह कि रंगमंच जीवन के यथार्थ की अभिव्यक्ति होते हुए भी अभिनेता कभी भी अपने जीवन के यथार्थ को मंच पर प्रस्तुत नहीं करता। इस अर्थ में शायद सारी कलाएँ एक समान हैं कि वे यथार्थ का अनुकरण या अनुकीर्तन होकर भी जीवन का वास्तविक यथार्थ नहीं हैं। यदि ऐसा होता तो पाठक, श्रोता या दर्शक की उनमें कोई रुचि न होती क्योंकि वह विभिन्न कलाओं की ओर आकृष्ट ही इसलिए होता है कि वे उसे थोड़ी देर के लिए ही सही, अपने जीवन के वास्तविक यथार्थ से अलग एक संसार में ले जाती हैं।

रंगमंच और विशेषतः अभिनेता के सन्दर्भ में तो यह तथ्य और भी महत्त्वपूर्ण हो उठता है। दूसरी कलाओं में सुविधा यह है कि रचनाकार यथार्थ की अभिव्यक्ति करते

हुए भी उसके बाहर रहता है अर्थात् लेखन में मात्र शब्द हैं, चित्रकला में चित्र, स्थापत्य और मूर्तिकला में भवन या मूर्ति, फ़ोटोग्राफ़ी में छायाचित्र और फ़िल्म में फ़िल्म—इनमें कहीं भी रचनाकार सशरीर उपस्थित नहीं है लेकिन अभिनय रचना में अभिनेता और वह स्वयं—दोनों एक साथ उपस्थित रहते हैं। इसीलिए यह ख़तरा सदैव बना रहता है कि कहीं अभिनेता स्वयं को भूलकर पूरी तरह से चरित्र में ही खो या डूब न जाए। प्रायः प्रस्तुतियों के बाद अभिनेता को कहते सुना है—मैं अपने अभिनय में ऐसा डूब गया था कि मुझे कुछ पता ही नहीं चला कि क्या हो रहा है। यह निहायत ही भ्रामक स्थिति है। यदि अभिनेता अपने चरित्र में पूरी तरह से डूब जाएगा तो फिर वह अभिनय ही कहाँ रहा ? चरित्र में डूब जाने की प्रक्रिया के विरुद्ध ही तो बीसवीं शती में अभिनय के 'अलगाव सिद्धान्त' का जन्म हुआ। हमारी अपनी रंग परम्परा में रस निष्पत्ति के परिप्रेक्ष्य में इस बात को और भी सटीक रूप में परिभाषित किया गया है। वहाँ रस का भोक्ता अभिनेता न होकर दर्शक है और यही आदर्श और वास्तविक स्थिति है। अभिनय को कला माना जाए अथवा तकनीक—यह बात अपनी जगह उतनी ही महत्त्वपूर्ण रहेगी कि अभिनेता में इतनी क्षमता अवश्य होनी चाहिए कि अभिनय करते समय भी वह इतना सजग रहे कि स्वयं अपने आप का पर्यवेक्षण करता चले। इसीलिए कहा जाता है कि अभिनेता के पास एक तीसरी आँख भी होती है, जिसके माध्यम से वह मंच पर अभिनय की प्रक्रिया से गुज़रते हुए भी स्वयं का निरीक्षण-परीक्षण करता रहता है।

उपर्युक्त सारे विवादों, संवादों और अन्तर्विरोधों के बावजूद अभिनेता की रचना प्रक्रिया का सबसे दिलचस्प पहलू यह है कि इकाई के रूप में एक व्यक्ति होते हुए भी वह एक साथ अनगिनत पात्रों, चरित्रों और भूमिकाओं को जीता है। इस अर्थ में उसकी प्रक्रिया 'एको अहम् बहुस्याम' जैसी कृष्ण की भूमिका से मिलती-जुलती है। लेकिन यह सबकुछ सम्भव कैसे होता है ? वह कौन-सी रासायनिक प्रक्रिया है, जिसमें से गुज़रकर अभिनेता एक चरित्र का निर्माण करता है। देखा जाए तो प्रत्यक्ष रूप में अभिनेता के पास केवल दो यन्त्र हैं—उसकी आवाज़ और उसका शरीर। तीसरा यन्त्र एक अपरोक्ष इकाई के रूप में उसका मस्तिष्क है। लेकिन ये यन्त्र अपने आप में सम्पूर्ण नहीं हैं। इनको प्रयोग में लाने के लिए सामग्री की आवश्यकता पड़ती है। जैसाकि पहले कहा जा चुका है, सामग्री अभिनेता को नाटककार के आलेख से मिलती है। आलेख से शुरू करके मंच तक आने की पूरी प्रक्रिया में अभिनेता को दो-तीन दिशाओं से और सहायता मिलती है। सबसे पहले क्रम पर उसका जीवन का अपना पर्यवेक्षण आता है। अभिनेता अपनी चारों तरफ़ जितने भी लोगों और उनसे जुड़ी घटनाओं के सम्पर्क में आता है, वे सभी अनुभव उसके मन-मस्तिष्क और स्मृति में दर्ज होते रहते हैं। जब भी किसी भूमिका के लिए वह तैयारी आरम्भ करता है, ये सारी स्मृतियाँ उसकी प्रक्रिया की एक आधारशिला का काम करती हैं। यह ज़रूरी नहीं कि जीवन के पर्यवेक्षण के अनुभव बिलकुल वैसे ही हों जैसे कि किसी भूमिका के लिए अपेक्षा है। इसे एक बहुत ही सहज

उदाहरण से समझा जा सकता है—मान लीजिए, किसी अभिनेता के ज़ेहन में किसी की मृत्यु पर होने वाले दुःख की कोई स्मृति नहीं है और नाटक के किसी दृश्य में उसे ऐसी ही स्थिति का सामना करना पड़ता है। ऐसे में वह अभिनेता क्या करे ? तब उसे अपनी स्मृतियों में बन्द उस समानान्तर अनुभव से सहायता लेनी पड़ती है, जिसमें किसी प्रियजन के बहुत दूर चले जाने पर होने वाले दुःख की अनुभूति सम्मिलित है।

यदि अभिनेता के सन्दर्भ में जीवन के पर्यवेक्षण की महत्ता निस्सन्दिग्ध है, वहीं उसकी अपनी कल्पना-शक्ति का भी अच्छा-ख़ासा योगदान हो सकता है। सम्भव है कि किसी अभिनेता के पास जीवन के वैविध्यपूर्ण अनुभवों और अनुभूतियों का भंडार नहीं है तो ऐसी स्थिति में उसकी तीव्र, तात्कालिक और स्वतःस्फूर्त कल्पना शक्ति काम में आती है।

लेकिन इससे यह अनुमान न लगा लिया जाए कि किसी अभिनेता के पास यदि जीवन का पर्यवेक्षण और उसकी अपनी कल्पना शक्ति मौजूद है तो वह एक सफल और सम्पूर्ण अभिनेता कहलाने लगेगा। वास्तव में इन दोनों विशेषताओं से भी ज़्यादा ज़रूरी चीज़ है कि वह मंच पर इन्हें प्रयोग में कैसे लाता है। इसीलिए अभिनय में कला के साथ-साथ तकनीक का भी उतना ही महत्त्व है। वास्तव में यह एक ऐसी कला है, जो अपने आप ही नहीं आ जाती, उसे लगातार सीखना, मांजना और निखारना पड़ता है। इसमें कोई सन्देह नहीं कि किसी भी कला की अभिव्यक्ति की इच्छा हर मनुष्य में स्वाभाविक और अनायास उत्पन्न हो सकती है लेकिन वह इच्छा अपने आप में कला नहीं है। उसे कला की पूर्णता तक पहुँचने के लिए निरन्तर रियाज़ और अभ्यास की ज़रूरत पड़ती है—संगीत, नृत्य, लेखन में रचनाकार द्वारा किए जाने वाले नियमित अभ्यास के सन्दर्भ में इस ज़रूरत को रेखांकित किया जा सकता है।

अभिनेता के लिए तो इस अभ्यास का और भी अतिरिक्त महत्त्व है। एक तो उसे अपनी आवाज़ और शरीर को सदैव नियन्त्रण में रखना है, इसके साथ-साथ अपने मन-मस्तिष्क को भी निरन्तर सक्रिय, गतिशील, उपजाऊ और स्वस्थ रखना है। इतना ही नहीं, अभिनय का मूल दर्शन भी उससे इस अभ्यास की अपेक्षा करता है। यूँ तो शास्त्रों में अभिनय की बड़ी-बड़ी व्याख्याएँ की गई हैं लेकिन दो टूक भाषा में बात की जाए तो कह सकते हैं कि अभिनय की सारी बुनियाद ही झूठ पर टिकी है। अभिनेता जो कुछ भी मंच पर प्रस्तुत करता है, वह न तो सीधे उसकी कहानी है और न ही दर्शकों की कहानी है। अतः यह स्पष्ट है कि अभिनेता एक झूठ से आरम्भ करता है लेकिन उसकी कला और प्रक्रिया का जादू इसी रहस्य में छुपा हुआ है कि अन्ततः वह झूठ ही स्वयं उसके लिए भी और दर्शकों के लिए भी एक सत्य में परिवर्तित हो जाता है। यह एक रोचक अध्ययन का विषय हो सकता है कि जहाँ साहित्य जैसी विधा में रचनाकार अपने अथवा दूसरों के अनुभव के सत्य को झूठ व कल्पना के आवरण में लिपिबद्ध करता है, वहाँ अभिनेता ठीक इस रचना प्रक्रिया के विपरीत उस झूठ से शुरू करके उसे सत्य की तरफ़ ले जाता है। इस झूठ से सच तक की यात्रा को अधिकाधिक

सहज, प्रामाणिक एवं विश्वसनीय बनाने के लिए उसे लगातार रियाज़ और अभ्यास करना पड़ता है। यह अभ्यास एक ऐसी साधना है जिसमें उसे अपने बाह्य व अन्तर को एक साथ साधना पड़ता है। इसीलिए पहले भी कहा गया है कि अभिनय ही ऐसी एकमात्र विधा है जिसमें साधक, साधन और साध्य—सबकुछ अभिनेता स्वयं है।

झूठ और सच की यह पारस्परिक यात्रा एक और स्तर पर भी अभिनेता के कार्यक्षेत्र में हस्तक्षेप करती रहती है। यह सही है कि मंच पर होने वाली अभिनेता की हरेक क्रिया-प्रतिक्रिया पहले से निश्चित और निर्धारित होती है लेकिन इसके बावजूद उसे दर्शकों को यही अनुभव करवाना है कि वह ये सारे हाव-भाव, व्यवहार आदि मंच पर उसी क्षण क्रियान्वित कर रहा है। यही कारण है कि अभिनेता की कला कभी एकायामी नहीं हो सकती।

यहाँ इस ओर भी संकेत किया जा सकता है कि झूठ से सच तक की प्रक्रिया में यदि अभिनेता की महत्त्वपूर्ण भूमिका है तो रंगमंच के दूसरे तत्त्वों का सहयोग भी बराबर रहता है। मंच सज्जाकार उसके लिए एक परिवेश का निर्माण करता है, वेशभूषाकार उसके लिए प्रामाणिक अथवा प्रतीकात्मक वेशभूषा की परिकल्पना करता है, आलोक सज्जाकार प्रकाश के माध्यम से एक मूड, एक स्थिति, एक प्रभाव पैदा करता है—इस प्रकार ये सारे पक्ष अभिनेता को केन्द्र में रखकर ही निश्चित एवं अभिकल्पित होते हैं। एक प्रकार से अभिनेता को उपर्युक्त सारे तत्त्वों से अतिरिक्त मदद मिलती है अर्थात् उसका अपना श्रम कुछ हद तक कम हो जाता है। लेकिन किसी दूसरे नाटक में जहाँ मंच पर मात्र अभिनेता की एकान्त उपस्थिति है और रंगमंच का दूसरा कोई भी पक्ष परोक्ष-अपरोक्ष रूप में मौजूद नहीं है, ऐसे में अभिनेता की प्रक्रिया और भी सूक्ष्म और जटिल हो जाती है। उसे दर्शकों को उपर्युक्त तत्त्वों का अहसास भी कराना है, अपनी भूमिका को भी निभाना है और दर्शकों को प्रस्तुति के स्तर पर एक गहरा, गम्भीर और सम्पूर्ण नाट्यानुभव भी देना है। यहाँ इस बात को दोहराने की ज़रूरत नहीं कि अभिनेता की प्रक्रिया और यात्रा की सबसे बड़ी ज़िम्मेदारी ही यही है कि उसे सबकुछ किसी क्षण-विशेष में उपस्थित दर्शकों के सम्मुख ही करना होता है। अभिनय की प्रक्रिया से गुज़रते हुए दर्शकों की अनिवार्य उपस्थिति एक ऐसी शर्त है, जो इस कला को एक विशेष स्वरूप प्रदान कर देती है क्योंकि शेष दूसरे सभी माध्यमों की तरह यहाँ यह सुविधा उपलब्ध नहीं कि रचनाकार जब चाहे अपनी कृति को सुधार सकता है, बदल सकता है अथवा बिलकुल नए सिरे से रचना कर सकता है। ये सबकुछ अभिनेता के पूर्वाभ्यास के दौरान तो सम्भव है लेकिन जब वह मंच पर अभिनय की वास्तविक प्रक्रिया से गुज़रता है, उस वक़्त कोई बाहरी हस्तक्षेप नहीं किया जा सकता। यदि मंच पर किसी भी कारण से कोई व्यवधान उपस्थित हो जाता है तो उसका निदान भी स्वयं अभिनेता को ही करना पड़ता है। इसलिए अभिनय कला भी है और तकनीक भी, सच भी है और झूठ भी, यथार्थ भी है और उसका भ्रम भी।

आज तक के रंग इतिहास में अभिनय को लेकर जितने भी सिद्धान्तों और

अवधारणों ने जन्म लिया है, उनके परिप्रेक्ष्य में अभिनेता की प्रक्रिया के दो पक्ष अवश्य उभरकर सामने आते हैं—एक पक्ष के अनुसार अभिनेता जिस भूमिका को करने जा रहा है, उसके साथ इतना तादात्म्य स्थापित कर ले कि वह दर्शकों के लिए बिलकुल पात्रनुमा ही हो जाए। दूसरे पक्ष की मान्यता है कि अभिनेता अपनी भूमिका के साथ बिलकुल भी तादात्म्य स्थापित न करे और भूमिका के बाहर रहकर एक आब्ज़र्वर अथवा आलोचक की भाँति नाटक के कार्य-व्यापार पर टीका-टिप्पणी करे। पहले पक्ष के प्रणेता स्टानिस्लाव्स्की हैं और दूसरे पक्ष के जन्मदाता हैं ब्रेष्ट। ऐसा नहीं है कि इनसे पूर्व अभिनय की प्रक्रिया से जुड़े ये पक्ष प्रचलन में ही नहीं थे। सच्चाई तो यह है कि रंगमंच जैसी कला के जन्म से ही ये दोनों प्रक्रियाएँ भी एक-दूसरे के समानान्तर विद्यमान रही हैं जिन्हें हम पहले ही चरित्रपरक और प्रस्तुतिपरक शीर्षकों के अन्तर्गत विवेचित कर आए हैं। उपर्युक्त दोनों सिद्धान्तकारों का महत्त्व इसलिए है कि उन्होंने पहली बार इनका एक सिद्धान्त और सौन्दर्यशास्त्र लिखने की पहल की। सतही तौर पर यह भ्रम भी पैदा हो सकता है कि दोनों सिद्धान्त एक-दूसरे के विरोधी हैं लेकिन वास्तव में ऐसा है नहीं। इसके विपरीत दोनों एक-दूसरे के पूरक हैं—पहले भूमिका से तादात्म्य होगा, तभी तो उस तादात्म्य से अलगाव का प्रश्न उठाया जा सकता है। ऐसा मान लेना कि ब्रेष्ट की अभिनय रचना प्रक्रिया में तादात्म्य होता ही नहीं, इससे बढ़कर भ्रान्ति कोई दूसरी नहीं है। दरअसल उनके नाटकों में भी अभिनेता अपने पात्र के साथ तादात्म्य स्थापित करता है लेकिन जैसे ही ऐसा लगने लगता है कि वह अपने चरित्र में पूरी तरह से डूबने वाला है, वह ऐसी नाटकीय युक्तियों का प्रयोग करते हैं, जिनसे इस प्रक्रिया में अवरोध उत्पन्न हो जाता है। कभी गीत, कभी कोरस, कभी रंगपटी और कभी स्वयं अभिनेता के माध्यम से वह दर्शक को दृश्य-विशेष के प्रभाव से बाहर खींच लाते हैं और उसे एक आलोचक और विचारक के धरातल पर ला खड़ा करते हैं।

संक्षेप में, अभिनेता की रचना प्रक्रिया आदिकाल से आज तक अलग-अलग परम्पराओं, सिद्धान्तों एवं अवधारणाओं के भीतर से अपनी एक अनवरत यात्रा के रूप में सदैव उत्सुकता जगाती रही है। उसके बाह्य और तकनीकी पक्षों में भले ही एकरूपता न हो लेकिन एक बात निश्चित है कि नाटक में पहले अभिनेता शब्दों से एक स्थिति तैयार करता है और फिर प्रस्तुति के भीतर से गुज़रते हुए उस स्थिति को झेलता भी है। स्थिति तैयार करने और उसे झेलने की दुहरी प्रक्रिया के कारण उसका अनुभव मात्र उस तक न सीमित रहकर पूरे दर्शक समुदाय का हो जाता है। हमारी नाट्य परम्परा में साधारणीकरण की अवधारणा इसी प्रक्रिया से मिलती-जुलती है अर्थात् अभिनय के माध्यम से अभिनेता अपने चरित्र एवं व्यक्तित्व को इतना व्यापक विस्तार दे देता है कि प्रेक्षागृह में बैठे प्रत्येक दर्शक को उसमें कुछ-न-कुछ अपना अंश दिखाई पड़ता है। यही वह प्रक्रिया है जिसके कारण रंगमंच एक सामूहिक कला के रूप में जाना जाता है और स्वयं अभिनेता भी सही मायनों में 'एको अहम् बहुस्याम' अर्थात् 'एक हूँ और अनेक हो जाऊँगा'—इस उक्ति को चरितार्थ करता है।

भारतीय रंगमंच में एकल अभिनय

पिछले कुछ वर्षों से भारतीय रंगकर्म में एकल अभिनय प्रस्तुतियों की बड़ी चर्चा है। ये प्रस्तुतियाँ मात्र हिन्दी रंगमंच में हीं नहीं, वरन् देश की लगभग सभी भाषाओं में हुई हैं और लगातार हो रही हैं। इसी के साथ यह तथ्य भी महत्त्वपूर्ण है कि ये प्रस्तुतियाँ कोई नए व अनजाने अभिनेताओं के द्वारा नहीं बल्कि अनुभवी, जाने-पहचाने और अभिनय कला में पूर्ण रूप से पारंगत अभिनेताओं के माध्यम से सम्पन्न हो रही हैं। यूँ तो इस तरह की प्रस्तुतियों को देखने के अवसर गाहे-बगाहे मिलते ही रहे हैं लेकिन राष्ट्रीय नाट्य विद्यालय द्वारा आयोजित सन् छियानवे में एकल समारोह और निन्यानवे में भारत रंग महोत्सव में पुनः काफ़ी बड़ी संख्या में एकल अभिनय के प्रदर्शनों ने इस ओर विशेष रूप से ध्यान आकृष्ट किया। कुछ रंग समीक्षकों ने इसे सीधे-सीधे पश्चिम से आयातित एक नई रंग पद्धति के रूप में रेखांकित किया तो एक दूसरे वर्ग ने इस विधा को मीडिया के बढ़ते प्रभाव का तात्कालिक परिणाम घोषित कर दिया। मेरे विचार में ये दोनों निष्कर्ष बेहद एकांगी हैं और तथ्यों से बिलकुल परे हैं।

यदि हम रंगमंच के जन्म की कहानी से ही शुरुआत करें तो यह जगज़ाहिर है कि रंगमंच की शुरुआत जब भी और जैसे भी हुई, वह मात्र एक अभिनेता द्वारा ही हुई। यह एक अभिनेता भी आरम्भ में मात्र एक कथावाचक था। अतः यह संयोगमात्र नहीं है कि आज भी देश के अलग-अलग हिस्सों में जो कथावाचन एवं कथागायन की परम्पराएँ मौजूद हैं उनमें एक ही वाचक अथवा गायक रहता है। चाहे हम मध्यप्रदेश में प्रचलित पंडवानी को लें अथवा राजस्थान की बातपोश, पाबू जी का पड़, गुजरात की आख्यान शैली या बुन्देलखंड की लोकप्रिय वाचन और गायन शैली आल्हा-उदल। इसी प्रकार के अनगिनत उदाहरण भारत के दूसरे प्रान्तों और भाषाओं से भी दिए जा सकते हैं। भारतवर्ष की प्राचीन रंग परम्परा में लव और कुश द्वारा रामायण का वाचन और गायन तो प्रसिद्ध है ही। उनकी लोकप्रियता का अनुमान इसी बात से लगाया जा सकता है कि कालान्तर में नट अथवा अभिनेता को कुशीलव नाम से भी जाना गया। भारतीय रंगमंच का जन्म और विकास इसी एकल अथवा युगल कथावाचन एवं गायन की परिणति है। इस बात का अन्दाज़ा सहज ही लगाया जा सकता है कि वाचन और गायन की यह मौखिक परम्परा अपने आप में कितनी नाटकीय है, जब राम के राज दरबार में लव और कुश ने उनकी उपस्थिति में उन्हीं के जीवन चरित का वाचन और गायन किया। यथार्थ और भ्रम, वास्तविकता और कल्पना का ऐसा अनूठा संगम और

कहाँ उपलब्ध हो सकता है ? बहुत बाद में संस्कृत के प्रसिद्ध नाटककार भवभूति ने अपने नाटक 'उत्तररामचरित' में इसी प्रसंग का नितान्त नाटकीय प्रयोग किया, जब राम अपने ही पात्र का अभिनय देखते-देखते उसके प्रभाव से भावप्रवण होकर मूर्च्छित हो जाते हैं। भवभूति के लगभग आठ सौ वर्ष बाद शेक्सपीयर ने 'हैमलेट' में पुनः इसी युक्ति का प्रयोग करके दर्शकों पर नाटक के प्रभाव की याद ताज़ा कर दी।

अभिनय की यह एकल परम्परा भरत के नाट्यशास्त्र से भी अछूती नहीं रही थी। नाट्य-लेखन के दस प्रकारों के विवेचन 'दशरूपक' के अन्तर्गत भरत ने भाण नामक रूपक की चर्चा की है, जिसे मात्र एक अभिनेता ही प्रस्तुत करता है, चाहे रूपक में कितने ही पात्र क्यों न हों। यदि नाट्यशास्त्र जैसे रंगमंच के अत्यन्त विकसित एवं शास्त्रीय रूप को प्रस्तुत करने वाले ग्रन्थ में अलग से इस विधा का नोटिस लिया गया है तो यह स्वयंसिद्ध है कि हमारे यहाँ इस प्रकार के अभिनय की एक लम्बी परम्परा अवश्य रही होगी। बाद में यही भाण लोक अथवा क्षेत्रीय रंगमंच में भाँड के नाम से प्रचलित हुआ और आज भी उत्तर भारत में भाँड-मिरासी के रूप में विद्यमान है। प्राचीन रंगमंच में यह परम्परा मात्र मौखिक ही नहीं थी, डॉ. मोतीचन्द्र द्वारा संकलित एवं सम्पादित चतुर्भाणी इसका स्पष्ट संकेत है कि जाने-माने नाटककारों ने बाक़ायदा इस नाट्य विधा के लिए रचनाएँ लिखीं।

यहाँ यदि पश्चिम के रंग इतिहास पर भी एक नज़र डाल लें तो बहुत ही रोचक और समानान्तर तथ्य सामने आते हैं। पश्चिम में पूर्ण रूप से विकसित रंगमंच का पहला इतिहास यूनान में मिलता है और वहाँ भी रंगकर्म की शुरुआत पहले मात्र एक अभिनेता से ही हुई, जिसका नाम थेस्पिस था। वह एक यायावर अभिनेता था जो एक बैलगाड़ी अथवा भैंसागाड़ी जैसे वाहन पर सामान लादकर नगर-नगर की यात्रा करता था और चौराहों, बाज़ारों और मन्दिरों के सामने अपनी कला का प्रदर्शन करता था। चूँकि एक ही अभिनेता को विभिन्न पात्रों की भूमिका करनी होती थी, इसलिए वह मुखौटे पहनकर पात्रों की भिन्नता को दर्शाता था। जब यूनानी रंगमंच नाटककार, प्रेक्षागृह एवं कोरस के माध्यम से अपनी पूर्णता को भी पहुँचा, तब भी नाटकों के मंचन में कभी भी तीन अभिनेताओं से ज़्यादा अभिनेताओं ने काम नहीं किया; कोरस की संख्या बेशक पचास, पन्द्रह या बारह होती रही।

ऐसा नहीं है कि एकल की यह परम्परा भारत में केवल कथावाचन एवं गायन की शैलियों से ही जुड़ी रही है। नाट्यशास्त्र में विवेचित भाण का उल्लेख पहले ही किया जा चुका है। केरल की परम्पराशील नाट्य शैली कूडियाट्टम् में कूत्त के नाम से यह एकल अभिनय की परम्परा न जाने कब से चली आ रही है। कूडियाट्टम् का अर्थ है, सामूहिक अभिनय और कूत्त एकल अभिनय का पर्याय है। वास्तव में यह परम्परा मध्यकाल में ज़्यादा विकसित हुई, जब संस्कृत रंगमंच जैसी नियमित, सामूहिक और राज्य से संरक्षण प्राप्त परम्परा का ह्रास हो चुका था। यह आकस्मिक नहीं है कि सूत्रधार, नायक और विदूषक जैसे पात्र लोक एवं क्षेत्रीय रंगमंच में बहुत लोकप्रिय हुए।

देखा जाए तो स्वयं संस्कृत नाटकों में भी ऐसे अनेकानेक प्रसंग उपस्थित हैं, जो अभिनेता के लिए एकल अभिनय की अनन्त सम्भावनाएँ प्रस्तुत करते हैं। उदाहरण के लिए कालिदास के 'विक्रमोर्वशीयम्' नाटक का चौथा अंक, जिसमें नाटक के नायक पुरुरवा का पन्द्रह-बीस पृष्ठों में फैला आत्मालाप है। ऐसा ही एक प्रसंग शूद्रक के नाटक 'मृच्छकटिक' में भी उपलब्ध है, जब विदूषक चारुदत्त का सन्देश लेकर वसन्तसेना के घर जाता है और उसके सप्तखंडी भवन का विस्तृत वर्णन करता है। विशाखदत्त का मुद्राराक्षस तो चाणक्य के ऐसे अनेक लम्बे-लम्बे स्वगतों से भरा पड़ा है। इस रूप में बेशक एक स्वतन्त्र विधा के अर्थ में न सही लेकिन अकेले अभिनेता को फ़ोकस में लाने के लिए संस्कृत नाटककारों ने स्वगत का आविष्कार बहुत पहले कर लिया था। पश्चिम में शेक्सपीयर के नाटकों में उपलब्ध एकान्त संवाद तो जग-प्रसिद्ध हैं ही।

आधुनिक भारतीय रंगमंच के पचास साल के इतिहास में एकल अभिनय के अनेक जीवन्त उदाहरण मौजूद हैं। मराठी में छठे-सातवें दशक में वहाँ के प्रसिद्ध नाटककार पु.ल. देशपांडे ने अपने एकान्त प्रदर्शनों से रंगमंच की इस परम्परा को लोकप्रिय बनाने में अपना अप्रतिम योगदान दिया। इसी प्रकार सातवें दशक के अन्त में तृप्ति मित्र ने अपराजिता शीर्षक से एकल अभिनय की सशक्त प्रस्तुति की। यही वह रचना है, जिसे आजकल मराठी रंगमंच और हिन्दी फ़िल्मों की अभिनेत्री रोहिणी हतंगड़ी अलग-अलग रंग नगरों में इधर के वर्षों में प्रस्तुत कर रही हैं। एक दूसरे रूप में इसकी शुरुआत कहानी का रंगमंच के माध्यम से निर्मल वर्मा की तीन कहानियों की सम्मिलित प्रस्तुति 'तीन एकान्त' के मंचन से उन्नीस सौ पचहत्तर में स्वयं मेरे द्वारा भी हुई, यद्यपि तब कम-से-कम हिन्दी रंगमंच में तो एकल अभिनय प्रस्तुतियों की कोई चर्चा भी आरम्भ नहीं हुई थी। पश्चिम में भी इस तरह की कोशिशें लगातार होती रही हैं। अंग्रेज़ी के ख्याति प्राप्त उपन्यासकार चार्ल्स डिकेन्स द्वारा स्वयं अपने घर में बने चैम्बर थिएटर में अपनी रचनाओं के अभिनटननुमा एकल पाठ या वाचन का बार-बार उल्लेख किया जाता रहा है। अंग्रेज़ी के ही एक दूसरे नाटककार ऑस्कर वाइल्ड की जीवनी को आधार बनाकर वहाँ के प्रसिद्ध अभिनेताओं ने एकल प्रस्तुतियाँ की हैं। अभी हाल में बर्कोफ़ नाम के अभिनेता ने शेक्सपीयर के नाटकों के प्रतिनायक चरित्रों को लेकर बहुत ही रोचक एकल प्रस्तुति तैयार की थी।

उपर्युक्त पृष्ठभूमि, परम्परा और इतिहास से यह स्वतः प्रमाणित हो जाता है कि एकल अभिनय भारतीय अथवा पश्चिम रंगमंच के लिए भी कोई बिलकुल नया मुहावरा नहीं है। यदि हम अपनी सोच को थोड़ा विस्तार और दें तो मूकाभिनय और नृत्य जैसी विधाएँ भी अन्ततः एकल प्रस्तुति से ही जुड़ी हुई हैं। अतः इस प्रवृत्ति को आज अलग से रेखांकित किया जाए—इसकी आवश्यकता कम-से-कम मुझे अनुभव नहीं होती। दरअसल हिन्दी रंगमंच में इस विधा को इसलिए भी ज़ोर-शोर से प्रचारित और प्रसारित किया जा रहा है क्योंकि इसके साथ नसीरुद्दीन शाह, रत्ना शाह, रोहिणी हतंगड़ी, आशीष विद्यार्थी और पंकज कपूर सरीखे फ़िल्मों और दूरदर्शन के अभिनेता जुड़े हैं और

इन्हें हमेशा सुर्ख़ियों में रहना अच्छा लगता है, चाहे वह किन्हीं भी कारणों से ही क्यों न हो। हाँ, यदि यही चर्चा कुछ दूसरे सार्थक और महत्त्वपूर्ण मुद्दों को लेकर हो तो एकल अभिनय के इस दौर पर एक अर्थवान् टिप्पणी की जा सकती है। उदाहरण के लिए इस सन्दर्भ में अभी तक इसकी कोई चर्चा नहीं की गई कि आख़िर वे कौन-सी रचनात्मक चुनौतियाँ हैं, जिनका सामना एक अभिनेता को एकल प्रस्तुति के स्तर पर करना पड़ता है ? ज़ाहिर है, इस बात से इनकार नहीं किया जा सकता कि एकल प्रस्तुति में अभिनेता को अपनी तमाम क्षमताएँ एवं सम्भावनाएँ उद्घाटित करने का अवसर मिलता है लेकिन आज क्या सचमुच में ऐसा हो रहा है ? ज़्यादातर एकल प्रस्तुतियाँ मात्र शब्दों का जाल, शारीरिक हरकतों की कारीगरी और भारी-भरकम तामझाम का प्रदर्शन होकर रह गईं। यदि एकल अभिनय की प्रस्तुतियों के नाम पर अधपकी-अधकचरी चीज़ें ही दर्शकों के सामने आती रहीं तो कोई कारण नहीं कि वे स्वयं ही उनसे विमुख हो जाएँ।

दर्शक जब प्रेक्षागृह में नाटक देखने आता है तो अपने जीवन से जुड़े किसी गहरे अनुभव को उतने ही मर्मस्पर्शी अभिनय के माध्यम से अनुभूत करना चाहता है, चाहे वह एकल अभिनय हो अथवा सामूहिक प्रस्तुति—यदि इस तथ्य को हमारा आज का अभिनेता पहचान ले तो ये सारे बहस-मुबाहिसे स्वयमेव समाप्त हो जाएँगे।

पार्श्व में छूटता अभिनेता

पिछले दिनों हिन्दी के वरिष्ठ रंग समीक्षक जयदेव तनेजा ने 'अभिनय के पाँच दशक' शीर्षक से अपने एक लेख में शुरू से लेकर आख़िर तक इसी बात का रोना रोया है कि हमारे देश में आज़ादी के पाँच दशकों में जितना भी रंगकर्म हुआ है या हो रहा है, उसमें कुछ हद तक नाटककार और पूरी तरह से निर्देशक की केन्द्रीय भूमिका रही है और अभिनेता न जाने कहाँ खो गया है ? लेकिन उन्होंने पूरे लेख में कहीं भी गहराई से इस निष्कर्ष को जाँचने-परखने की कोशिश नहीं की कि आख़िर ऐसा क्यों हुआ ? लगता है कि वह अपने उपर्युक्त निष्कर्ष को एक फ़तवे की तरह से जारी करना और मनवाना चाह रहे हैं। पूछने की इच्छा होती है कि अपने पच्चीस-तीस साल के रंग समीक्षा लेखन में उन्होंने कब स्वतन्त्र रूप से किसी अभिनेता के सम्पूर्ण जीवन दर्शन या कला पर कोई लेख लिखा ? इसके विपरीत नाटककारों और निर्देशकों के ऊपर उन्होंने लेख ही नहीं, ग्रन्थ के ग्रन्थ लिख डाले हैं। इतना ही नहीं, वह आज तक लिखे अपने समस्त रिव्यूज़ को पढ़ लें, क्या किसी में भी अभिनेताओं के समूह को चार-छः पंक्तियों से ज़्यादा स्पेस दिया गया, जबकि निर्देशक की कल्पना, व्याख्या और अभिकल्पना पर पृष्ठ के पृष्ठ रँग दिए जाते हैं। फिर जयदेव ही क्यों, हिन्दी के कौन-से रंग-समीक्षक ने इस दिशा में पहल की है। कमोबेश यह स्थिति देश के दूसरे प्रान्तों और भाषाओं के रंगमंच की भी है। देखकर आश्चर्य होता है कि यदि अभिनेता की कला और रचना प्रक्रिया पर कुछ लिखा भी गया है तो इसकी शुरुआत या तो स्वयं अभिनेताओं ने की, या नाटककारों ने और अन्ततः निर्देशकों ने ही की। उदाहरण के लिए मराठी में अभिनेता-अभिनेत्रियों की आत्मकथाएँ, हिन्दी में राधेश्याम कथावाचक की जीवनीपरक पुस्तक 'मेरा नाटककाल', बंगाली में शम्भु मित्र और उत्पल दत्त द्वारा लिखे कुछ लेख और पुनः हिन्दी में हबीब तनवीर द्वारा अभिनय की यात्रा पर लिखे नोट्स को लिया जा सकता है—ज़ाहिर है कि उपर्युक्त सामग्री में कहीं दूर-दूर तक भी रंग समीक्षक के योगदान का कोई अंश नज़र नहीं आता। अतः ज़रूरत इस बात की है कि रंग समीक्षक स्वयं अपना आत्मालोचन करें कि जो व्यक्ति घोषित रूप से रंगमंच के लगभग पाँच हज़ार वर्ष के इतिहास में महज़ सौ-डेढ़ सौ साल पहले ही पदार्पण करता है, उस निर्देशक को उन्होंने रातोंरात रंगकर्म के शिखर पर प्रतिष्ठित कर दिया ? आख़िर क्यों ? निर्देशक ने यह स्थान पूरी तरह से स्वयं हथिया लिया तो निश्चय ही उसकी बुद्धि और चातुर्य की दाद देनी होगी। यदि ऐसा नहीं है तो रंग समीक्षकों ने ज़रूर इसमें

अहम भूमिका निभाई होगी—चाहे वह पश्चिम का रंगमंच हो अथवा भारत का। यदि ऐसा भी नहीं है तो आइए, उन कारणों की तलाश की जाए जिनके तहत धीरे-धीरे अभिनेता अपने केन्द्रीय स्थान से हटकर पृष्ठभूमि में चला गया है।

सबसे पहले तो यही विचारणीय है कि रंगमंच भले ही अभिनेता का माध्यम है लेकिन क्या उसकी कभी भी कोई केन्द्रीय भूमिका रही है ? रंगमंच के इतिहास में हम जितने नाटककारों, सिद्धान्तकारों और समीक्षकों के नाम से परिचित हैं, उतना परिचय क्या अभिनेताओं के नाम से भी है ? यूनानी रंगमंच की बात करें तो एस्किल्स, सोफ़ोक्लीज़, यूरीपीडीज़ जैसे नाटककारों और अरस्तू जैसे सिद्धान्तकार का नाम आता है। संस्कृत रंगमंच की बात करें तो भास, कालिदास, शूद्रक, विशाखदत्त और भवभूति जैसे नाटककारों और भरत जैसे सिद्धान्तकार का उल्लेख किया जाता है। यूनान में थेस्पिस को अपवाद के रूप में छोड़ दिया जाए, क्या कहीं भी भूले से ही सही किसी अभिनेता की उपस्थिति का कोई नोटिस कभी लिया गया है। कहा जा सकता है कि अभिनय की कला क्षणभंगुर होती है, वह उसी दिन पैदा होती है और उसी दिन उसका अन्त भी हो जाता है, अतः उसका कोई रिकॉर्ड नहीं मिलता। लेकिन क्या यह अपने आप में एक हास्यास्पद स्थिति नहीं है कि जिस अभिनय और प्रस्तुति-कला व परम्परा के लम्बे इतिहास को आधार बनाकर अरस्तू ने अपनी पुस्तक 'द आर्ट ऑफ़ पोयटिक्स' और भरत ने अपना ग्रन्थ 'नाट्यशास्त्र' लिखा, उसमें कहीं भी किसी अभिनेता का नामोल्लेख नहीं है ? यही बात मध्यकाल के रंगमंच पर भी लागू होती है और आधुनिक रंगमंच के विषय में तो लेख के आरम्भ में ही संकेत किया जा चुका है।

मेरे विचार में रंगमंच का केन्द्रीय तत्त्व होने के बावजूद अभिनेता को वह स्थान और सम्मान न मिलने के ठोस ऐतिहासिक और सामाजिक कारण हैं, जिनकी तरफ़ हमने कभी ध्यान नहीं दिया। आरम्भ से ही नाट्य रचना और सिद्धान्तशास्त्रीय ग्रन्थों को साहित्य जैसी विधा के साथ जुड़ने का संयोग प्राप्त हो गया, जिसके चलते वे सदैव चर्चा में रहे। यही नहीं, वे स्वयं शायद समाज के उच्च वर्ग से जुड़े थे और यदि नहीं भी ज़ुड़े थे तो अपनी प्रतिभा के बल पर उन्होंने राज्य से जो सम्मान और नियमित संरक्षण प्राप्त किया, वह उन्हें केन्द्र में बनाए रखने के लिए पर्याप्त था। दूसरी ओर अभिनेता बीसवीं शताब्दी के कुछ पहले तक हमेशा समाज के निचले तबक़े से आते रहे हैं। उन्हें कभी भी सम्मान की दृष्टि से नहीं देखा गया। यह स्थिति केवल भारत में रही हो, ऐसा नहीं है, पश्चिम भी इसका अपवाद नहीं रहा—यूनान में यदि गुलामों को अभिनय में भी इस्तेमाल किया जाता था, तो मध्यकाल में प्रचलित धार्मिक नाट्य परम्परा के नाटकों के अभिनेता सुनार, लौहार, मोची, कबाड़ी इत्यादि निचले तबक़े के लोग ही होते थे। हमारे यहाँ यदि, ईसा पूर्व चौथी शती में कौटिल्य अपने 'अर्थशास्त्र' में यह लिख सकता था कि कलाकार शूद्र होते हैं और उन्हें नगरों-क़स्बों के बाहर ही रहने एवं आवास की सुविधा प्रदान की जाए, तो कालान्तर में सभ्यता के विकास के साथ इस स्थिति या अवधारणा में कोई आमूलचूल परिवर्तन आया हो, ऐसा नहीं जान पड़ता। यहाँ तक कि

उन्नीसवीं शती के उत्तरार्द्ध से लेकर लगभग बीसवीं शती के पूर्वार्द्ध तक प्रचलित पारसी रंग परम्परा में अभिनेत्रियाँ वेश्याएँ हुआ करती थीं।

बहरहाल, समाज-सुधारों, स्वाधीनता संग्राम और आधुनिक शिक्षा पद्धति के फलस्वरूप मध्यवर्ग और उच्चवर्ग से भी अभिनय में हिस्सेदारी शुरू हुई। गिरीश घोष, बाल गन्धर्व, जयशंकर सुन्दरी, विजन भट्टाचार्य, शम्भू मित्र, उत्पल दत्त, फ़िदा हुसैन, हबीब तनवीर आदि समाज के इसी वर्ग से आते थे और इनके कारण अभिनेता को समाज में वह स्थान मिलना शुरू ही हुआ था कि ये सभी स्वयं ही निर्देशक भी बन बैठे। पहले या तो निर्देशक होता ही नहीं था और अगर उसकी ज़रूरत भी महसूस होती थी तो यह काम नाटककार बख़ूबी निभा लेता था। बाद में यथार्थवादी नाट्य लेखन के दौर में जब निर्देशक का जन्म हुआ तो अभिनेता ने ही उस ज़िम्मेदारी को भी ओढ़ लिया। जहाँ अभिनेता ने पहल नहीं की, वहाँ नाटककार आगे आ गया, जैसे बर्नार्ड शॉ, ब्रेष्ट जो नाटककार भी थे और निर्देशक भी। भारत के सन्दर्भ में अभी जो नाम ऊपर गिनाए गए हैं, वे अभिनेता-नाटककार और निर्देशक के ही मिले-जुले रूप हैं। सच तो यह है कि एक अभिनेता की अपेक्षा ये लोग एक निर्देशक के रूप में ही जाने जाते हैं।

अभिनेता पृष्ठभूमि में चला गया—इसके लिए स्वयं अभिनेता भी ज़िम्मेदार है। यह अहसास हो जाने के बाद कि अभिनेता रंगकर्म का अपरिहार्य तत्त्व है और उसके बिना रंगमंच चल ही नहीं सकता—वह दिनोंदिन आलसी, निष्क्रिय और किसी भी तरह की पढ़ाई-लिखाई से विरत होता गया है। उसने मान लिया है कि उसके सारे प्रश्नों, शंकाओं और जिज्ञासाओं के हल निर्देशक के पास हैं, जिन्हें वह उसे घुट्टी की तरह पिला देगा और अभिनेता को स्वयं भी सोचने-समझने की ज़रूरत नहीं है। यह भी सच है कि अभिनेताओं की इस चालू प्रवृत्ति के लिए वे तथाकथित निर्देशक भी ज़िम्मेदार हैं, जो अभिनेता को एक जीते-जागते, हाड़-मांस के प्राणी की बजाय, एक कठपुतली मानकर चले, जिसके मुँह में संवाद भी निर्देशक को भरने हैं और जिसके शरीर की सारी हरकतें, गतियाँ और भंगिमाएँ भी निर्देशक को ही तय करनी हैं।

इसलिए आज यह बेहद ज़रूरी हो गया है कि हमारा अभिनेता अपनी मूल शक्ति और स्फूर्ति को पुनः पहचाने; और संगीतकार, नृत्यकार और यहाँ तक कि एक खिलाड़ी की तर्ज़ पर रियाज़ शुरू करे। इस रियाज़ में आवाज़, रंग भाषण और तमाम तरह के शारीरिक अभ्यास और व्यायाम तो होंगे ही, इससे ज़्यादा अहम है साहित्य का गहरा मंथन करना—अलग-अलग चरित्रों के भीतर तक पैठकर अपने अनुभव को और गहरा बनाना ताकि जब भी किसी नाटक की तैयारी के दौरान उन अथवा उनसे मिलते-जुलते अनुभवों को प्रयोग में लाना हो तो ये सारी सामग्री सन्दर्भ सामग्री का काम दे सके। इसी के साथ एक बात और—आज रंगमंच और दूसरे कला-माध्यम जिस तरह के संक्रमण से गुज़र रहे हैं, उसके चलते किसी भी एक प्रकार की अभिनय-शैली से काम चलने वाला नहीं है। उसे हर तरह की शैली के लिए तैयार रहना होगा अर्थात् अपने आप में 'टोटल थिएटर' का पर्याय बनना होगा। तभी वह निर्देशक को थिएटर से अलग कर पाएगा।

अभिनेता और दर्शक के बदलते समीकरण

रंगमंच में अभिनेता और दर्शक का सम्बन्ध अटूट है। किसी और कला और विधा में दर्शक की ज़रूरत भले ही न हो लेकिन रंगमंच की कल्पना उसकी जीवन्त उपस्थिति के बिना की ही नहीं जा सकती। यहाँ मात्र दर्शक की ही नहीं, अभिनेता की जीवन्त उपस्थिति होना भी अनिवार्य है। देखा जाए तो दर्शकों की जीवन्त उपस्थिति फ़िल्म अथवा दूरदर्शन जैसे माध्यमों में भी होती है लेकिन उसका अभिनेता से प्रत्यक्षतः कोई सम्बन्ध नहीं है। यही बात साहित्य के पाठक और चित्रकला के दर्शक के लिए भी कही जा सकती है क्योंकि यहाँ भी रचनाकार और उसके भोक्ता के बीच कोई सीधा रिश्ता नहीं होता। कुछ हद तक संगीत और नृत्य में भी रंगमंच जैसा सम्बन्ध बनता है, यद्यपि यह कोई अनिवार्यता नहीं है क्योंकि आज कैसेट और वीडियो पर भी इन दोनों विधाओं का उतना ही आनन्द उठाया जा सकता है। लेकिन रंगमंच में अभिनेता और दर्शक की पारस्परिक सहभागिता वस्तुतः रंगमंच के जन्म और आदिकाल से ही चली आ रही है। इस सहभागिता का सबसे रोचक पक्ष यह है कि आदिकाल से आज तक अभिनेता और दर्शक के बीच कितनी तरह के समीकरण और सम्बन्ध बने, टूटे और विकसित हुए—यदि हम इसका एक ऐतिहासिक अध्ययन, विवेचन और विश्लेषण करें तो हम यह भी जान पाते हैं कि अन्ततः इन सम्बन्धों ने नाटकों के लेखन, प्रस्तुतीकरण और प्रेक्षागृह की बनावट को भी कैसे प्रभावित किया।

क्या यह तथ्य अपने आप में कम दिलचस्प नहीं कि जब रंगमंच की शुरुआत हुई तो अभिनेता और दर्शक का कोई भेद ही नहीं था। फिर भी रंगकर्म के प्रदर्शन-स्थल के रूप में एक बनावट अपने आप ही उभरकर सामने आ गई और वह थी रात के समय घेरे में बैठे हुए लोग, बीचोंबीच जलती आग और उस पर पकता मांस। यहीं से किसी एक दिन एक आदमी ने अपने अनुभवों को सबको सुनाना शुरू किया, फिर दिखाना शुरू किया और धीरे-धीरे करके उसमें बहुत से लोग शामिल होते चले गए। चूँकि सभी की दिनचर्या एक जैसी थी और सभी के अनुभव भी एक समान थे, इसीलिए शुरू में अभिनेता और दर्शक जैसी दो अलग-अलग इकाइयों का कोई अर्थ नहीं था। अभिनटन की इस प्रारम्भिक अवस्था में घेरे में बैठे हुए लोगों में से कोई भी उसका हिस्सा हो सकता था और कहानी को आगे बढ़ा सकता था। इस प्रकार विश्व में जब भी, जहाँ भी रंगमंच के इस आदिम स्वरूप की शुरुआत हुई उसका अनगढ़ स्थापत्य वर्तुलाकार था। हाँ, यह अध्ययन काफ़ी रोचक हो सकता है कि यह पहला स्वरूप वर्तुलाकार ही क्यों बना ?

इस दिशा में कई संकेत किए जा सकते हैं। मसलन आदिम मनुष्य ने जब पहली बार प्रकृति की एक निश्चित लय को अनुभूत किया होगा तो उसकी गति वर्तुलाकार थी। जैसे एक निश्चित समय पर सूरज का उदय और अस्त होना। चन्द्रमा का आविर्भाव और रात्रि का आगमन इत्यादि। दूसरे, वर्तुल अपने आप में ही एक ऐसी सहज बनावट है जिसे बच्चे भी खेल-खेल में अनायास ही कब बना डालते हैं, पता ही नहीं चलता। बीचोंबीच आग पर पकते हुए मांस ने भी भोक्ता लोगों के बैठने के स्थान को पूरी तरह से निश्चित कर दिया ताकि वे बराबर-बराबर बाँटकर खा भी सकें, बराबर-बराबर आग की गर्मी को महसूस कर सकें और मन की मौज में उस आग के चारों तरफ़ नाच-कूद भी सकें। हर चीज़ में परस्पर की यह बराबर की सहभागिता ही वह मुख्य कारण थी जिसने वर्तुलाकार को जन्म दिया। एक दूसरी दृष्टि से भी अभिनेता और दर्शक के सन्दर्भ में वर्तुल के महत्त्व को समझा जा सकता है। वर्तुल की कोई शुरुआत या अन्त नहीं होता और बीच के बिन्दु से किसी भी दिशा की दूरी एक समान रहती है। इसकी वजह से, अभिनेता से दर्शक तक पहुँचने वाली एनर्जी और दर्शक से अभिनेता तक लौटने वाली एनर्जी भी समान स्तर पर क्रियाशील रहती है।

भले ही आदिम रंगमंच में अभिनेता और दर्शक के बीच कोई भेद न रहा हो, फिर भी जंगली जानवर के शिकार अथवा क़बीलों की आपसी लड़ाइयों पर आधारित कहानियों में एक नाटकीय आलेख से जुड़े बहुत से तत्त्व दिखाई पड़ने लगते हैं; जैसे नायक, प्रतिनायक, कहानी का विकास, उत्सुकता, रहस्य, तनाव और संघर्ष जैसी बेहद नाटकीय सम्भावनाएँ। यहाँ तक कि त्रासदी और कॉमेडी जैसी विधाओं के बीज भी आदिम मनुष्य के इन अभिनटनों में सहज ही उपलब्ध हैं। इतना ही नहीं दृश्यात्मक स्तर पर प्रस्तुति से जुड़े अन्य तकनीकी तत्त्वों की झाँकी भी इस सांध्यकालीन दिनचर्या में दिखाई पड़ने लगती है। घेरे के रूप में एक अनौपचारिक प्रदर्शन-स्थल, प्रकाश के रूप में चन्द्रमा की रोशनी और जलती हुई आग, वेशभूषा के नाम पर पेड़ों की छाल, पत्ते, जानवरों की खाल इत्यादि, रूप-सज्जा के नाम पर मिट्टी, राख या कुछ ऐसी ही चीज़ें, मंच-उपकरणों के रूप में भाले, डंडे या कुछ ऐसे ही क़िस्म के अस्त्र-शस्त्र और संगीत तथा संवादों के नाम पर मानवीय ध्वनियों का एक अद्‌भुत कोलाज। सारी चीज़ें रंगमंच की पहली रूपरेखा का एक निश्चित न सही एक अनगढ़-सा आभास ज़रूर करा देती हैं।

अभी तक की इस पूरी गतिविधि में दर्शक और अभिनेता का कोई स्पष्ट विभाजन नहीं था। लेकिन आदिम युग में ही ये दोनों इकाइयाँ भी अलग-अलग रूप से सामने आ गईं जब आदिम मनुष्य ने सुबह शिकार अथवा लड़ाई पर जाने से पहले की पूर्व रात्रि में उस होने वाली घटना/दुर्घटना का बाक़ायदा रियाज़ करना शुरू किया। आरम्भ में इस गतिविधि में भी पूरे जनसमूह की भागीदारी होती थी लेकिन बहुत जल्दी ही उन्होंने अनुभव किया कि रात्रि में सभी लोगों द्वारा घटना के पूर्वाभ्यास के क्रम में अनावश्यक थकान हो जाती है, अतः क्यों न पूर्वाभ्यास का काम कुछ विशेष लोगों को सौंप दिया जाए और बाक़ी सभी लोग उसे देखें और उससे उत्साहित होकर सुबह अपने अभियान

पर निकलें। इस प्रकार आधुनिक रंगमंच के दो आवश्यक और अपरिहार्य तत्त्वों का जन्म हुआ और वे हैं—अभिनेता और दर्शक। इसी के साथ रंग-स्थल की वर्तुलाकार बनावट ने भी एक नया आकार ग्रहण किया। इस सम्पूर्ण घेरे के एक भाग को पूरी तरह से अभिनेताओं को सौंप दिया गया और बाक़ी भूमि दर्शकों के बैठने के काम आने लगी। इस नए आकार में भी अभिनेता और दर्शकों के बीच लगभग वैसा ही आत्मीय सम्बन्ध बना रहा जो कि वर्तुलाकर स्थल में अनायास ही उपलब्ध था। अभिनेताओं के स्थल को लगभग तीन दिशाओं से घेरे हुए दर्शक, अभिनेताओं का मंच जैसे दर्शक समुदाय में घुसपैठ करता हुआ, इस प्रकार दोनों में प्रगाढ़ आत्मीयता ज़रूर स्थापित हुई लेकिन इस बात से इनकार नहीं किया जा सकता कि कहीं-न-कहीं दर्शक और अभिनेता के बीच का समीकरण भी बदलता जा रहा था, जिसका यथोचित विकास पश्चिम के यूनानी रंगमंच में छठी शताब्दी ई.पू. तक आते-आते अपना निश्चित स्वरूप ग्रहण करता है। अब एक लिखित आलेख है, ध्वनियों की भाषा के स्थान पर शब्द हैं, तत्कालीन वेशभूषा है और एक नया तत्त्व है—मुखौटे का प्रयोग। सम्भव है, आदिम रंगमंच में भी कभी-कभार जानवर की खाल के रूप में मुखौटों का प्रयोग होता रहा हो लेकिन अपने वास्तविक रूप में वह यूनानी रंगमंच में ही मिलता है। इसके कई व्यावहारिक कारण भी थे। अपने अस्तित्व के लगभग दो सौ-तीन सौ साल में यूनानी रंगमंच में एक, दो या ज़्यादा-से-ज़्यादा तीन अभिनेता ही नाटक के सभी चरित्रों की भूमिका में उतरते थे। अतः मुखौटा अलग-अलग चरित्रों को स्थापित करने के लिए एक सहज नाटकीय युक्ति था। दूसरे, मुखौटे में फिर किसी यान्त्रिक प्राविधि से बीस-पच्चीस हज़ार दर्शक समूह तक अपनी आवाज़ को पहुँचाया जा सकता था। तीसरा और सबसे महत्त्वपूर्ण कारण था यूनानी नाटकों का केवल पुरुष पात्रों द्वारा मंचन। मात्र मुखौटे के प्रयोग से वे पुरुष और स्त्री चरित्र में भेद दिखा सकते थे। इस बात के कोई प्रमाण उपलब्ध नहीं हैं कि आदिम रंगमंच में सिर्फ़ पुरुष ही अभिनेता के तौर पर हिस्सा लेते थे। बहरहाल रंग-स्थल के इस नए आकार ने तत्कालीन अभिनय शैली और प्रस्तुति अभिकल्पन को भी प्रभावित किया। जैसाकि पहले ही कहा जा चुका है कि अभिनेता को एक बहुत बड़े दर्शक-समूह तक अपनी आवाज़ को पहुँचाना था, अतः उसकी सारी अभिनय पद्धति का सहज और सामान्य न होकर अतिरंजित होना स्वाभाविक था। नाटकों की कहानियाँ अभी भी दर्शकों के लिए जानी-पहचानी थीं इसलिए वे कहानी से ज़्यादा अभिनेता की कला को देखने आते थे। चूँकि अभी भी दर्शक अभिनेता और अभिनय-स्थल को लगभग पूरी तरह से घेरे हुए रहते थे, अतः किसी भी प्रकार के ठोस दृश्यबन्ध की सम्भावना ही नहीं थी। इसीलिए दृश्यों से अधिक शब्दों के माध्यम से नाटक की कहानी को आगे बढ़ाया जाता था। इस पूरी प्रक्रिया में अभिनेता और दर्शक के पारस्परिक सम्बन्ध को परिभाषित करने के लिए विरेचन नामक नाट्य सिद्धान्त की अवधारणा ने भी जन्म लिया, जिसका अरस्तू ने अपने 'काव्यशास्त्र' में विशद् विवेचन किया है अर्थात् दर्शक नाटक देखने क्यों आता है और नाट्य प्रस्तुति दर्शक के साथ क्या सलूक करती है, संक्षेप में वह मनुष्य मात्र

के भीतर आदिम रूप से उपस्थित दया पाने और भय खाने जैसी क्षुद्र प्रवृत्तियों को नाट्य प्रस्तुति में बड़े-बड़े चरित्रों के पतन के माध्यम से निखारती है और उन्हें उच्चतर जीवन मूल्यों की ओर बढ़ने के लिए प्रेरित करती है।

एक ओर जहाँ पश्चिम में यूनानी रंगमंच के रूप में एक ऐसे प्रदर्शन-स्थल से परिचय होता है जो विशाल जनसमुदाय को अपने में समेट लेता है और खुले में सुबह से शाम तक मंचन की प्रक्रिया से गुज़रता है, वहीं हमारे अपने देश में विश्व के सबसे पहले अन्तरंग प्रेक्षागृह की परिकल्पना का जन्म होता है। यद्यपि भारत में भी सम्भवतः पहले कुछ मंचन खुले में ही हुए लेकिन बाद में भरत के 'नाट्यशास्त्र' के प्रभावस्वरूप हमारे यहाँ अन्तरंग प्रेक्षागृहों में नाटकों का मंचन प्रारम्भ हुआ। पहली बार हमें आज के रंगद्वारी (प्रोसीनियम) मंच से मिलते-जुलते आकार का मंच हमारे यहाँ भी दिखाई पड़ता है जिसमें अभिनेता और दर्शक एक-दूसरे के आमने-सामने होते हैं। यह अलग बात है कि हमारी परम्परा में इस तरह के मंच का प्रयोग यथार्थवादी नाटकों की प्रस्तुति के लिए नहीं वरन् तत्कालीन शास्त्रीय शैली में रचित संस्कृत नाटकों के लिए किया जाता था। सहृदय दर्शक की अपेक्षा के रूप में बहुत ही सीमित दर्शक-समुदाय के बीच ये नाटक प्रस्तुत किए जाते थे। दर्शक यूनानी नाटकों के समानान्तर यहाँ भी नाटक की कहानियों से भलीभाँति परिचित थे और वे अभिनेता की कला के माध्यम से नाटक से मिलने वाले आनन्द का रसास्वादन करने जाते थे, जिसे भरत और बाद के आचार्यों ने रस निष्पति के सन्दर्भ में विश्लेषित किया है। हमारे यहाँ के प्रेक्षागृह का आकार अभिनय की इस पद्धति को पूरी तरह से निश्चित कर देता है कि मंच पर जो कुछ भी प्रस्तुत किया जा रहा है वह सीधे-सीधे दर्शकों को सम्बोधित है। इसीलिए मंच और दर्शक दीर्घा के एकतरफ़ा होने के बावजूद दोनों के बीच एक अन्तरंग रिश्ता बना रहता था जोकि आज के प्रोसीनियम थिएटर में ग़ायब होता चला गया है। भारतीय रंगमंच में इस आमने-सामने वाले प्रेक्षागृह के अतिरिक्त (जिसे भरत ने विकृष्ट नाट्य-मंडप नाम दिया था) दो अन्य प्रकार की बनावट वाले मंचों का उल्लेख भी मिलता है जो चतुरस्र और त्र्यस्र के नाम से जाने जाते हैं। इनके भीतर अभिनेता और दर्शकों के बीच क्या सम्बन्ध रहता होगा, इसे लेकर विद्वानों में मतभेद हैं। कुछ का मानना है कि मंच का आकार जो भी रहा हो दर्शकों और अभिनेता की स्थिति एक-दूसरे के आमने-सामने ही होती थी। लेकिन दूसरे मतानुसार चतुरस्र में दर्शक मंच के चारों ओर और त्र्यस्र में सम्भवतः तीन ओर बैठते हों, जैसाकि उनके नामों से भी संकेत मिलता है। बहरहाल, दर्शकों और अभिनेताओं का आपसी तालमेल जो भी और जैसा भी रहा हो, इसमें कोई दो राय नहीं है कि उनके बीच एक अन्तरंग रिश्ता मौजूद रहता था। यहीं पर एक संकेत पूरब और पश्चिम की जीवन दृष्टि के मूलभूत अन्तर की ओर करना भी अप्रासंगिक नहीं होगा। पश्चिम में जीवन का एक निश्चित अन्त होता है, अतः वहाँ के नाटकों में त्रासद तत्त्व का प्राधान्य है; हमारे यहाँ जीवन एक निरन्तर गतिशील प्रक्रिया है, अतः उसके प्रति एक आनन्दवादी दृष्टिकोण अपनाया गया है। दर्शकों और अभिनेताओं के

आपसी सम्बन्धों को उपर्युक्त दृष्टि से भी जाँचा-परखा जा सकता है।

मंच को चारों तरफ़ से घेरे हुए, तीन तरफ़ से घेरे हुए और एक तरफ़ से घेरे हुए दर्शकों की उपस्थिति के बाद एक ऐसे मंच से साक्षात्कार होता है जिसे दर्शक दो तरफ़ से घेरकर बैठते हैं और वह है लगभग मध्यकाल तक अपने निश्चित स्वरूप को प्राप्त जापान का नोह रंगमंच। मंच और नेपथ्यगृह को आपस में जोड़ता हुआ एक लम्बा पुल, दर्शकों का एक भाग ठीक पुल के सामने और दर्शकों का दूसरा भाग ठीक मंच के सामने। इस प्रकार नेपथ्य से मंच तक की अभिनय यात्रा भी दर्शकों के लिए प्रदर्शन का हिस्सा बन जाती है। यहाँ भी चेहरे पर मुखौटे हैं, कलाकारों के रूप में केवल पुरुष अभिनेता हैं और अभिनय शैली के रूप में शैलीबद्ध मुद्राएँ, संवाद, संगीत और कभी-कभी नृत्य। कभी खुले में आरम्भ हुआ मंच आज बन्द प्रेक्षागृहों में स्थानान्तरित हो चुका है लेकिन अभिनेता और दर्शकों के आपसी सम्बन्धों में कोई बदलाव नहीं आया। यहाँ तक की जापान की ही एक दूसरी नाट्य शैली काबुकी में भी एक पुल सामने वाले मंच के एक कोने से प्रेक्षागृह की अन्तिम पंक्ति तक बना रहता है और वहाँ भी अभिनेता अपने प्रवेश और प्रस्थान को प्रायः दर्शकों के भीतर से होकर ही स्थापित करता है।

अभिनेता और दर्शक के आपसी रिश्ते के जितने विविध रूप पूरब और पश्चिम के मध्यकालीन रंगमंच में मिलते हैं उतने इतिहास में एक साथ कभी भी सम्भव नहीं हुए। पूरब विशेषतः भारत में लोक रंगमंच और पश्चिम में चर्च के भीतर से उभरते धार्मिक रंगमंच ने पहली बार एक बनी-बनाई औपचारिक व्यवस्था को छोड़कर खुले में सीधे दर्शकों के बीच जाकर लचीले एवं व्यावहारिक प्रदर्शन-स्थल की परिकल्पना को साकार किया है। नाटक कहीं भी खेला जा सकता था, उसके लिए मात्र एक स्थायी मंच की ज़रूरत होती थी जो कभी लकड़ी का और कभी मिट्टी का बना हो सकता था। दर्शक कहीं भी बैठकर, लेटकर अथवा खड़े होकर प्रस्तुति देखने के लिए स्वतन्त्र थे। यहाँ तक कि अपने घरों की छतों और खिड़कियों से भी अथवा पेड़ों की ऊँचाइयों पर चढ़कर भी नाटक का मज़ा ले सकते थे। नाटक दिन में भी हो सकते थे और रात में भी लेकिन अभिनेता और दर्शक की स्थिति कमोबेश वही रहती थी। पश्चिम में इसी काल में प्रदर्शन-स्थल की कम-से-कम दो अद्भुत पद्धतियों ने जन्म लिया। एक पद्धति यह थी कि एक खुले मैदान में नाटक की घटनाओं से जुड़े अलग-अलग दृश्यखंडों के लिए एक-एक क्षेत्र का चुनाव कर लिया जाता था और दर्शक को एक स्थान से दूसरे स्थान तक घूम-घूमकर उन्हें देखना पड़ता था। इस पद्धति में अभिनेता तो अपने-अपने क्षेत्र में ही स्थित रहते थे लेकिन दर्शकों की स्थिति चलायमान होती थी। दोनों इकाइयों के अब तक के तमाम रिश्तों से अलग था यह विकल्प। इसी का एक दूसरा विपरीत छोर था, जहाँ शहर के अलग-अलग चौराहों पर, दर्शक सुबह से शाम तक स्थित रहते और विभिन्न वाहनों पर नाटक के एक-एक दृश्य का मंचन उनके सामने पहुँचकर किया जाता था। कभी वाहन के ऊपर ही और कभी नीचे उतरकर भी अभिनय किया जा

सकता था। ज़ाहिर है कि इसमें न तो बहुत ज़्यादा अभिनेता ही होते थे और न ही रंगमंच के दूसरे तकनीकी तामझाम हो सकते थे। ग़ौरतलब बात यह है कि इस पद्धति में दर्शक अपने स्थान पर स्थिर हैं और अभिनेता अथवा सम्पूर्ण रंगस्थल ही उनके पास चलकर आता है। इसकी तुलना हम आज के नुक्कड़ नाटक अथवा गणतन्त्र दिवस पर निकलने वाली झाँकियों के साथ कर सकते हैं। इतना ही नहीं, रामनगर की रामलीला में उपलब्ध अलग-अलग अभिनय-क्षेत्र इन दोनों पद्धतियों का मिला-जुला रूप तो प्रस्तुत करते ही हैं, उससे भी आगे अपना एक मौलिक स्वरूप भी ग्रहण कर लेते हैं और वह यह है कि यहाँ एक अभिनय-क्षेत्र से दूसरे अभिनय-क्षेत्र तक जाने के लिए जहाँ अभिनेता को यात्रा करनी पड़ती है, वहीं दर्शक भी उसके साथ-साथ उस यात्रा को तय करते हैं। मध्यकाल में ही शेक्सपीयर के नाटकों के लिए बना ग्लोब प्रेक्षागृह फिर से अब तक के विवेचित सभी समीकरणों के भीतर से एक नया समीकरण लेकर उपस्थित होता है। अष्टकोणीय प्रेक्षागृह के तीन कोण अभिनय के लिए और पाँच कोण दर्शकों के लिए निश्चित थे। तीन कोणों वाले मंच पर अपनी एक छत थी और अभिनय क्षेत्र भूतल, पहली मंजिल और दूसरी मंजिल पर बँटे हुए थे। इसी तरह से दर्शक भी मंच के सामने खुले में खड़े होकर नाटक देख सकते थे अथवा तीन तरफ मंच के समानान्तर ही भूतल, पहली मंजिल और दूसरी मंजिल पर बनी दर्शक दीर्घाओं में बैठकर नाटक का आनन्द ले सकते थे। इस प्रकार अनौपचारिक और औपचारिक, दोनों प्रकार की दर्शक व्यवस्था का प्रावधान था इस प्रेक्षागृह में। तीनों तरफ़ की दीर्घाओं में बैठे दर्शकों के सिर के ऊपर छत थी और उनके बैठने के लिए लकड़ी की बैंचें उपलब्ध थीं। इसी के साथ मंच के सामने खुले में खड़े दर्शक। नाटक दिन की रोशनी में घटित होता हुआ और बिना किसी भारी-भरकम तामझाम और दृश्य सज्जा के क्योंकि मंच ही अपने आप में इतना बहुआयामी था कि किसी प्रकार के अतिरिक्त दृश्य विधान की ज़रूरत ही नहीं थी। यूनानी नाटकों के बाद एक बार फिर से पूरी तरह से शब्दों पर आश्रित लिखित आलेख का जन्म हुआ जिसका विधान प्रेक्षागृह की बनावट से भी काफ़ी दूर तक प्रभावित था। अभिनेता मात्र पुरुष और अभिनय के नाम पर बढ़ा-चढ़ाकर की जाने वाली संवाद अदायगी जो तेज़ी से घटते कार्य-व्यापार पर केन्द्रित थी। ग्लोब प्रेक्षागृह के इस स्वरूप ने अपने बाद आने वाले सभी प्रकार के प्रेक्षागृहों की बनावट को बहुत दूर तक प्रभावित किया। यहाँ तक कि प्रोसीनियम थिएटर भी उससे अछूता नहीं रहा। आज भी अधिकांश पश्चिमी देशों में प्रोसीनियम मंच के नाम पर जो प्रेक्षागृह उपलब्ध हैं उनमें दर्शकों के बैठने की व्यवस्था तीन तरफ़ा होती है। एक प्रकार से अभिनेता और दर्शक के बीच जो निकटता आदिम रंगमंच से शुरू हुई थी वह किसी-न-किसी रूप में प्रोसीनियम प्रेक्षागृह में भी विद्यमान है। लेकिन नाटकों के अपने कथ्य और स्वरूप में निश्चय ही परिवर्तन आते रहे हैं। अब वे ईश्वर, राजा, राजकुमार अथवा परियों की कहानियों से अलग आम आदमी की ज़िन्दगी पर आधारित होते हैं, जिनकी कहानी दर्शकों को पहले से मालूम नहीं होती। इसलिए उसका कथा से तादात्म्य एक नए रूप

में होता है। यद्यपि बीसवीं शताब्दी में ही पहले ब्रेष्ट ने अपने 'अलगाव सिद्धान्त' के रूप में पुनः जानी-पहचानी कहानियों को नाटकों का कथ्य बनाया और फिर विसंगत रंगमंच ने कथा की अनिवार्यता को ही छोड़ दिया। वास्तव में नाटकों के कथ्य में जो भी परिवर्तन हुए वे भी प्रकारान्तर से नाटकों के मंचन और दर्शकों की सहभागिता के कितने विकल्प हो सकते हैं, उसी को सूचित करते हैं। उदाहरण के लिए यथार्थवादी नाटक दर्शक से सम्पूर्ण तादात्म्यता की अपेक्षा रखता है तो नाट्यधर्मी नाटक की प्रस्तुति में यह अपेक्षा अन्तर्निहित रहती है कि दर्शक उसकी कहानी के साथ एकाकार न होकर अभिनेता के प्रस्तुतिकरण की ज़्यादा सराहना करेंगे।

आज तो पूरे विश्व में रंगस्थली के रूप में इतने ज़्यादा विकल्प उपस्थित हैं कि उन पर अलग से चर्चा करना फ़िज़ूल होगा; जैसेकि स्टूडियो थिएटर, सर्कस थिएटर, एरिना थिएटर इत्यादि। यहाँ तक कि बड़े-बड़े फ़ाइव स्टार होटलों में अपनी-अपनी मेज़ पर खाना खाते हुए भी सामने प्रदर्शित् नाटक का आनन्द लिया जा सकता है। यद्यपि अपने आप में यह कोई नया विकल्प नहीं। आज से लगभग डेढ़ हज़ार वर्ष पूर्व चीन में टी-हाउस थिएटर का प्रचलन था और आज भी जारी है। यहाँ दर्शक अपनी मेज़ों पर चायपान भी करते रह सकते हैं और नाटक भी सामने मंचित होता रहता है।

लेकिन जैसाकि इस लेख के शुरू में ही उल्लेख किया गया था, पिछले सौ बरसों में विकसित फ़िल्म और दूरदर्शन जैसे यान्त्रिक माध्यमों ने अभिनेता और दर्शक के आपसी सम्बन्धों में एक क्रान्तिकारी परिवर्तन ला दिया है। और वह यह कि दर्शक तो अभिनेता के अभिनय से उसी भावनात्मक स्तर पर प्रभावित हो सकता है लेकिन उसकी तत्काल प्रतिक्रिया का अभिनेता के अभिनय पर कोई असर नहीं पड़ता। इतना ही नहीं इन माध्यमों ने दर्शक और अभिनेता के बीच की सामाजिकता को भी पूरी तरह से नष्ट कर दिया है। अब दर्शक घर बैठे वीडियो पर किसी भी अभिनेता के अभिनय को अकेले बैठकर देख सकता है। इस प्रकार रंगमंच जैसी त्रिआयामी कला इन माध्यमों के चलते दो आयामी और कभी-कभी तो एक आयामी होती जा रही है।

यह एक शुभ संकेत ही कहा जाएगा कि जो दर्शक कुछ दिनों के लिए बेशक इन यान्त्रिक माध्यमों की चकाचौंध से अभिभूत हो गया था वह आज पुनः रंगमंच की उसी मूल प्रकृति की ओर लौट रहा है और वह है, एक जीवन्त दर्शक की उपस्थिति में एक जीवन्त अभिनेता के अभिनय को देखने और अनुभूत करने का आनन्द। अभिनेता और दर्शकों के बीच चलती यह दोहरी प्रक्रिया रंगमंच की अपनी निजी सम्पत्ति है और जब तक मनुष्य नामक प्राणी इस धरती पर मौजूद है, रंगमंच भी जीवित रहेगा। यह अलग बात है कि उसमें अभिनेता और दर्शक के समीकरण सदैव बदलते रहे हैं, लेकिन एक तथ्य से कभी इनकार नहीं किया जा सकता और वह यह कि जहाँ अभिनेता के भीतर अपनी कला के प्रदर्शन की इच्छा आदिकाल से विद्यमान है, वहीं उससे भी ज़्यादा दर्शक में उस कला को देखने की इच्छा बलवती रहती है और इस रचनात्मक रस्साकशी में नाटक को उसकी सम्पूर्णता में देखने के अनुभव का जन्म होता है।

अभिनय की त्रिमूर्ति :
मनोहर सिंह, उत्तरा बावकर एवं सुरेखा सीकरी

जब भी भारतीय रंगमंच, विशेषतः हिन्दी रंगमंच के पिछले तीन दशकों में अभिनय की अस्मिता पर दृष्टिपात करता हूँ तो आँखों के सामने दो-तीन बिम्ब बार-बार उभरते हैं—एक पुरुष बीच में और उसके दाएँ-बाएँ दो स्त्रियाँ, एक-दूसरे के सामने खड़ी दो स्त्रियाँ अथवा एक-दूसरे की ओर पीठ किए दो पुरुष। इन बिम्बों के साथ ही याद आते हैं वे अभिनेता और अभिनेत्रियाँ, जिन्होंने सत्तर के दशक से आज तक अनगिनत भूमिकाओं के माध्यम से हिन्दी रंगमंच को तो समृद्ध किया ही, उसके साथ ही समानान्तर भूमिकाओं में अभिनय करते हुए अपनी एक विशिष्ट पहचान बनाई और अभिनय जैसी कला को भी सर्वोच्च शिखर तक पहुँचाया। मनोहर सिंह के साथ उत्तरा बावकर और सुरेखा सीकरी, श्याम अरोड़ा के साथ सुधा चोपड़ा और सुषमा सेठ, हिमानी शिवपुरी और हेमा सिंह एक-दूसरे के आमने-सामने अथवा लगभग इसी से मिलता-जुलता या विपरीत चित्र ओमपुरी और नसीरुद्दीन शाह का—जिन दर्शकों ने भी उस दौर की चर्चित प्रस्तुतियाँ—तुग़लक़, लुक बैक इन ऐंगर, बीवियों का मदरसा, आधे-अधूरे, महाभोज, सखाराम बाइंडर, सूर्य की अन्तिम किरण से, खड़िया का घेरा, देवयानी का कहना है, मित्रो मरजानी, आज़र का ख़्वाब, पंछी ऐसे आते हैं, लहरों के राजहंस आदि को देखा है, उन्हें निश्चित ही उपर्युक्त चित्र और बिम्ब भूले नहीं होंगे।

इनमें में भी जिस अभिनेत्री युगल ने लगभग दो दशकों तक एक साथ बहुत से नाटकों में अभिनय किया, वह है उत्तरा बावकर और सुरेखा सीकरी का। त्रिकोण के तीसरे बिन्दु के रूप में इनके साथ सदैव उपस्थित रहे हैं मनोहर सिंह। भारतीय रंगमंच में इन तीनों अभिनेताओं के समानान्तर दूसरी मिसाल मिलना असम्भव है। हाँ, भारतीय सिनेमा में निश्चय ही शबाना आज़मी और स्मिता पाटिल के रूप में एक ऐसा ही समान्तर चित्र उपस्थित है। यह भी कम रोचक तथ्य नहीं कि इनका कार्यकाल भी वही सत्तर और अस्सी के दो दशक हैं जिनकी चर्चा रंगमंच के सन्दर्भ में की गई है। वास्तव में आज़ादी के बाद के पहले तीन दशक रंगमंच, फ़िल्म, साहित्य, संगीत, नृत्य, चित्रकला जैसी सभी विधाओं में नवोन्मेष और सक्रियता के दशक रहे हैं। अपने-अपने माध्यमों में सभी सृजनधर्मी कलाकारों ने नई भाषा, नए कथ्य और नए प्रयोगों के भीतर से अपनी कला का निरीक्षण, परीक्षण और अन्वेषण किया।

मैं मनोहर सिंह, उत्तरा बावकर और सुरेखा सीकरी का समकालीन भी हूँ, सहकर्मी भी हूँ और दर्शक भी रहा हूँ। अतः मेरे लिए यह सहज स्वाभाविक है कि मैं इन तीनों की रचना प्रक्रिया का आकलन तो करूँ ही, साथ ही उस दौर के हिन्दी रंगमंच में अभिनय की भी एक तस्वीर प्रस्तुत करूँ। सबसे पहले तथ्यात्मक समानताओं का उल्लेख कर लें। तीनों ही राष्ट्रीय नाट्य विद्यालय से अभिनय में विशेषज्ञता प्राप्त स्नातक हैं। तीनों ही संगीत नाटक अकादमी द्वारा अभिनय के लिए पुरस्कृत कलाकार हैं। तीनों ही राष्ट्रीय नाट्य विद्यालय के तत्कालीन निदेशक इब्राहिम अलकाज़ी के प्रिय शिष्यों में से हैं और इनकी रचना प्रक्रिया पर उनके प्रशिक्षण का काफ़ी दूर तक असर पड़ा है।

उम्र में भले ही मनोहर सिंह बड़े हों लेकिन प्रशिक्षण की दृष्टि से उत्तरा बावकर और सुरेखा सीकरी उनसे वरिष्ठ हैं। सच तो यह है कि जिस साल दोनों अभिनेत्रियों ने अपना प्रशिक्षण पूरा कर लिया था, उसी साल मनोहर सिंह ने राष्ट्रीय नाट्य विद्यालय में प्रवेश लिया। इस प्रकार वे दोनों उनसे तीन वर्ष वरिष्ठ हैं। यह अलग बात है कि उम्र की वरिष्ठता के कारण सब लोग मनोहर सिंह को मनोहर भाई की संज्ञा से जानते और सम्बोधित करते रहे हैं। लेकिन सबसे बड़ा संयोग और समानता यही है कि तीनों एक साथ विद्यालय के रंगमंडल से जुड़े रहे और अपना श्रेष्ठ रंगकर्म यहीं पर परवान चढ़ाया।

तीनों की रचना प्रक्रिया का विस्तारपूर्वक विश्लेषण करने से पहले इनकी रचना यात्रा पर भी एक नज़र डाल लें—उत्तरा बावकर भले ही महाराष्ट्र से सम्बद्ध हों, उनकी सारी शिक्षा-दीक्षा दिल्ली में ही हुई। उन्नीस सौ चौंसठ में 'अभिज्ञानशाकुंतल' की संस्कृत भाषा में एक प्रस्तुति के दौरान वह अलकाज़ी के सम्पर्क में आईं और वहीं से राष्ट्रीय नाट्य विद्यालय में पहुँचीं। विद्यालय में तीन साल के प्रशिक्षण के दौरान शायद ही किसी प्रस्तुति में उनके अभिनय-विशेष की चर्चा हुई हो लेकिन उन्नीस सौ अड़सठ में अमेरिका से आमन्त्रित निर्देशक के तौर पर आए हुए कार्ल बेवर ने ब्रेष्ट के 'खड़िया का घेरा' के लिए जब ग्रूशा की भूमिका के लिए उत्तरा बावकर का चयन किया और जिस सूक्ष्म संवेदना और कौशल से उत्तरा ने ग्रूशा के पात्र को मंच पर प्रस्तुत किया, वह हिन्दी रंगमंच की उपलब्धि थी और इसके बाद उन्होंने कभी पीछे मुड़कर नहीं देखा। इस प्रकार उत्तरा बावकर वस्तुतः कार्ल बेवर की हिन्दी रंगमंच को देन हैं। कालान्तर में अलकाज़ी ने भी उनकी प्रतिभा को विभिन्न भूमिकाओं में निखरने और प्रस्फुटित होने के अनेक अवसर प्रदान किए।

कमोबेश ऐसी ही यात्रा सुरेखा सीकरी की भी रही है। अलीगढ़ से राष्ट्रीय नाट्य विद्यालय प्रशिक्षण के बाद चार साल तक अभिनय से दूर और अन्ततः उन्नीस सौ बहत्तर में राजेन्द्र गुप्त के निर्देशन में रमेश बक्षी के पहले नाटक 'देवयानी का कहना है' से सही मायनों में रंगमंच और अभिनय में अपनी एक पहचान लेकर आईं। वहीं से अलकाज़ी के साथ विद्यालय रंगमंडल में एक लम्बी शुरुआत। अपरोक्ष रूप में यह भी कहा जाता है कि सुरेन्द्र वर्मा के चर्चित और साहित्य अकादमी द्वारा पुरस्कृत उपन्यास 'मुझे चाँद चाहिए' की नायिका के चरित्र-चित्रण की प्रेरणा वास्तव में रंगमंच में सुरेखा

की यात्रा है जिसने अलीगढ़ जैसे मध्यवर्गीय शहर से शुरुआत करके स्वयं को अखिल भारतीय स्तर पर एक अभिनेत्री के रूप में प्रतिष्ठित किया।

उपर्युक्त दोनों अभिनेत्रियों की तुलना में मनोहर सिंह भाग्यशाली रहे हैं। वह मूल रूप में हिमाचल प्रदेश के निवासी हैं और दिल्ली आने से पूर्व भारत सरकार के गीत एवं नाटक प्रभाग में नौकरी करते थे। विद्यालय में प्रशिक्षण के लिए अपनी नौकरी छोड़कर आने का निर्णय सचमुच ही साहसिक क़दम था उन दिनों, लेकिन उन्हें इसके आशातीत लाभ भी मिले। प्रशिक्षण के दूसरे ही वर्ष में शेक्सपीयर के नाटक 'ओथेलो' में ओथेलो की भूमिका से जो धमाकेदार शुरुआत मनोहर सिंह ने की, वह फिर उनके रंगमंडल में रहने तक और आज तक भी जारी है।

जैसाकि पहले भी संकेत किया जा चुका है, इस लेख का अभीष्ट उनकी यात्राओं के तथ्यात्मक ब्यौरे प्रस्तुत करना नहीं है वरन् इन ब्यौरों के भीतर से इनकी रचना प्रक्रिया के विभिन्न और महत्त्वपूर्ण पहलुओं पर गहराई से विचार करना है। यह विचार-विमर्श कभी तीनों के सन्दर्भ में समग्र रूप में और कभी स्वतन्त्र रूप में भी होगा। उदाहरणार्थ, जैसे लेख की शुरुआत में एक पुरुष और दो स्त्रियों वाले बिम्ब का उल्लेख किया गया था, वैसे ही रचना प्रक्रिया के परिप्रेक्ष्य में भी लगभग वही बिम्ब सामने आता है—विष्णु बीच में और लक्ष्मी-सरस्वती उनके दोनों ओर। मनोहर सिंह विष्णु हैं तो उत्तरा लक्ष्मी और सुरेखा सरस्वती के रूप में रेखांकित की जा सकती हैं। एक अर्थ में यह बिम्ब पुरुष के भीतर स्थित अनुभूति और विवेक को व्यंजित करता है। यदि हम इन तीनों अभिनेताओं की रचना प्रक्रिया के भीतर से गुज़रें तो वह इस बिम्ब की ठोस प्रतीक है—उत्तरा किसी भी भूमिका की तैयारी की शुरुआत अनुभूति और संवेदना के धरातल से करती हैं तो सुरेखा उसके विवेक पक्ष से पहल करती हैं। इसे यूँ भी कहा जा सकता है कि उत्तरा की रचना प्रक्रिया दिल से दिमाग़ की ओर बढ़ती है तो सुरेखा दिमाग़ से दिल तक आती हैं। मनोहर सिंह अपनी रचना-प्रक्रिया में इन दोनों रास्तों के बीच से होकर गुज़रते हैं अर्थात् दिल और दिमाग़ वाली यात्रा अलग से नहीं वरन् सम्मिलित रूप से जारी रहती है। तीनों मूलतः 'मैथड' ऐक्टर की श्रेणी में आते हैं। इसका अर्थ यही है कि उनके यहाँ प्रयोगधर्मिता या आशु रचना की कोई सम्भावना नहीं है। वे हर भूमिका को पूरी तैयारी के साथ निश्चित और निर्धारित करके मंच पर उतरते हैं। तीनों ही यथार्थवादी अभिनय परम्परा के अभिनेता हैं। यूँ कहने को उन्होंने भी 'जसमा ओडन', 'मैना गुर्जरी' अथवा 'मत्तविलास' जैसे नाटकों में अभिनय किया है, लेकिन उन्हें अपवाद के रूप में ही लिया जा सकता है। इसी दृष्टि से 'बरनम वन' का नाम भी लिया जा सकता है। मज़ेदार बात यह है कि यद्यपि उपर्युक्त प्रस्तुतियाँ लोक तत्त्वों; यथा—गीत, संगीत एवं मुद्राओं-गतियों से भरपूर थीं, तथापि जहाँ तक अभिनय-शैली का प्रश्न है, वह अपने अन्तिम एवं सम्पूर्ण रूप में यथार्थवादी ही थी। अतः एक दृष्टि से उपर्युक्त नाटकों में अभिनय करना भी उनकी अपनी पसन्द की शैली के निकट ही पड़ता था। यह निकटता केवल इन तीन लोगों के सन्दर्भ में ही नहीं वरन् किसी भी अभिनेता के लिए सच है। भले ही बाह्य तौर

पर उसे गीत, संगीत, मुद्राओं को सीखने एवं व्यवहार में लाने के लिए विशेष और अतिरिक्त परिश्रम व अभ्यास करना पड़े, उसकी आन्तरिक यात्रा सदा एक जैसी ही होती है, चाहे वह यथार्थवादी नाटक हो अथवा नाट्यधर्मी। इसकी पुष्टि इस बात से भी होती है कि अन्ततः हर नाटक और प्रस्तुति यथार्थ की अभिव्यक्ति होती है। हाँ, यह ज़रूर है कि वह यथार्थ अभिव्यक्ति के स्तर पर अलग-अलग शैली या परम्परा का प्रयोग कर सकता है। इतना ही नहीं, जिस दौर में ये अभिनेता सक्रिय रहे, वह मुख्य रूप से यथार्थवादी लेखन का दौर था। मोहन राकेश के सारे नाटक, गिरीश कार्नाड का 'तुग़लक़', सुरेन्द्र वर्मा के नाटक—सब उन्हीं दिनों लिखे और मंचित हुए। इन्हीं के साथ प्रयोग के तहत ऐसे नाटकों का भी जन्म हुआ जो आधुनिक रंगमंच में भारतीयता की तलाश के क्रम में लोक तत्त्वों का प्रयोग कर रहे थे। लेकिन जैसाकि ऊपर कहा जा चुका है कि बाहर से लोक तत्त्वों का आवरण ओढ़ लेने के बावजूद ये सभी नाटक अपने भीतरी कलेवर में यथार्थवादी ही थे। इस तरह से नाट्य रचना ने भी काफ़ी हद तक इस दौर के अभिनेताओं को सीमाबद्ध कर दिया था। इसीलिए उनका मुख्य अभिनय क्षेत्र यथार्थवादी अभिनय शैली के इर्द-गिर्द ही मँडराता रहा।

लेकिन इससे यह अर्थ कदापि न लिया जाए कि यथार्थवादी अभिनय शैली कोई हीनतर शैली है और उसमें अभिनय करके उन्होंने कोई सुविधाजनक रास्ता अख़्तियार कर लिया। यदि गहराई से अध्ययन किया जाए तो पता लगेगा कि जितनी विविधता, सम्पूर्णता और सन्तुष्टि किसी भी अभिनेता को एक यथार्थवादी नाटक में अभिनय करके मिलती है, उतनी इन तथाकथित लोक नाटकों से कभी नहीं होती, जिनमें अभिनेता के पास अभिनय के नाम पर गाने, नाचने या फिर उछल-कूद के अतिरिक्त और कुछ नहीं होता। यह भारतीयता की खोज, यह लोक अथवा शास्त्रीय नाट्य तत्त्वों के प्रयोग में उस भारतीयता की तलाश—इस सबसे चिन्तकों, निर्देशकों और नाटककारों का जितना भी लगाव रहा हो, हमारे अभिनेता इस प्रक्रिया से अछूते ही रहे हैं। सच पूछा जाए तो उन्हें प्रत्यक्ष रूप से इस प्रक्रिया में कभी सम्मिलित ही नहीं किया गया और उन पर इस खोज को ज़बरदस्ती थोप दिया गया और उनका एक कठपुतली के रूप में इस्तेमाल किया गया। अन्त में, इस तरह की आरोपित कोशिशों का जो नतीजा निकलना था, वही हुआ; और यह लोकधारा न जाने कहाँ तिरोहित हो गई। वास्तव में अभिनय की रचना प्रक्रिया को भी शैलियों के नाम पर अलग-अलग बाँटकर देखने का ही यह परिणाम था कि अभिनेता ने इसे कभी गम्भीरता से नहीं लिया। इन दशकों के जितने भी स्थापित और प्रतिष्ठित अभिनेताओं के नाम भारतीय रंगमंच में लिए जाते हैं, उनमें से कब कौन इस धारा से सम्बद्ध था? उत्पल दत्त, शम्भु मित्र, अजितेश बनर्जी, तृप्ति मित्र, डॉ. श्रीराम लागू, ओम शिवपुरी, सुधा शिवपुरी, प्रवीण जोशी, सरिता जोशी, रूद्रप्रसाद सेनगुप्त—किसी के सन्दर्भ में भी इस तथ्य को जाँचा-परखा जा सकता है। मनोहर सिंह, उत्तरा बावकर और सुरेखा सीकरी तो मानो यथार्थवादी अभिनय-शैली की त्रिमूर्ति ही हैं।

यह सही है कि इन तीनों की वास्तविक पहचान और प्रतिष्ठा यथार्थवादी नाटकों

में अभिनय करते रहने से ही बनी है अर्थात् तीनों का प्रयोग क्षेत्र एक ही तरह की अभिनय शैली से सम्बद्ध है, लेकिन किसी भूमिका की तैयारी के लिए वे जिस प्रक्रिया से गुज़रते हैं, वह तीनों की नितान्त निजी और एक-दूसरे से बिलकुल अलग है। अतः यह अच्छा रहेगा कि हरेक की रचना प्रक्रिया को स्वयं उसके सन्दर्भ में ही अलग से विश्लेषित किया जाए। इस दृष्टि से सबसे पहले हम उत्तरा बावकर को ले सकते हैं। मात्र इसलिए कि हिन्दी रंगमंच में एक संवेदनशील अभिनेत्री के रूप में इन तीनों में से सबसे पहले उन्हीं का नोटिस लिया गया।

जैसाकि आरम्भ में ही उल्लेख किया जा चुका है कि उत्तरा बावकर का अभिनय और रंगमंच में आगमन 'अभिज्ञानशाकुंतल' के माध्यम से हुआ था। इसके लिए उनके पास पहले से अर्जित सुगम और शास्त्रीय संगीत का ज्ञान और अनुभव ज़िम्मेदार था। वास्तव में उत्तरा पहले एक गायिका हैं और बाद में एक अभिनेत्री। संगीत से इस जुड़ाव ने भी उनकी अभिनय से सम्बन्धित इस एप्रोच को बहुत दूर तक प्रभावित किया है कि वह दिल के रास्ते दिमाग़ तक पहुँचकर असर डालने में विश्वास करती हैं। संगीत के लिए जिस तरह की तन्यमता, भावप्रवणता और तादात्म्यता की दरकार है, उसने इनके अभिनय तन्त्र को तो प्रभावित किया ही, उसी प्रकार जैसे गायक अपने आलेख के शब्दों के शुद्ध उच्चारण, भावों, घातों-प्रतिघातों और अर्थ-छायाओं को लेकर सचेत रहता है और उसके लिए जमकर रियाज़ करता है, ठीक ऐसी ही प्रक्रिया से उत्तरा किसी नाटक के शब्दों को लेकर गुज़रती हैं। एक अहिन्दी भाषी होने के नाते वह भाषा और शब्दों के उच्चारण पर बहुत ज़्यादा ध्यान देती हैं। यहाँ तक कि शब्दों में कौन-सा अक्षर ह्रस्व बोला जाएगा और कौन-सा दीर्घ—इस पर भी उनकी पैनी नज़र हमेशा बनी रहती है।

उत्तरा सचमुच में एक निर्देशक की अभिनेत्री हैं। किसी भी भूमिका से सम्बन्धित हर जिज्ञासा का समाधान उन्हें चाहिए। किसी चरित्र की उम्र क्या है, उसकी वेशभूषा, उसकी चाल-ढाल, उसकी आर्थिक और सामाजिक स्थिति, उसके दूसरे पात्रों से सम्बन्ध, नाटक में शुरू से लेकर अन्त तक उसका चारित्रिक विकास, प्रत्येक दृश्य में उसकी उपस्थिति और प्रस्थान—इन सारे सवालों के जवाब तो उन्हें चाहिए ही, इससे भी आगे वह चरित्र हर दृश्य में कैसी क्रिया-प्रतिक्रिया से गुज़रेगा, उसका भाव तन्त्र क्या होगा, उसकी एक-एक मुद्रा क्या होगी और अन्ततः वह मंच की अभिकल्पित स्पेस में कैसे विचरण करेगा—इसका भी एक निश्चित विधान होना चाहिए। मंच पर उतरने से पहले नाटक के क्रियाकलाप से सम्बद्ध किसी भी तरह का कार्य-व्यापार वह पूरी स्पष्टता के साथ निश्चित करती हैं। इस तैयारी में उन्हें किसी तरह की जल्दबाज़ी पसन्द नहीं। इसीलिए नाटकों की तैयारी में प्रायः उन्हें छः सप्ताह से दो महीने का समय चाहिए और वह भी प्रतिदिन कम-से-कम चार से छः घंटे का पूर्वाभ्यास। इस समय सारणि में उनकी तरफ़ से कोई छूट नहीं वरन् उनका तो आग्रह स्वयं अपनी तरफ़ से रहता है कि उनके साथ ज़्यादा-से-ज़्यादा अभ्यास किया जाए। फिर इस पूर्वाभ्यास से अलग उनकी अपनी तैयारी और रियाज़ तो रहेगा ही। इस प्रकार धीरे-धीरे वह चरित्र के साथ एकाकार होती

जाती हैं—उसकी आवाज़, हाव-भाव, आचार-व्यवहार को वह इतना आत्मसात कर लेती हैं कि वह मानों स्वयं ही वह चरित्र हो जाती हैं।

चरित्र के साथ ऐसा रिश्ता प्रस्तुति के दौरान भी बरक़रार रहता है। जब नाटक चल रहा हो, तो शुरू से आख़िर तक उन्हें अपना अलग एकान्त चाहिए। उसमें किसी का भी हस्तक्षेप उन्हें गवारा नहीं। चरित्र निभाते समय वह सचमुच एक समाधि की अवस्था में होती हैं—बिलकुल चुपचाप एक कोने में बैठे रहना, एक कान से मंच पर क्या हो रहा है, इसकी जानकारी रखना और मन ही मन नाटक की पंक्तियों को दुहराते रहना—नाटक के नेपथ्य में उत्तरा बावकर की इस भंगिमा से हम सब भलीभाँति परिचित हैं।

इस प्रकार उत्तरा बावकर सम्पूर्ण रूप से एक शास्त्रीय ढाँचे में गढ़ी हुई अभिनेत्री हैं, जहाँ सबकुछ पहले से निश्चित, नियमबद्ध और रूढ़िबद्ध रहता है। जिस रूप में शास्त्र में सबकुछ लिखित होता है, उसी तरह उत्तरा बावकर के आलेख की प्रति में भी हर सूक्ष्म-से-सूक्ष्म ब्यौरा दर्ज होता है। ब्यौरों को लेकर यह आग्रह केवल अपने तक ही नहीं, दृश्य में वह जिस भी सहअभिनेता के साथ काम कर रही हैं, उससे भी उनकी यही अपेक्षा रहती है। बाहरी ज़िन्दगी में उत्तरा भले ही बहुत धैर्य और ठहराव से भरपूर लगें, लेकिन नाटक में काम करते समय वह बेहद असन्तुष्ट और छटपटाहट से भरी रहती हैं। दरअसल यह कशमकश, यह छटपटाहट, यह लड़ाई, यह असन्तुष्टि दूसरों को लेकर उतनी नहीं होती, जितनी अपने से और सही मायनों में अपने चरित्र और भूमिका को लेकर रहती है। यही कारण है कि उनका चरित्र-निर्माण सबकुछ निश्चित होते हुए भी बासी और यान्त्रिक नहीं हो पाता। उत्तरा की विशेषता ही यही है कि एक तरफ़ वह नाटक के हर क्षण-पल पर चरित्र की क्या प्रतिक्रिया, गति और मुद्रा होगी, उसे अपने लिए पहले से तय कर लेती हैं, लेकिन प्रस्तुति के दौरान उसे ऐसी सहजता से निभा ले जाती हैं कि वह सदा एक ताज़गी से भरा चरित्र लगता है। दरअसल यथार्थवादी अभिनय शैली का यही मूलमन्त्र है कि अभिनेता पहले सबकुछ निश्चित करके अपने भीतर आत्मसात करता है और फिर ऐसा आभास देता है कि वह इस सबकुछ के भीतर से अभी, तुरन्त और पहली बार ही गुज़र रहा है। इस शैली के अधिकांश अभिनेता इस प्रक्रिया को समझ नहीं पाते, इसीलिए एक-दो प्रदर्शनों के पश्चात् उनका अभिनय बनावटी, स्पन्दनहीन और यान्त्रिक लगने लगता है।

लेकिन उत्तरा बावकर ने इस शैली से जुड़े सभी दुर्गुणों से स्वयं को यथासम्भव बचा रखा है और इसके लिए उनका अपने ऊपर रखा जाने वाला कड़ा अनुशासन भी ज़िम्मेदार है, जिसमें नियमित भोजन, व्यायाम, अध्ययन और अध्यवसाय तो शामिल है ही, आवाज़ और शरीर को लेकर अद्‍भुत नियन्त्रण का भी उतना ही महत्त्व है। इन सब बातों के चलते ही वह अपने पूरे रंगमंचीय जीवन में ग्रूशा, सौतेली माँ, शीलवती, कम्मो, हेलेना, बड़ी लड़की बिन्नी, रुकमा—न जाने कितनी अविस्मरणीय भूमिकाओं के लिए जानी जाती हैं। इधर के कुछ वर्षों में उमराव जान की भूमिका भी बेहद सफल और असरदार साबित हुई। यद्यपि उम्र के जिस पड़ाव पर उत्तरा ने भूमिका अभिनीत की, शायद वह उनके

लिए उपयुक्त उम्र नहीं थी लेकिन उत्तरा ने जिस तरह से उमराव की भूमिका को चित्रित और व्याख्यायित किया, उसमें उनकी अपनी उम्र की प्रौढ़ता की तरफ़ किसी का भी ध्यान नहीं गया। हाँ, एक बात अवश्य खटकी कि एक गायिका चरित्र निभाते हुए भी उत्तरा ने मंच पर एक भी गज़ल को स्वयं नहीं गाया, जबकि वह स्वयं ही एक सिद्धहस्त गायिका हैं। हिन्दी रंगमंच में सम्भवतः उनकी यह अन्तिम भूमिका थी लेकिन एक क्रिकेटर की तरह उन्होंने अपनी अन्तिम पारी एक यादग़ार पारी के रूप में खेली और फिर रंगमंच को अलविदा करके दूरदर्शन और सिनेमा की दुनिया के लिए प्रस्थान कर गईं। लेकिन अपने बाद आने वाले अभिनेता-अभिनेत्रियों के लिए उन्होंने अभिनय के जो मानक और प्रतिमान स्थापित किए, उन पर उतने दीर्घ समय तक अनुगमन करने वाली अभी हिन्दी रंगमंच में कोई अभिनेत्री उभरकर नहीं आई—इसका कारण युवा पीढ़ी की जल्दी-जल्दी सबकुछ पा जाने की महत्त्वाकांक्षा ज़िम्मेदार है। लेकिन वे भूल जाते हैं कि इस माध्यम में कोई शार्टकट नहीं होता—अगर होता भी है तो वह उतने ही शार्ट टाइम के लिए होता है और बाद में किसी को उस अभिनेता की याद भी नहीं रहती।

ओथेलो, तुग़लक, जिमी पोर्टर, महेन्द्रनाथ, कालिदास, शिवाजी और दा साहब जैसे यादगार चरित्रों को निभाने वाले मनोहर सिंह अभिनय की रचना प्रक्रिया का एक दूसरा छोर प्रस्तुत करते हैं। उपर्युक्त भूमिकाएँ दर्शकों के लिए बेशक ऐसी प्रस्तुतियों के रूप में याद रहेंगी, जिन्हें जल्दी-जल्दी भुलाना सम्भव नहीं होता, लेकिन यदि इन भूमिकाओं के नेपथ्य में झाँककर देखा जाए तो पता चलता है कि इनकी तैयारी कितनी मुश्किल और श्रमसाध्य होती है। मनोहर सिंह जैसे अभिनेता के लिए तो यह यात्रा और भी ज़्यादा कठिन रही है क्योंकि स्कूली शिक्षा-दीक्षा के नाम पर वह बहुत ज़्यादा पढ़-लिख नहीं पाए, लेकिन अपनी लगन और मेहनत के बल पर उन्होंने जो कुछ रंगमंच में अर्जित किया, वह सचमुच में क़ाबिले-तारीफ़ है।

अभिनय की तैयारी की प्रक्रिया में मनोहर सिंह बिलकुल एक बच्चे की तरह हैं। अपने बाहरी व्यक्तित्व में वह भले ही आज भी एक प्रौढ़, अनुभवी और गम्भीर अभिनेता का आभास दें लेकिन भीतर से बहुत ही सहज और सरल हैं। यहाँ तक कि एक डरे हुए बच्चे की तरह हैं, जिन्हें भूमिका की तैयारी के दौरान बहुत ही सोच-समझकर सम्भालना पड़ता है। पूर्वाभ्यास में ही नहीं, प्रदर्शन के दौरान भी वह बेहद नर्वस और तनाव की स्थिति में होते हैं। कहा जाता है कि मंच पर अभिनेता को सहज व तनावरहित होना चाहिए, लेकिन मनोहर सिंह के साथ ऐसा नहीं है। वह इतनी ऊर्जा से भरे हुए होते हैं कि चाहकर भी अपनी भावनाओं पर नियंत्रण नहीं रख पाते। इसीलिए कभी-कभी अत्यन्त भावुक क्षणों में वह अतिरंजित अभिनय से भी बच नहीं पाते। ये सारे लक्षण दरअसल उनके भीतर बैठी उस बाल-सुलभ प्रवृत्ति का ही परिणाम हैं, जो लगातार नई-नई चीज़ों को सीखना भी चाहती है और साथ ही उन नई चीज़ों के सम्भावित ख़तरों का सामना करने से कतराती भी रहती है।

इसीलिए मनोहर सिंह को सबकुछ सिखाना पड़ता है। संवादों के उच्चारण से लेकर

चरित्र की दूसरी बारीकियाँ तक। इसका अर्थ यह नहीं है कि उन्हें भाषा की जानकारी नहीं है बल्कि इससे बड़ा कोई दूसरा झूठ नहीं हो सकता। आशय यही है कि जब भी मनोहर सिंह किसी नाटक में अभिनय करने का निर्णय लेते हैं तो पूरी तरह से अपने आप को निर्देशक को समर्पित कर देते हैं। वह निर्देशक इब्राहिम अलकाज़ी हों, अमाल अल्लाना हो अथवा कोई और, उनके समर्पण में कोई कमी नहीं होती। उनका मानना है कि रंगमंच अपनी अन्तिम परिणति में भले ही अभिनेता का माध्यम हो लेकिन वह जिस रूपाकार में मंच पर उपस्थित होता है, वह निर्देशक की दृष्टि, पकड़ और व्याख्या पर आश्रित होता है। अतः अभिनेता का यह कर्त्तव्य है कि वह अपनी तमाम क्षमताओं और सम्भावनाओं के साथ निर्देशक के मन्तव्य और गन्तव्य को मंच पर रूपायित करने की कोशिश करे।

लगातार चलने वाली यह कोशिश और लड़ाई ही मनोहर सिंह के अभिनय पक्ष की विशेषता है। अभिनेता के लिए अनिवार्य और अपरिहार्य दो गुण उन्हें विरासत में मिले हैं—एक जादुई धीर-गम्भीर आवाज़ और दूसरा शरीर सौष्ठव। इनके साथ अपने अभिनेता रूप के लिए ज़रूरी बौद्धिक पक्ष की भरपाई उन्होंने अपने जीवनानुभव और उस अनुभव से अर्जित ज्ञान से कर ली है—इस प्रकार वह किसी भी निर्देशक के लिए एक मुकम्मल अभिनेता हैं, जिन्हें वह जिस रूप में चाहे तोड़-मरोड़ सकता है। लेकिन यह भी उतना ही सच है कि वह निर्देशक के हाथ की कठपुतली नहीं हैं वरन् निर्देशक द्वारा सबकुछ निश्चित कर दिए जाने के बावजूद मंच पर चरित्र की जो तस्वीर नज़र आती है, उसका बाहरी चौखटा भले ही निर्देशक तैयार करता है लेकिन उसके सारे रूप-रंग मनोहर सिंह स्वयं भरते हैं। इसीलिए अन्ततः मंच पर चरित्र का जो रूपाकार उभरकर आता है, वह अत्यन्त सशक्त और जीवन्त होता है।

राष्ट्रीय नाट्य विद्यालय रंगमंडल छोड़ने के बाद भी मनोहर सिंह रंगमंच पर काफ़ी हद तक सक्रिय रहे हैं और कुछ दूसरे कारणों से चर्चित भी हुए हैं। उदाहरण के लिए 'मदर करेज' की प्रस्तुति में मदर की भूमिका, बेगम बर्वे में बेगम बर्वे का चरित्र—ये ऐसी भूमिकाएँ हैं, जो उनके अब तक किए गए काम से अलग हटकर हैं। रंग जगत् में स्वयं निर्देशक द्वारा और आलोचकों द्वारा इनकी बेहद चर्चा की गई और शायद मनोहर सिंह भी इस बात में विश्वास रखते हों कि ये भूमिकाएँ उनके रंगमंचीय जीवन की उपलब्धि हैं, लेकिन यदि सच्चाई और गहराई से विचार किया जाए तो इन्हीं दोनों भूमिकाओं में वह सबसे ज़्यादा मिसफिट लगे। ये प्रस्तुतियाँ निर्देशक की अपनी कल्पना और व्याख्या की उड़ान की दृष्टि से विवेचित की जा सकती हैं, लेकिन मनोहर सिंह जैसे प्रतिभाशाली अभिनेता की प्रतिभा का मानो दुरुपयोग ही हुआ। इसीलिए इधर यह अहसास गहराता गया है कि मनोहर सिंह दिनोंदिन एक ही जैसे अभिनय के शिकार क्यों होते जा रहे हैं ? अभी हाल में 'नागमंडल' की प्रस्तुति के साथ तो यह अहसास और भी तीखा होकर सामने आया।

त्रिकोण अथवा त्रिमूर्ति का तीसरा छोर हैं सुरेखा सीकरी। सचमुच में अभिनय की

बारीकियों को परत-दर-परत उधेड़कर भूमिकाओं को सजीव करने वाली अभिनेत्री। एक अर्थ में वह उत्तरा बावकर और मनोहर सिंह की पूरक हैं। इसमें कोई सन्देह नहीं कि उपर्युक्त दोनों अभिनेता भी भूमिकाओं के वहन में उनके बाह्य और अन्तर पर एक जैसी साधना करते हैं लेकिन फिर भी वहाँ वास्तव में बाह्य पर थोड़ा ज़्यादा आग्रह रहता है। इसे यूँ भी कह सकते हैं कि जितने अनुपात में उनकी भूमिका के बाह्य पक्ष अपना प्रभाव दर्शकों पर डालते हैं, उसके अनुपात में हम उनके आन्तरिक से उतना रूबरू नहीं हो पाते। लेकिन सुरेखा सीकरी के साथ ऐसी अनुभूति नहीं होती। उनके सन्दर्भ में चरित्र की बाहरी और भीतरी परतें एक जैसा असर डालती हैं दर्शकों पर, और कई बार तो बाह्य से ज़्यादा अन्तर्मुखी अभिनय से साक्षात्कार होने लगता है। इस सन्दर्भ में 'तुग़लक' नाटक में सौतेली माँ के चरित्र में उत्तरा बावकर और सुरेखा सीकरी—दोनों ने ही अपने-अपने ढंग से जिस तरह उस भूमिका को जीवन्त बनाया था, उसे याद करना अप्रांसगिक न होगा। उत्तरा बावकर द्वारा अभिनीत सौतेली माँ जहाँ माँ-बेटे के भावुक पक्ष को ज़्यादा उभारकर सामने लाती हैं, वहाँ सुरेखा सीकरी ने सौतेली माँ के चरित्र में भावुकता से ज़्यादा चतुराई और कौशल जैसी प्रवृत्तियों को उजागर किया। यह चारित्रिक भेद अपने अन्तिम दृश्य में बहुत साफ़ होकर सामने आता है, जब तुग़लक सौतेली माँ को मारने का आदेश देता है। उत्तरा बावकर द्वारा एक लम्बी, कर्कश चीख़ के साथ करुणा की गुहार, दूसरी ओर सुरेखा द्वारा भी करुणा की पुकार लेकिन इस रूप में कि मानो उसे पता था कि एक दिन उसकी नियति यही होने वाली है। दरअसल भूमिकाओं में यह भेद और विभिन्नता अपने वास्तविक जीवन में अभिव्यक्त आचार-व्यवहार से भी सम्बन्धित है। उत्तरा बावकर अपनी तमाम आधुनिकता के बावजूद अन्ततः एक सहज और सरल भारतीय नारी की परिकल्पना को साकार करती हैं, जबकि सुरेखा सीक़री अपनी पाश्चात्य शिक्षा-दीक्षा के कारण अपने व्यवहार में एक आधुनिक नारी का आभास देती हैं जो बहुत व्यावहारिक है। इसी सन्दर्भ में मनोहर सिंह जैसे बीच भँवर में फँसे हुए हैं—न तो पूरी तरह से खाँटी ग्रामीण और न आधुनिक ! इसीलिए कभी-कभी पाश्चात्य पृष्ठभूमि वाले नाटकों में वह बिलकुल अलग से दिखाई देते हैं।

लेकिन सुरेखा सीकरी के अभिनय की रचना-प्रक्रिया का रहस्य और मर्म ही यही है कि वह अपने व्यक्तिगत को तजकर चरित्र की बहुआयामी परतों में घुसपैठ करती हैं। उनका अपना बाहरी, आधुनिक और कुछ सीमा तक पाश्चात्य साँचे में ढला व्यक्तित्व उस समय कहीं नज़र नहीं आता, जब वह 'आधे-अधूरे' की सावित्री अथवा 'महाभोज' में दा साहब की पत्नी की भूमिका में मंच पर अवतरित होती हैं। जिस तरह से अपनी व्यक्तिगत ज़िन्दगी में सुरेखा कभी एक बँधे-बँधाए रास्ते पर चलने को तैयार नहीं, उसी तरह मंच पर किसी भूमिका को निभाते समय भी उनकी यह असंतुष्टि, जोड़-तोड़ की प्रक्रिया लगातार क्रियाशील रहती है। इसी कारण उनकी भूमिकाएँ पूरी तरह से तैयार की जाने के बावजूद यह संकेत देती रहती हैं कि अभी भी बहुत कुछ किया जाना शेष है। इस पड़ाव पर भी उत्तरा बावकर और सुरेखा सीकरी दो अलग-अलग

पहलू प्रस्तुत करती हैं—उत्तरा बावकर पूर्वाभ्यास की प्रक्रिया में सबकुछ निश्चित हो जाने के बाद, प्रदर्शन के दौरान उसमें ज़्यादा फेर-बदल करना पसन्द नहीं करतीं और उसी को दिन-प्रतिदिन अच्छे से अच्छा करने की कोशिश करती हैं। इसके विपरीत सुरेखा सीकरी बाहर से सबकुछ निश्चित हो जाने के बाद भी लगातार उस भूमिका के साथ संघर्ष करती रहती हैं।

देवयानी, सौतेली माँ, सावित्री, 'लुक बैक इन एँगर' में जिमी पोर्टर की पत्नी, दा साहब की पत्नी और रस-गन्धर्व में एक पुरुष चरित्र—ये कुछ ऐसी भूमिकाएँ हैं जिन्होंने सुरेखा सीकरी को समकालीन अभिनेत्रियों में निश्चित ही अलग पहचान दी। सातवें और आठवें दशक में तो ये दोनों अभिनेत्रियाँ मानों दिल्ली के हिन्दी रंगमंच का पर्याय थीं। उन दिनों शायद ही कोई ऐसा नाटक हुआ हो, जिसमें इन दोनों ने एक साथ काम न किया हो। यदि एक स्तर पर समवयस्क और समकालीन होने के नाते उनमें गहरी आत्मीयता और अन्तरंगता थी तो अभिनय के स्तर पर स्वस्थ प्रतिद्वन्द्विता भी थी। इस स्पर्धा के भाव ने ही उनकी मेधा, प्रतिभा और कौशल को अपनी सम्पूर्ण ऊर्जा के साथ अभिव्यक्ति के अवसर प्रदान किए।

इस प्रकार उत्तरा बावकर, मनोहर सिंह और सुरेखा सीकरी हिन्दी रंगमंच के उस सुनहरे दौर का प्रतिनिधित्व करते हैं, जब अभिनेता रंगमंच के केन्द्र में था और दर्शक सचमुच उनका अभिनय देखने आया करते थे। यही नहीं, यह भी उतना ही सच है कि इन अभिनेताओं ने ही अपने सहयोग से तत्कालीन निर्देशकों को भी प्रतिष्ठित किया। रंजीत कपूर जैसे निर्देशक का उदय उसी दौर की घटना है। इसमें कोई सन्देह नहीं कि वह स्वयं भी प्रतिभाशाली निर्देशकों में से हैं लेकिन इस बात से इनकार नहीं किया जा सकता कि उनकी लोकप्रियता के पीछे उत्तरा बावकर और सुरेखा सीकरी का बहुत बड़ा हाथ है—उन दिनों की बेहद लोकप्रिय प्रस्तुति 'बेगम का तकिया' इसका जीता-जागता उदाहरण है। इसी प्रकार एक और लोकप्रिय प्रस्तुति 'रस-गन्धर्व' में मनोहर सिंह, उत्तरा बावकर और सुरेखा सीकरी के अप्रतिम सहयोग को सहज ही भुलाया नहीं जा सकता।

लेकिन यह भी एक कड़वा सच है कि नवें दशक में थोड़े-थोड़े अन्तराल पर ये तीनों अभिनेता रंगमंच को अलविदा कह गए। जिन अभिनेताओं को रंगमंच में न तो भूमिकाएँ मिलें, न तो प्रसिद्धि मिले और न ही पैसा मिले—उनका रंगमंच से प्रस्थान करना तो एक सीमा तक समझ में आता है, लेकिन इन तीनों के साथ तो ऐसा कुछ भी नहीं था, फिर ऐसा क्यों हुआ ? यह एक ऐसा प्रश्न है, जो मात्र इन तीनों के सन्दर्भ में ही नहीं वरन् सम्पूर्ण हिन्दी रंगमंच की दृष्टि से भी उतना ही ज्वलन्त और महत्त्वपूर्ण है। क्या ज़्यादा धन, ज़्यादा ग्लैमर और ज़्यादा दर्शक-समुदाय की तलाश में अभिनेता फ़िल्म और दूरदर्शन जैसे माध्यमों की ओर प्रस्थान करता है ? क्या सृजनात्मक स्तर पर कोई अतृप्ति, असन्तुष्टि या अपूर्णता का भाव उसे उधर की ओर धकेलता रहता है ? इसमें कोई सन्देह नहीं कि रंगमंच की तुलना में वहाँ अपार धन, ग्लैमर और व्यापक दर्शक समुदाय मिलता ज़रूर है लेकिन क्या वह सबको मिल जाता है ? थोड़ी देर के

लिए यह मान भी लिया जाए कि ये चीज़ें सबको उपलब्ध हो जाती हैं लेकिन वह आत्मसन्तुष्टि कहाँ मिलती है, जो रंगमंच पर एक जीवन्त दर्शक-समुदाय के सामने किसी चरित्र को निभाते समय एक अभिनेता को प्राप्त होती है। इसीलिए पश्चिम हो अथवा पूर्व—अभिनेता सिनेमा और दूरदर्शन में पूरी तरह से छा जाने के बावजूद रंगमंच पर अभिनय की तरफ़ लौटता रहता है—यदि पश्चिम में मार्लिन ब्रांडो, डस्टिन हॉफ़मैन, रिचर्ड बर्टन, लारेंस ऑलिवर और रैक्स हैरिसन जैसे अभिनेताओं के नाम लिए जा सकते हैं तो अपने यहाँ भी नाना पाटेकर, नसीरुद्दीन शाह, मनोहर सिंह, अनुपम खेर आदि के उदाहरण दिए जा सकते हैं।

अभिनेता का दूसरे माध्यमों में प्रस्थान कोई नई घटना भी नहीं है। हमारे देश के इतिहास में ऐसा कम-से-कम एक हज़ार साल पहले से हो रहा है। संस्कृत नाटकों की शास्त्रीय रंग परम्परा के अवसान के बाद लगभग सारे अभिनेता मध्यकालीन लोक नाट्य परम्परा की ओर उन्मुख हो गए। सत्रहवीं-अठारहवीं शती में इन्हीं में से अधिकांश लोग पारसी अथवा दूसरी शौक़िया नाट्य मंडलियों के साथ जुड़ गए। बीसवीं शताब्दी में फ़िल्मों के आगमन के साथ अभिनेता को फिर एक नया माध्यम मिला और अन्ततः इस शताब्दी के नवें दशक में फ़िल्म के साथ-साथ वीडियो और दूरदर्शन से उसका सामना हुआ। इस सारे इतिहास के बाद सदैव अभिनेता को ही इस बात के लिए कोंचने और कोसने का क्या औचित्य रह जाता है ?

लेकिन यह तथ्य अपनी जगह उतना ही अटल रहेगा कि अभिनेता अपनी कला के परीक्षण, अनुभव और प्रदर्शन के लिए भले ही सभी माध्यमों में संक्रमण करे लेकिन रंगमंच जैसे क्षणभंगुर माध्यम से ही उसके अभिनय की दर्शकों पर ऐसी अमिट छाप पड़ती है, जो अनन्तकाल तक चिरस्थायी रहती है। क्या यह बात ग़ौरतलब नहीं कि यद्यपि फ़िल्म और दूरदर्शन जैसे माध्यमों में अभिनेता की कला को रिकॉर्ड करके चिरकाल तक सुरक्षित रखा जा सकता है, इसके बावजूद वे दर्शकों की स्मृति से बहुत जल्दी मिट-पुँछ जाते हैं। दूसरी ओर रंगमंच में जिस दिन नाटक का जन्म होता है, उसी दिन उसकी मृत्यु भी हो जाती है तो भी उसमें देखे और अनुभूत किए गए अभिनय की स्मृति बरसों तक हमारी अंतश्चेतना में सुरक्षित रहती है।

यही कारण है कि हम उत्तरा, मनोहर और सुरेखा जैसी प्रतिभाओं की पहचान सदैव उनके रंगमंच में किए गए रचनात्मक काम से करते हैं, न कि इधर के एक-आध दशक में दूसरे माध्यमों में किए गए चरित्रों के माध्यम से। वे भले ही रंगमंच को कुछ दिनों के लिए छोड़ गए हों अथवा हमेशा के लिए, इससे इनकार नहीं किया जा सकता कि ये तीन अभिनेता ऐसे हैं जिन्होंने सचमुच अपने जीवन का बहुमूल्य समय रंगमंच को समर्पित किया। इस समर्पण का ही यह सुखद परिणाम था कि चरित्रों की विविधता के स्तर पर जितना अनुभव इन अभिनेताओं ने संचित किया, उससे अधिक नहीं तो उसके बराबर ही दर्शकों को भी मिला—इस दृष्टि से हिन्दी रंगमंच के सन्दर्भ में अभिनय की इस त्रिमूर्ति के योगदान का अपना विशिष्ट महत्त्व सदैव बना रहेगा।

ओमपुरी और नसीरुद्दीन शाह : एक ही सिक्के के दो पहलू

राष्ट्रीय नाट्य विद्यालय के चालीस वर्षीय इतिहास में ऐसे कई उदाहरण रहे हैं, जब एक ही कक्षा में दो अभिनेता अथवा दो अभिनेत्रियाँ लगभग समानान्तर भूमिकाओं में एक-दूसरे के आमने-सामने होती हैं। इससे भी ज़्यादा दिलचस्प बात तब पैदा होती है जब एक ही भूमिका को दो अभिनेता या अभिनेत्रियाँ अलग-अलग प्रदर्शनों में अभिनीत करती हैं और चरित्र की बाहरी रूपरेखा एवं व्यक्तित्व के निश्चित होने के बाद अपनी-अपनी निजी छाप अलग से भी छोड़ती हैं। ओमपुरी-नसीरुद्दीन शाह, राज बब्बर-अजीत वच्छानी, पंकज कपूर-के.के. रैना, अनिता कँवर-कविता चौधरी, हेमा सिंह-हिमानी शिवपुरी—ये कुछ ऐसे अभिनेता युगल हैं, जो सहज ही ध्यान में आते हैं। जब तक ये लोग विद्यालय के छात्र रहे, इन्हें समानान्तर भूमिकाओं अथवा एक ही भूमिका में देखने के अनेक अवसर मिले। इससे इनकी अपार अभिनय क्षमताओं और सम्भावनाओं को भी एक साथ जाँचने-परखने का मौक़ा मिला। लेकिन विद्यालय के बाहर इनमें से किसी युगल को फिर पुनः एक साथ देखना सम्भव नहीं हुआ। हाँ, इस पूरी लिस्ट में एक युगल ज़रूर ऐसा है जिसने विद्यालय में भी सम्भवतः सबसे ज़्यादा इस रूप में अपनी पहचान बनाई और विद्यालय के बाहर भी वह पहचान बरक़रार रही और कुछ अर्थों में आज तक भी है। यह युगल है ओमपुरी और नसीरुद्दीन शाह का, जिन्होंने सन् सत्तर में एक साथ विद्यालय में प्रवेश लिया और अगले तीन सालों में कई नाटकों में एक-दूसरे के सामने लगभग समान्तर अथवा विरोधी चरित्र लेकर उपस्थित हुए। दोनों ही विद्यालय में मुझसे मात्र एक वर्ष जूनियर थे, अतः आपस में एक ऐसा अन्तरंग रिश्ता बना जिसमें मात्र नाटक करना ही शामिल नहीं था वरन् जीवन को उसकी पूरी सम्पूर्णता में जीना भी सम्मिलित था। अतः मेरे लिए यह सहज स्वाभाविक है कि मैं इन दोनों अभिनेताओं की रचना प्रक्रिया का गहराई से अध्ययन कर सकूँ।

इसमें कोई सन्देह नहीं कि दोनों ही बराबर के प्रतिभाशाली अभिनेता हैं लेकिन फिर भी उनका व्यक्तित्व और चरित्र एक-दूसरे के बिल्कुल विपरीत हैं। ऐसा शायद उनकी अपनी पृष्ठभूमि के कारण भी है। ओमपुरी एक ऐसे परिवार से सम्बद्ध रहे, जो आर्थिक अभावों से घिरा था। इसके कारण बहुत छोटी उम्र से ही उसे अपनी राह स्वयं बनानी पड़ी, जिसमें अपनी पढ़ाई-लिखाई तो थी ही, साथ ही घर की दूसरी ज़िम्मेदारियाँ भी थीं। विशेष रूप से अपनी माँ की। सम्भवतः स्कूली शिक्षा के बाद कुछ दिनों तक कॉलेज में रहा ज़रूर, लेकिन फिर बीच में ही छोड़ना पड़ा। इस सारे जीवन यापन के

संघर्ष के बीच ही नाटकों का शौक़—इस तरह से व्यक्तित्व के दो पहलू तैयार होते हैं। कठोर-से-कठोर परिस्थितियों का सामना करने की क्षमता और साथ ही मानवीय रिश्तों को लेकर भावुकता की हद तक संवेदनशील। इसके विपरीत नसीर को अपेक्षाकृत आर्थिक रूप से सम्पन्न परिवार से आने के कारण अच्छी-से-अच्छी शिक्षा के अवसर और शुरुआती दिनों में संघर्ष का अनुभव शायद नहीं के बराबर। इसीलिए व्यक्तित्व में एक तरह का आभिजात्य खुलापन और व्यावहारिकता। इस प्रकार कुल मिलाकर दोनों एक ही तस्वीर या सिक्के के दो पहलू प्रस्तुत करते हैं, लेकिन ज़्यादा ज़रूरी यह होगा कि लगभग तीस सालों में किए गए ऐसे कुछ संयुक्त प्रयासों का विश्लेषण और विवेचन किया जाए, जिनके माध्यम से ये दोनों पहलू और उजागर हो सकें।

लक्ष्मीनारायण लाल का नाटक 'सूर्यमुख', ब्रेष्ट का 'खड़िया का घेरा', गिरीश कार्नाड का 'तुग़लक़', आयनेस्को का 'द लैसन', बुख़नर का 'दान्तोन की मृत्यु', चेख़व का 'तीन बहनें' और लक्ष्मीनारायण लाल का ही एक लघु नाटक 'कॉफ़ी हाउस में इन्तज़ार'—कम-से-कम ये सात नाटक ज़रूर ऐसे हैं जो आज भी मेरी स्मृति में उतने ही तरोताज़ा हैं कि लगता है कि बस अभी मंचित होने वाले हैं या हो रहे हैं। तो चलें, इनके भीतर से गुज़रकर अपने अध्ययन को आगे बढ़ाया जाए।

महाभारत के युद्ध के बाद जहाँ कृष्ण की मृत्यु पर धर्मवीर भारती के 'अंधायुग' का अन्त होता है, वहीं से शुरुआत होती है 'सूर्यमुख' की। कृष्ण की मृत्यु के बाद उनके पुत्रों में सत्ता प्राप्ति के लिए संघर्ष और इसी के बीच कृष्ण के एक पुत्र प्रद्युम्न और बेनुरति का प्रेम प्रसंग, दूसरी ओर सेनापति संगीकर के नेतृत्व में विद्रोह की तैयारी। प्रद्युम्न की भूमिका में ओमपुरी और संगीकर के रूप में नसीरुद्दीन शाह—यह था दो नए-नए, ताज़ा-ताज़ा अभिनेताओं का मंच पर पहला साक्षात, जिसने दोनों को एक साथ जाँचने-परखने की शुरुआत भी दी और दूसरी तरफ़ आगत भविष्य के भी कुछ संकेत अवश्य दिए। ओमपुरी का चरित्र बेहद भावप्रवण, संवेदनशील और बेनुरति को लेकर लगभग हैमलेट वाले अन्दाज़ में ऊहापोह से भरा हुआ, वहाँ नसीर ने एक ऐसे चरित्र को मंच पर साकार किया, जो निहायत ही क्रूर, कठोर और कुछ हद तक वीभत्स भी कहा जा सकता है। ओमपुरी ने यदि अपनी भूमिका को अत्यन्त धैर्य एवं ठहराव के भीतर से निभाने की कोशिश की, जो मात्र आवाज़ एवं रंग भाषण के स्तर तक ही सीमित नहीं था वरन् शारीरिक हरकतों व मुद्राओं में भी झलकता था, वहाँ नसीर ने चीख़-चिल्लाहट के साथ-साथ शारीरिक गतिविधान को भी लगातार क्रियाशील रखते हुए अपनी भूमिका को साकार किया। जब भी दोनों किसी दृश्य में एक-दूसरे के सामने होते थे तो एक ऐसे समुद्र का बिम्ब उभरकर आता था, जो ऊपर से स्थिर एवं शान्त लगता है, लेकिन भीतर ही भीतर दावानल से फट पड़ने को तैयार है। उस बिम्ब के ठीक विरोध में प्रस्तुत किया जा सकता है चेख़व का 'तीन बहनें'—ओमपुरी कर्नल वर्शीनिन की भूमिका में लगातार किसी भी विषय पर बोलते चले जाने वाला और नसीर सलयोनी के रूप में बिलकुल चुप्प। भीतर ही भीतर छटपटाहट से भरपूर लेकिन एक दूसरे धरातल

पर दोनों अपने-अपने प्रेम प्रसंग को लेकर कहीं एक समान भी—वर्शीनिन शादीशुदा माशा से कभी खुलकर अपने प्रेम का इज़हार नहीं कर पाता तो सलयोनी आयरीना द्वारा अपने प्यार को लेकर अपमानित। 'खड़िया का घेरा' में ओमपुरी का साइमन, जो ग्रूशा के प्रेम में डूबे सिपाही की उस जटिल भूमिका को प्रस्तुत करता था, जो युद्ध से लौटकर आने के बाद ग्रूशा की गोद में बच्चा देखकर पुनः उसी ऊहापोह वाली स्थिति में पहुँच जाता है जो प्रेम करना भी चाहता है और नहीं भी। इधर नसीर एक खाँटी, ज़मीन से जुड़े, अनगढ़ से दीखने वाले अज़दक के रूप में, जो बाहर से भले ही टेढ़ा-मेढ़ा दिखाई दे, भीतर कहीं बेहद माँसलता एवं गर्माहट से भरपूर है। हम चाहें तो यहीं ओमपुरी द्वारा अभिनीत 'तुग़लक़' के बरनी और नसीर द्वारा प्रस्तुत आज़मजहाँ को भी याद कर सकते हैं, जो एक तरह से 'तुग़लक' के ही दो अलग-अलग पक्षों को सामने लाते हैं—बरनी यानी तुग़लक का चिन्तक और आज़म यानी तुग़लक का वह भीतरी कोना जो हमेशा छटपटाता रहता है।

ये कुछ भूमिकाएँ या चरित्र ऐसे थे, जिन्होंने इन दोनों अभिनेताओं को बारी-बारी से दो अलग-अलग तरह के व्यक्तियों को मंच पर जीवन्त करने के भरपूर अवसर प्रदान किए। कभी ओमपुरी एकदम चुपचाप और कम-से-कम बोलने वाले व्यक्ति के रूप में तो नसीर बेहद चालाक, बातूनी और व्यावहारिक अन्दाज़ वाले आदमी। कभी यही भूमिका उलट जाती थी, लेकिन इस बात से इनकार नहीं किया जा सकता कि हमेशा टक्कर बराबर की रहती थी और प्रस्तुति का स्तर एकदम से ऊपर उठ जाता था। संयोग से यहाँ शेक्सपीयर के दो नाटकों की याद आ रही है और वे हैं, 'हैलमेट' और 'मर्चेंट ऑफ़ वेनिस'; लेकिन इन दोनों ने एक साथ कभी इन नाटकों में काम नहीं किया। किसी भी निर्देशक के लिए इन दोनों नाटकों में ओमपुरी और नसीर एकदम से फ़िट बैठते हैं—'हैमलेट' में ओमपुरी हैमलेट और नसीर पालोनियस की भूमिका में। 'मर्चेंट ऑफ़ वेनिस' में नसीर शाइलॉक के रूप में और ओमपुरी अन्तोनियो—इससे बेहतर चुनाव कोई दूसरा हो नहीं सकता। यों इसी क्रम में ओथेलो का उल्लेख भी किया जा सकता है। दोनों ने इस नाटक में एक साथ काम ज़रूर किया था लेकिन नसीर ने बरबांसियो और ओमपुरी ने मोन्तानो के चरित्र अभिनीत किए थे। यह 'ओथेलो' की वही चिर-परिचित प्रस्तुति है, जिसके माध्यम से मनोहर सिंह ने भारतीय रंगमंच में अपनी महत्त्वपूर्ण उपस्थिति दर्ज की थी, जो बाद में 'तुग़लक़' के रूप में परिपुष्ट हुई। आज यदि मैं कभी 'ओथेलो' करूँ तो ओमपुरी को ओथेलो और नसीर को इयागो की भूमिका में लेना चाहूँगा।

उसी दौर की एक दूसरी उल्लेखनीय प्रस्तुति है—'दान्तोन की मृत्यु' जिसे इब्राहिम अलकाज़ी ने सन् तिहत्तर में दिल्ली रंगमंच पर प्रस्तुत किया था। महज़ तेइस साल की उम्र में ही मर जाने वाले उन्नीसवीं सदी के जर्मन नाटककार जार्ज बुख़नर का बहुत ही गहरा, जटिल एवं संश्लिष्ट नाटक है दान्तोन की मृत्यु, फ्रांसीसी क्रान्ति के बाद उसके दो सूत्रधारों—दान्तोन और रॉबस्पियर के आपसी संघर्ष को चित्रित किया गया है।

लेकिन जिस संरचना के भीतर से बुख़नर इस संघर्ष का ताना-बाना बुनते हैं, वह अपने आप में बेजोड़ है। कहा तो यहाँ तक जाता है कि जर्मन के ही परवर्ती नाटककार और चिन्तक ब्रेष्ट ने भी अपने नाटकों के कथ्य, नाटकीय युक्तियों-प्राविधियों और यहाँ तक कि अपने 'अलगाव' के सिद्धान्त के लिए भी बुख़नर के इसी नाटक से सबसे ज़्यादा सूत्र ग्रहण किए हैं। ब्रेष्ट के बाद पूरे पश्चिम में द्वितीय विश्वयुद्ध के आसपास और बाद में विकसित अस्तित्ववादी दर्शन और विसंगत नाट्य परम्परा पर तो बुख़नर का प्रभाव स्पष्ट दृष्टिगोचर होता है। बहरहाल, यदि 'दान्तोन की मृत्यु' पश्चिमी दुनिया का इतना विवादास्पद और महत्त्वपूर्ण नाटक है तो उसकी पहली भारतीय प्रस्तुति में भी दो उतने ही ज़बदरस्त अभिनेता उसमें अभिनय कर रहे थे। तब ये दोनों अन्तिम वर्ष के छात्र थे और सम्भवतः उनके तीन वर्षों के प्रशिक्षण और अनुभव का भी निचोड़ थी यह प्रस्तुति—नसीर ने दान्तोन के चरित्र को जितने उद्दाम, माँसल और व्यावहारिक धरातल पर उकेरने की कोशिश की, वहीं ओमपुरी ने क्रामवैल अथवा औरंगज़ेब के साथ जुड़ी निर्ममता, कठोरता और निहायत ही ठंडेपन के भीतर से रॉबस्पियर के चरित्र की रूपरेखा तैयार की। 'दान्तोन की मृत्यु' उस साल दिल्ली रंगमंच की सबसे ज़्यादा चर्चित प्रस्तुति थी तो उसमें इन दोनों अभिनेताओं के चरित्र-निर्माण का भी कम योगदान नहीं कहा जा सकता। ठीक ऐसा ही परस्पर विरोधी समान्तर नसीर और ओमपुरी ने 'द लैसन' की प्रस्तुति में पेश किया था लेकिन एक दूसरे रूप में। जब पहले-पहल इस नाटक की प्रस्तुति भानु भारती ने अपनी अन्तिम परीक्षा के लिए की तो नसीर ने उसमें प्रोफ़ेसर की भूमिका अभिनीत की थी और उसका अन्दाज़ लगभग वही था जो ओमपुरी ने रॉबस्पियर की भूमिका के लिए इस्तेमाल किया था अर्थात् भीतरी क्रूरता, कठोरता और निर्ममता को बाहर से निहायत ही शान्त, नफ़ासत और आभिजात्य के साथ प्रस्तुत किया जाना। लेकिन जब बाद में इसी चरित्र को ओमपुरी ने किया तो वह बिलकुल ही एक नई व्याख्या लेकर आया और वह यह कि न तो चरित्र भीतर से क्रूर लगे और न बाहर से वरन् एक ऐसे सहानुभूति भरे अन्दाज़ के साथ निभाने की कोशिश की कि इस प्रक्रिया में वह कब क्रूर होता चला जाता है, पता ही नहीं चला।

उनके सहरंग-सहयोग के उदाहरण के रूप में ही उल्लेखित किया जा सकता है लक्ष्मीनारायण लाल का नाटक 'काफ़ी हाउस में इन्तज़ार'। आज भले ही नए रंगकर्मियों के बीच इस लघु नाटक की कोई चर्चा न होती हो, लेकिन इसमें कोई सन्देह नहीं कि सातवें-आठवें दशक के अनेकानेक छोटे-बड़े नाटकों में यह भी एक था और उन दिनों के दूसरे महत्त्वपूर्ण नाटकों—शोभना भूटानी के 'शायद हाँ', लंकेश के 'परतें' और बलराज पंडित के 'पाँचवा सवार' से भी आज के युवा रंगकर्मी का क्या रिश्ता बचा है ? इन नाटकों की बात तो छोड़िए, आज के रंगकर्मी का रंगमंच से भी कोई सम्बन्ध बचा रह गया है ? इसीलिए वे शायद इस इतिहास से भी परिचित नहीं हैं कि आज की फ़िल्मी दुनिया के दो चर्चित, स्थापित और न जाने कितने राष्ट्रीय-अन्तर्राष्ट्रीय पुरस्कारों से सम्मानित अभिनेता—ओमपुरी और नसीरुद्दीन ने मेरे निर्देशन में 'काफ़ी

हाउस में इन्तज़ार' की दो अलग-अलग प्रस्तुतियों में हर बार एक नए चरित्र की भूमिका अभिनीत की थी।

हुआ यूँ कि सन् इकहत्तर में जब गर्मी की छुट्टियाँ हुईं तो सोचा गया कि इस बार घर लौटने की बजाय दिल्ली में रहकर ही कुछ नाटक तैयार किए जाएँ और उनके सार्वजनिक प्रदर्शन किए जाएँ। रहने और पूर्वाभ्यास के लिए विद्यालय का छात्रावास था ही। दोस्त लोग जुटे और तीन छोटे नाटकों को एक ही शाम में मंचित करने का निश्चय हुआ। कुल मिलाकर मंच और नेपथ्य में तेरह लोग शामिल थे और नाटक थे शोभना भूटानी का 'शायद हाँ' जिसमें नसीर और उत्तरा बावकर ने अभिनय किया था और जिसका निर्देशन किया था राजेन्द्र गुप्त ने। दूसरा नाटक था उमानाथ भट्टाचार्य का 'दिवारात्रि' जिसमें वेद सिन्हा, राजेन्द्र गुप्त, जसपाल और मैं अभिनय कर रहे थे और निर्देशन किया था सुशील चौधरी ने। उसी शाम का अंतिम नाटक था। 'काफ़ी हाउस में इन्तज़ार' जिसमें ओमपुरी और नसीर ने अभिनय किया था और जिसका निर्देशन किया था मैंने। दिल्ली के हिन्दी रंगमंच की यह एक यादगार प्रस्तुति इसलिए कही जा सकती है कि त्रिवेणी के मुक्तांगन में जून, इकहत्तर में इसके मात्र दो प्रदर्शन हुए थे लेकिन दर्शकों और आलोचकों ने इतनी गर्मजोशी से इसका स्वागत किया था कि हम स्वयं अचम्भित रह गए थे। पहली बार हिन्दी रंगमंच में अभिनेता और दूसरे पार्श्वकर्मियों को उनके परिश्रम का मेहनताना मिला और वास्तविक अर्थों में व्यावसायिक रंगकर्म की शुरुआत हुई, जो अगले ही वर्ष यानी सन् बहत्तर में राजेन्द्र गुप्त द्वारा निर्देशित रमेश बक्षी के नाटक 'देवयानी का कहना है' की प्रस्तुतियों से लगातार फलीभूत होती चली गई। यह वही प्रस्तुति थी, जिसने सुरेखा सीकरी को पहली बार हिन्दी रंगमंच में एक अत्यन्त संवेदनशील अभिनेत्री के रूप में स्थापित किया था। इन सारे तथ्यों और इतिहास को याद करना इसलिए भी बेहद आवश्यक हो जाता है कि आज जब रंगकर्मी के सामने प्रायोजन के न जाने कितने विकल्प मौजूद हैं, तब भी रंगमंच को लेकर कोई नया प्रयोग अथवा कोई रिस्क उठाने की इच्छा नहीं पैदा हो रही है उसमें, जब हम लोगों ने उपर्युक्त प्रयोग किए थे तो सबकुछ अपने बलबूते पर किया था और उसमें सफल भी रहे थे।

पुनः 'कॉफ़ी हाउस में इन्तज़ार' की प्रस्तुति पर लौटा जाए। दरअसल यह दो पीढ़ियों के संघर्ष की कहानी है जिसमें एक वृद्ध है और दूसरा युवा। दोनों कॉफ़ी हाउस में किसी महापुरुष से मिलने आए हैं और उसका इन्तज़ार कर रहे हैं। ज़ाहिर है कि वह महापुरुष अन्त तक मंच पर नहीं आता और न ही इन्हें मिलने के लिए भीतर बुलवाता है। नाटक का कथ्य और ताना-बाना कुछ-कुछ बैकेट के 'गोदो के इन्तज़ार' में जैसा है—यहाँ तक कि शीर्षक में भी काफ़ी हद तक साम्यता है। महापुरुष के इन्तज़ार में सारा नाटक इन दोनों चरित्रों की आपसी बहसों, विवादों और टकराहटों के बीच ही आगे बढ़ता रहता है। जब पहली बार इस नाटक को मंचित किया तो नसीर वृद्ध की और ओमपुरी युवा की भूमिका में अवतरित हुए। दो साल बाद जब फिर एक बार इस

नाटक का मंचन करने की बात आई तो संयोग से ओमपुरी और नसीर ने ही इसमें काम किया था लेकिन इस बार उनकी भूमिकाएँ उलट गई थीं अर्थात् ओमपुरी वृद्ध की भूमिका में और नसीर ने युवा का चरित्र प्रस्तुत किया था। इस बात को अलग से दोहराने की ज़रूरत नहीं कि हर बार की तरह दोनों भूमिकाओं ने, दोनों अभिनेताओं को अपनी निजी और अलग पहचान दी। बेशक बाद में इस प्रस्तुति का कोई और प्रदर्शन नहीं हो पाया क्योंकि दोनों ही पहले पूना फ़िल्म इन्स्टीट्यूट और बाद में बम्बई की फ़िल्मी दुनिया की तरफ़ प्रस्थान कर गए, लेकिन यह प्रस्तुति आज भी हम तीनों की स्मृतियों में उतनी ही जीवित है कि जब भी हम मिलते हैं तो इस बात को बेहद खुश होकर याद करते हैं कि कैसे उस ज़माने में रंगमंच से मिले पैसों से हम लोगों ने उस रात एक सचमुच के महाभोज का आनन्द लिया था।

लेकिन उससे भी बड़ी खुशी की बात यह है कि जिन विरोधी समान्तरों, चरित्रों और व्यक्तित्वों की चर्चा मैंने रंगमंच के सन्दर्भ में की है, वे इन दोनों अभिनेताओं के फ़िल्मी कैरियर में भी बख़ूबी दिखाई पड़ते हैं। इस दृष्टि से इनकी संयुक्त उपस्थिति के लिए तो बेशक एक ही फ़िल्म का नाम लिया जा सकता है और वह है गोविन्द निहलानी की 'आक्रोश', लेकिन अलग-अलग फ़िल्मों में भी चरित्रों की वही रेखाएँ और रूप-रंग दिखाई पड़ते रहते हैं। यदि नसीर 'मोहरा' में एक ऐसे प्रतिनायक के रूप में आता है जो बाहर से सभ्य और शालीन नज़र आता है तो ओमपुरी भी नरसिंह जैसा पात्र लेकर उपस्थित होता है। यदि नसीर के पास 'निशान्त' फ़िल्म में एक ऐसा चरित्र है, जो अपने प्रेम के कारण समाज से विद्रोह कर बैठता है तो ओमपुरी 'अर्द्ध सत्य' में एक ऐसे पुलिस अफ़सर की भूमिका में उपस्थित होता है, जो एक भ्रष्ट राजनैतिक व्यवस्था का हिस्सा बनने से इनकार कर देता है। फ़िल्म ही क्यों, कभी-कभी यही पहचान दूरदर्शन में भी दिखाई पड़ती है। एक तरफ़ ओमपुरी कक्का जी कहिन में एक टुच्चे और काइयाँ राजनेता की तस्वीर पेश करते हैं तो नसीर मिर्ज़ा ग़ालिब जैसे शायर की एक अन्दरूनी तस्वीर लेकर आते हैं, जहाँ वह अन्ततः अकेला होता चला जाता है।

उदाहरण बहुतेरे हैं और निश्चय ही दिए भी जा सकते हैं लेकिन उनसे भी ज़्यादा इस तथ्य पर ज़ोर देना ज़रूरी है कि दिनोंदिन ऐसी दोस्ती और गर्मजोशी आपसी सम्बन्ध में कम से कमतर होती जा रही है। भले ही आपसी रिश्तों में फिर भी यह लेन-देन कुछ हद तक बचा हुआ हो लेकिन एक साथ काम करने के मामले में तो बिलकुल समाप्त प्राय-सा हो गया है या शायद उस रूप में कभी था ही नहीं, जिस रूप में ओमपुरी और नसीर के सन्दर्भ में उसकी चर्चा की गई है। दिलीप कुमार और राजकपूर ने महबूब की 'अन्दाज़' के बाद कोई फ़िल्म एक साथ नहीं की, देवानन्द और दिलीप कुमार ने 'इन्सानियत' के बाद कभी एक साथ काम नहीं किया, राजकपूर और देवानन्द तो शायद कभी एक भी फिल्म में एक साथ दिखाई नहीं दिए। राजेश खन्ना और अमिताभ बच्चन ने 'आनन्द' और 'नमकहराम' में एक साथ काम किया ज़रूर, किन्तु यही वे आख़िरी फ़िल्में भी कही जा सकती हैं जिन्होंने इस तरह की स्वस्थ परम्परा और प्रतिद्वन्द्विता को

ही शायद समाप्त कर दिया। यों इसके बाद भी राजकुमार और दिलीप कुमार की 'सौदागर', नाना पाटेकर और राजकुमार की 'तिरंगा', अमिताभ बच्चन और विनोद खन्ना की अनगिनत फ़िल्में गिनाई जा सकती हैं लेकिन वे व्यापारिक दृष्टिकोण से भले ही सफल और महत्त्वपूर्ण रही हों, उनमें वह बात नज़र नहीं आती कि दो एक-सी प्रतिभा के अभिनेता लगभग एक जैसी ज़ोरदार भूमिकाओं में एक-दूसरे के आमने-सामने होते हों। सातवें-आठवें दशक में यदि ऐसा कोई दीर्घजीवी समान्तर युगल दिखाई पड़ता है तो वह था शबाना आज़मी और स्मिता पाटिल का, जिसने एक के बाद एक कई अविस्मरणीय फ़िल्में एक साथ कीं और उच्चकोटि के अभिनय के नए मानदंड भी स्थापित किए।

इस दृष्टि से ओमपुरी और नसीरुद्दीन शाह पूरी भीड़ में एकदम अलग से दीख पड़ते हैं—एक तो इसलिए कि पहली बार ये दोनों अभिनेता फ़िल्मों से भी पहले रंगमंच में अपनी एक विशिष्ट पहचान लेकर आए और उससे भी बड़ी बात यह कि फ़िल्मों में आने के बाद भी इन्होंने अपनी उस पहचान को कहीं खो नहीं दिया वरन् अपनी दोहरे-तिहरे आयामों वाली जटिल भूमिकाओं के माध्यम से उस पहचान को और पुष्ट किया और आज भी उस दिशा में लगातार सक्रिय हैं, भले ही वे भी उस फ़िल्मी बाज़ार का एक हिस्सा बन चुके हों।

मास्टर फ़िदा हुसैन के साथ एक दशक

सन् नवासी में राष्ट्रीय नाट्य विद्यालय के छात्रों के साथ जब एक नाट्य प्रस्तुति करने का अवसर मिला तो मैंने सुप्रसिद्ध पारसी नाटककार आग़ा हश्र कश्मीरी के नाटक *रुस्तम-सोहराब* को करने का निश्चय किया। इसके पीछे यही सोच थी कि तब तक विद्यालय के छात्रों के साथ मात्र एक बार स्व. ब्रजमोहन शाह ने उनयासी में राधेश्याम 'कथावाचक' का *वीर अभिमन्यु* मंचित किया था अथवा पुनः शाह जी ने ही राष्ट्रीय नाट्य विद्यालय रंगमंडल के साथ 'कथावाचक' के ही एक-दूसरे नाटक *मशरिक़ी हूर* का सतासी में मंचन किया था। यों आग़ा हश्र कश्मीरी का *रुस्तम-सोहराब* और *यहूदी की लड़की* अट्ठहतर से अस्सी के बीच विद्यालय से बाहर क्रमशः अनिल चौधरी और नादिरा ज़हीर बब्बर प्रस्तुत कर चुके थे। लेकिन छात्रों के साथ पारसी नाटक और रंगमंच के विधिवत प्रशिक्षण का जो सिलसिला *रुस्तम-सोहराब* से शुरू हुआ वह आज तक नियमित रूप से जारी है। यह एक बहुत ही महत्वपूर्ण बात है कि जिसे पारसी नाटक और रंगमंच की परम्परा, को सस्ता, अश्लील और महज़ व्यापारिक कहकर तत्कालीन हिन्दी आलोचकों और रंगकर्मियों ने एकदम से नकार दिया था, आज उस परम्परा का प्रयोग आधुनिक अभिनेता की आवाज़, रंगभाषण और अभिनय के सन्दर्भ में ज़ोर-शोर से किया जा रहा है। इस पहल का पूरा श्रेय राष्ट्रीय नाट्य विद्यालय को जाता है कि यहाँ इस परम्परा का मूल्यांकन और विश्लेषण करके इसे पाठ्यक्रम के एक निश्चित अंग के रूप में स्वीकार किया गया।

रुस्तम-सोहराब आग़ा हश्र कश्मीरी के नाटकों में कभी भी लोकप्रिय धारा का नाटक नहीं रहा, लेकिन एक-दूसरे रूप में यह नाटक लेखक के एक ऐसे दौर को सूचित करता है जब वह पारसी नाटकों के लटकों-झटकों से अलग एक ऐसे गम्भीर नाट्य-लेखन की तरफ़ प्रवृत्त हो रहा था जिसे क्लासिकी नाट्य लेखन के समकक्ष रखा जा सकता है। *रुस्तम-सोहराब* के अलावा *सीता-वनवास, बिल्व मंगल,* और *कुछ हद तक, यहूदी की लड़की,* इसी वर्ग में गिनाए जा सकते हैं। लेकिन तत्कालीन पाठकों और दर्शकों ने *रुस्तम-सोहराब* का उस खुले मन से स्वागत नहीं किया जैसा कि आग़ा हश्र के दूसरे नाटकों के साथ हुआ था। यहाँ तक कि जब उनतीस में *रुस्तम-सोहराब* का बड़े भव्य तामझाम के साथ पहला मंचन हुआ तो दर्शकों ने एक दो प्रदर्शनों के बाद नाटक को पूरी तरह से नकार दिया और प्रस्तुतकर्ताओं को भारी आर्थिक नुक़सान उठाना पड़ा।

दरअसल *'रुस्तम-सोहराब'* अपने तत्कालीन पारसी नाट्य-लेखन से एकदम अलग

था। काफ़ी हद तक सोफ़ोक्लीज़ के नाटक *इडीपस* के कथानक के निकट, यद्यपि *रुस्तम-सोहराब* की कहानी का मूल स्रोत ईरान के इतिहास और लोककथाओं में उपलब्ध है। गीत-संगीत के नाम पर पूरे नाटक में मात्र एक नृत्य-गीत, यही बात उस समय के दर्शकों को रास नहीं आई। भाषा बेहद जटिल और संश्लिष्ट, जिसे आम दर्शक के लिए समझना मुश्किल था, लेकिन अभिनेता के चरित्र-चित्रण के लिए जितनी चुनौतियाँ और सम्भावनाएँ इस नाटक में उपलब्ध हैं, वे दूसरे पारसी नाटकों में दुर्लभ हैं। शायद, नाटक में निहित इन्हीं विशेषताओं ने मुझे नाटक का चुनाव करने के लिए प्रेरित किया होगा।

नाटक को छात्रों के साथ पढ़ने-पढ़ाने और भूमिकाओं के निश्चित हो जाने के बाद, जब विधिवत पूर्वाभ्यास की शुरुआत हुई तो हम लोगों ने पारसी रंगमंच के विशेषज्ञ मास्टर फ़िदा हुसैन 'नरसी' को छात्रों को रंगभाषण एवम् पारसी अभिनय कला की दूसरी बारीकियों को सिखाने के लिए विद्यालय में आमंत्रित किया। उस दौरान लगभग एक महीने तक फ़िदा हुसैन जी का साथ मेरे लिए सदा एक अविस्मरणीय अनुभव रहेगा। जब पहली बार मैंने उन्हें फ़ोन पर यह सूचना दी कि मैं अपने छात्रों के साथ *रुस्तम-सोहराब* की प्रस्तुति के सिलसिले में उन्हें आमंत्रित करना चाहता हूँ तो वह बेहद आश्चर्यचकित हुए कि *रुस्तम-सोहराब* जैसे मुश्किल और तब के असफल नाटक को आज प्रस्तुत करके क्या मिलने वाला है। उन्होंने कई तरह के तर्कों-वितर्कों से मुझे हतोत्साहित करने की कोशिश की और आगा हश्र के नाटकों में से ही कई दूसरे विकल्प भी सुझाए। लेकिन मैंने अपने छात्र-अभिनेताओं की क्षमताओं का हवाला देते हुए उन्हें पूरी तरह से आश्वस्त किया और अन्ततः मुरादाबाद से दिल्ली आने के लिए मना ही लिया।

उस समय फ़िदा जी नब्बे की उम्र पार कर चुके थे लेकिन उनकी चुस्ती-फुर्ती देखते ही बनती थी। सीधे तनकर चलना, सूट-बूट से लैस और खनकती हुई कड़कदार आवाज़। उनके सामने हमारे आज के छात्र अभिनेता अपनी आवाज़, रंगभाषण और भावों के अतिरंजित विस्तार की दृष्टि से निहायत बौने जान पड़ते थे। लेकिन फ़िदा जी की इसी ख़ूबी ने मुझे सबसे ज्यादा प्रभावित किया कि उन्होंने कभी भी यह अहसास नहीं होने दिया कि वह हम लोगों से कहीं अलग हैं। अत्यंत धैर्य और ठहराव के साथ एक-एक छात्र का उच्चारण सुधारना, उर्दू शेर-ओ-शायरी में कहाँ विराम लगना है और कहाँ बलाघात, इसका बार-बार बोलकर अभ्यास करवाना, और ज़रूरत पड़ने पर स्वयं करके दिखाना। अपनी दिनचर्या में नियम और अनुशासन के पक्के। प्रतिदिन सुबह की सैर। एक चाय सुबह, एक चाय शाम और बीच में दोपहर का भोजन और अन्ततः रात का खाना और सोने से पहले एक गिलास दूध। न कोई सिगरेट अथवा पान का व्यसन और न ही बीच में कभी अतिरिक्त चाय, समोसे का शौक़। अद्भुत था उनका आत्मसंयम और इसी का परिणाम था कि वह उस उम्र में भी एकदम युवा और तरोताज़ा नजर आते थे। छात्रों के प्रशिक्षण की दृष्टि से ही हम लोगों ने विद्यालय की ओर से उनकी एक प्रस्तुति *वीर अभिमन्यु* को मंचन के लिए विद्यालय में आमंत्रित किया, जिसमें

उन्होंने स्वयं भी अर्जुन का अभिनय किया था। यहाँ इस सूचना का उल्लेख अप्रासंगिक न होगा कि जब उन्नीस सौ पन्द्रह से बीस के बीच इस नाटक के पहले प्रदर्शन हुए थे तो फिदा हुसैन उनमें छोटी-छोटी भूमिकाओं से शुरू करके अन्ततः उत्तरा की नियमित भूमिका करने लगे थे। बहरहाल, नवासी में *वीर अभिमन्यु* की एक ताज़ा प्रस्तुति में मास्टर फ़िदा हुसैन को अर्जुन की भूमिका में देखना यादगार क्षण था। लम्बा तगड़ा क़द, रोबीला व्यक्तित्व और सधी हुई आवाज़—लगता ही नहीं था कि एक नब्बे साल का वृद्ध अर्जुन जैसे वीर योद्धा की भूमिका में उतरा है। इतना ही नहीं अभिनय के साथ-साथ उतने ही जोश-खरोश और परफ़ैक्ट सुर, लय-ताल के साथ तरन्नुम में गाना मानों सोने पे सुहागा। हमने उनके आवास की व्यवस्था अपने छात्रावास में ही की थी। इसलिए छात्र अभिनेता जब भी ख़ाली होते, उन्हें घेरे रहते। फ़िदा जी एक बुज़ुर्ग बाप या दादा की तरह से उन्हें सिखाने में कभी कोताही नहीं बरतते थे। कई बार तो ऐसा भी हुआ कि छात्र अभिनेता जरूर थक जाते थे लेकिन उनके माथे पर शिकन नहीं आती। उन्होंने अपने इस दिल्ली प्रवास का समय के लिहाज़ से भरपूर उपयोग किया। छात्रों के साथ निश्चित समय के अतिरिक्त जो समय उनका अपना था, उसमें पुस्तकालय से नए से नए नाटक अथवा दूसरी पुस्तकों को लेकर पढ़ना, उस दौरान विद्यालय के छात्रों द्वारा किसी पूर्वाभ्यास प्रस्तुति अथवा रंगमंडल की प्रस्तुतियों को देखना, और अगर इतने से भी संतोष नहीं होता तो उस दौरान दिल्ली में प्रस्तुत किए जा रहे विभिन्न नाट्य-मंडलियों के प्रदर्शनों को जा-जाकर देखना। सिर्फ़ देखना ही नहीं, उन पर जमकर बहस करना। यह अनुभूति निश्चय ही बहुत सुखद थी कि पारसी रंगमंच जैसी पुरानी रंग-परम्परा से जुड़ा हुआ आदमी आज के रंगमंच को भी उतने ही खुलेपन से देख सकता है और उसके सकारात्मक पक्ष को अपनाने की बात करता है।

इस बीच मेरे साथ उनके पारिवारिक जैसे सम्बन्ध हो गए थे। मेरी बच्ची अस्मिता, जो उस समय महज़ चार बरस की थी, उसकी कभी-कभी की ज़िद को देखकर उन्होंने उसका नया नामकरण कर दिया था—झाँसी की रानी। मेरी पत्नी को वह अपनी बेटी की तरह मानते थे, लेकिन इन अन्तरंग रिश्तों से अलग मेरे लिए वह समय और क्षण ज्यादा मूल्यवान हैं जब मुझे उनके माध्यम से पारसी रंगमंच की छोटी-से-छोटी डिटेल और सूचनाएँ सहज ही प्राप्त हो जाती थीं। जब शुरू में वह हम लोगों की प्रस्तुति प्रक्रिया में शामिल हुए थे तो उन्हें इस बात को लेकर बड़ी दुविधा थी कि पारसी नाटक का मंचन, और वह भी किसी प्रकार के रंगे हुए परदों के प्रयोग के बिना ! यहाँ तक कि मंच पर शुरू से लेकर आख़िर तक एक ही दृश्यबंध पर पूरा नाटक कैसे मंचित हो जाएगा, इसे लेकर भी वे सदैव मुझसे सवाल करते रहते थे। मैं भी अपनी ओर से उन्हें लगातार आश्वस्त करता रहता कि वह पूरी तरह से अभिनेताओं की आवाज़, उच्चारण, व्याकरण एवं रंगभाषण पर काम करते रहें और प्रस्तुति से संबंधित अन्य तकनीकी पक्षों को लेकर ख़ामख़्वाह परेशान न हों। दरअसल हमारा मक़सद पारसी रंगमंच को अपने उसी पुराने रूप में प्रस्तुत करना नहीं था वरन् कोशिश इस बात की थी कि हम आज

के अभिनेता के सन्दर्भ में उस परम्परा का कैसे पुर्नाविष्कार कर सकते हैं। मुझे सबसे ज़्यादा ख़ुशी तब हुई जब *रुस्तम-सोहराब* जैसे कठिन नाटक के सफल प्रदर्शन को दर्शकों ने मुक्त कंठ से सराहा और ऐसे अवसर पर सबसे ज़्यादा मुखर प्रतिक्रिया फ़िदा हुसैन जी की ही थी। उन्होंने स्वीकार किया कि सचमुच पारसी नाटक को उसके पारंपरिक तामझाम से अलग करके देखना उनके लिए भी पहला और नया अनुभव था। इसके बाद फ़िदा जी पुनः नब्बे में *यहूदी की लड़की* के मंचन के समय और में नैनीताल में राष्ट्रीय नाट्य विद्यालय द्वारा आयोजित गहन नाट्य प्रशिक्षण शिविर में आग़ा हश्र के ही नाटक *ख़ूबसूरत बला* की मंचन प्रक्रिया से भी सम्बद्ध रहे, जिन्हें मैंने ही निर्देशित किया था। इसी के साथ-साथ विद्यालय के छात्रों को लेकर उत्तरा बावकर, हेमा सिंह और स्व. बृजमोहन शाह द्वारा किए गए पारसी नाटकों के मंचन से भी नियमित रूप से जुड़े रहे। यह पहले से निश्चित होता था कि हर वर्ष वह कम से कम एक महीना हमारे छात्रों के साथ रहेंगे और उन्हें प्रशिक्षित करेंगे। साल निन्यानवे में भी उन्हें अगस्त-सितम्बर में वर्तमान छात्रों के साथ काम करने के लिए आना था लेकिन दस जुलाई को ही वे एक सौ एक वर्ष लम्बी जीवन-यात्रा के बाद हमें छोड़कर जा चुके थे।

इन दस वर्षों में हमारे छात्रों के साथ प्रशिक्षण का जो अनवरत कार्यक्रम उन्होंने संचालित किया, उसके नतीजे बहुत उत्साहवर्धक रहे हैं। एक तो आधुनिक अभिनेता का एक ऐसी नाट्य परम्परा से जुड़ाव हुआ, जिसे वह लगभग भूल चुका था। दूसरे उसे अपनी भाषा के साथ कैसा सुलूक करना चाहिए, इसके गहरे संस्कार मिले। तीसरे, और अंतिम निष्कर्ष के रूप में आज के यथार्थवादी अभिनय और पारसी रंगमंच की अतिरंजित अभिनय शैली के बीच कैसे संतुलन बिठाया जा सकता है, इसकी जानकारी और समझ मिली। इन सब परिणामों के लिए स्वयं मास्टर नरसी की अपनी आधुनिक सोच और दृष्टि ज़िम्मेदार थी जिसके चलते उन्होंने नए से नए रंगमंच को भी उतने ही खुलेपन के साथ अपनाया जितना कि पारसी रंगमंच को। *रुस्तम-सोहराब* जैसे लगभग शास्त्रीय ढाँचे के नाटक को भी सभी तरह के दर्शकों के लिए कैसे ग्राहय बनाया जा सकता है, इसके लिए उन्होंने बहुत ही सीधा-साधा विकल्प सुझा दिया। वह था सोहराब और गुर्द आफ़रीद द्वारा ग़ज़ल के माध्यम से एक-दूसरे के लिए प्रेम का इज़हार करना। इसी तरह *रुस्तम-सोहराब* की शुरुआत में दूसरे पारसी नाटकों की तरह से एक मंगलाचरण गीत का प्रयोग जो किसी और नाटक से लिया गया था। लगभग चार घंटे के लम्बे नाटक को सम्पादित करके दो घंटे के भीतर समेट देना—यह उनकी उसी सोच, समझ और प्रक्रिया का परिचायक था। इससे जहाँ नाटक में एक ख़ास किस्म की रंजकता पैदा हुई, वहीं पारसी नाटकों के मंचन के लिए आज क्या रास्ता हो सकता है इसे लेकर भी दृष्टि साफ़ और स्पष्ट हुई।

मैं समझता हूँ कि यहीं पर थोड़ा रुककर मास्टर नरसी की रचना-प्रक्रिया पर बात कर ली जाए। जैसा कि पहले ही संकेत किया जा चुका है कि वह आवाज़ और भाषा के ज़बरदस्त धनी थे। लेकिन इसका यह अर्थ नहीं कि मात्र कड़कदार आवाज ही पारसी

अभिनय शैली की कसौटी थी। इसमें कोई सन्देह नहीं कि इस शैली में आवाज़ का अपना अलग से महत्त्व है लेकिन इससे भी ज्यादा ज़रूरी बात यह है कि वह आवाज़ आपकी भावनाओं, आवेगों और संवेदनाओं को इस हद तक अन्दरूनी गहराई के साथ प्रस्तुत करे कि वह देखनेवालों के दिलो-दिमाग़ पर इतना गहरा असर करे, कि वे नाटक का मंचन देखकर अश-अश कर उठें। यह सबकुछ हासिल करने के लिए उनका अभिनेताओं के साथ लगातार नाटक को ऊँचे स्वर में बोल-बोलकर पढ़ना, शब्दों का सही और अपने पूरे विस्तार के साथ उच्चारण करना, और उन्हीं के साथ जुड़े हुए मुखाकृति के भावों और अपनी आवाज़, हावभाव, मुद्राओं और गतियों को लेकर इतना सहज हो जाना कि ऐसा न लगे कि वह मंच पर बनावटी अभिनय कर रहा है।

अभिनय की इस ऊँचाई को पाने के लिए जिस लम्बी यात्रा और साधना की ज़रूरत है वह मास्टर नरसी के यहाँ नाटक के पहले पाठ से ही शुरू हो जाती थी। नाटक के एक-एक शब्द के अर्थ का अभिनेताओं के लिए ख़ुलासा करना, उसका उच्चारण कैसे किया जाए यह बोलकर समझाना, और कविता, गीत अथवा शेर-ओ-शायरी में छंदों और मात्राओं पर बहुत ज़्यादा आग्रह देना। शेर-ओ-शायरी को उसकी लय के साथ बोलने का क्या सही तरीक़ा और अंदाज़ होना चाहिए, इसे लेकर वह बहुत सजग रहते थे। ऐसा इसलिए कि यदि अभिनेता ने कहीं भी गड़बड़ कर दी तो अर्थ का अनर्थ हो सकता था। इसी प्रशिक्षण का दूसरा हिस्सा होता था अभिनेता की शारीरिक गतियों, मुद्राओं और हरकतों को निश्चित करते चलना अर्थात किसी संवाद विशेष के साथ हाथ-पैरों का संचालन कैसे होना चाहिए इस दिशा में अभिनेता के गतिविधान को निश्चित करना। पारसी रंगमंच की अपनी कुछ विशेष अभिनय रूढ़ियाँ और युक्तियाँ होती थीं, जिसकी पूरी जानकारी वह अभिनेताओं को देने की कोशिश करते थे। मसलन यदि मंच पर बैठना है तो कौन-सी टाँग का घुटना मुड़ा होना चाहिए ताकि दर्शकों की तरफ दिखाई पड़ने वाला शरीर का हिस्सा अश्लील न लगे। यदि कहीं अभिनेता को ख़ुदा के सामने इबादत के अन्दाज़ में बैठना हो तो पूरी तरह से दर्शकों के सामने दोनों घुटनों पर दो-ज़ानू होकर बैठना और दोनों हाथ सामने ऊपर उठाकर ईश्वर या खुदा से दया की भीख माँगना। चूँकि पारसी नाटक मंच पर हमेशा एक सपाट धरातल पर ही खेले जाते थे, इसलिए अभिनेता पर यह अतिरिक्त ज़िम्मेदारी होती थी कि वह अपने शरीर को इतना फुर्तीला और लचीला बनाए कि जब चाहे वह बैठकर अथवा झटके से खड़े होकर किसी भी मुद्रा को अपना सके। ज़ाहिर है कि इस चुस्ती-फुर्ती के लिए भी अलग से अभ्यास की ज़रूरत होती थी, जैसे कि नृत्यवत गतियों का अथवा तलवारबाज़ी का प्रशिक्षण। यही कारण है कि पारसी नाटक में अभिनेता से जहाँ यह अपेक्षा की जाती है कि वह लगभग एक योद्धा की तरह से सदैव मुस्तैद रहे, वहीं दूसरी तरफ़ एक प्रेमी के रूप में वह निहायत ही कोमल भावनाओं को कभी भी नाच-गाने के माध्यम से अभिव्यक्ति दे सके। दूसरे शब्दों में कहें तो जीवन के कठोर से कठोर पक्ष और मुलायम से मुलायम पक्ष—इन दोनों छोरों की अतिरंजना का नाम है पारसी अभिनय शैली, जिसे

मास्टर फ़िदा हुसैन 'नरसी' ने उम्रभर अपनी लगन, मेहनत और अनुभव से प्राप्त किया था। महज़ बारह-तेरह वर्ष की उम्र में नाटक के चक्कर में जो एक बार वह घर छोड़कर भागे तो फिर कभी पीछे मुड़कर नहीं देखा और पूरे पचास बरस बाद ही अपने घर लौट कर आए थे। उन्नीस सौ बारह-तेरह से लेकर तिरसठ तक लगातार एक नाटक के बाद दूसरा नाटक, एक शहर के बाद दूसरा शहर, एक भूमिका के बाद दूसरी भूमिका, अथवा एक ही भूमिका के सैकड़ों प्रदर्शन—क्या किसी की याददाश्त इतनी ग़ज़ब की भी हो सकती है कि वह इतने सारे विवरणों को इतने बड़े और लम्बे अन्तराल के बाद भी याद रखे। लेकिन मास्टर फ़िदा हुसैन के साथ सचमुच यह गुण जन्मजात प्रतिभा के रूप में जुड़ा हुआ था। जब भी बीच में ख़ाली वक्त मिलता, वह पारसी रंगमंच की किसी भी घटना का ब्यौरेवार इतिहास हम लोगों के साथ शेयर करना शुरू कर देते थे, और हम सब लोग उसमें डूब जाते थे। यह डूबना, एक तो उनकी अद्भुत स्मरण शक्ति को देखकर, और दूसरे इन सारे प्रसंगों को जब भी सुनाना तो पूरी तरह से अभिनय की छटाओं के साथ सुनाने के कारण, ही होता था। यदि उन्हें पारसी नाटक और रंगमंच का चलता-फिरता इतिहास अथवा डायरी कहा जाए तो कोई अत्युक्ति नहीं होगी। पारसी नाटकों को अभिनय की दृष्टि से कैसे प्रस्तुत किया जाए इस प्रक्रिया को मैंने पुस्तक के माध्यम से नहीं, वरन् स्वयं फ़िदाजी के साथ रहते, खाते, सोते, जागते और सुनते-सुनाते हुए जाना-सीखा और समझा। मुझे वह एक ऐसे दोस्त की तरह से लगते थे, जिसके पास कभी भी किसी प्रश्न अथवा समस्या को लेकर जाने में मुझे कभी कोई झिझक या दिक्कत नहीं हुई। मेरे लिए मास्टर फ़िदा हुसैन के साथ लगभग एक दशक का यह अन्तरंग रिश्ता अपनी सम्पूर्णता में एक ऐसे संसार की यात्रा करना था जिसका हमारी पीढ़ी के साथ सीधा लेन-देन नहीं था। फिर भी हम लोगों ने उस परम्परा को अपने छात्रों के प्रशिक्षण का अनिवार्य अंग बनाया, मात्र यही तथ्य उनके हर साल दिल्ली आकर हमारे साथ रहने का कारण बन गया। लेकिन ख़ुशी इस बात की ज़्यादा है कि वह रिश्ता सिर्फ़ छात्रों को पारसी नाटक और अभिनय सिखाने तक ही सीमित नहीं रहा वरन् उससे भी आगे आज के रंगमंच की सहायता से पारसी नाटकों को नए रूप और नए रंग में कैसे प्रस्तुत किया जा सकता है, यह अनुभव जितना हमने उनसे पाया, उन्होंने भी सम्भवतः हम लोगों से उतना ही पाया होगा। वह बार-बार मुझसे कहा करते थे कि अपनी ही तरह मुझे भी पारसी रंगमंच के रंगे हुए परदों, भड़कीले तामझाम और बेहद दिखावटी अभिनय शैली से छुटकारा दिला दीजिए। इसी दौरान फिर कभी उन्होंने प्रसंगवश बच्चों के से उत्साह के साथ यह जानकारी भी शेयर की थी कि अन्ततः उन्होंने भी मुरादाबाद में एक नई नाट्य प्रस्तुति को सचमुच में किसी परदे, दूसरे तामझाम और बहुत ही अतिरंजित अभिनय के बिना करके देखने का अनुभव प्राप्त कर लिया था और वह प्रयोग बेहद सफल रहा था। एक प्रकार से वह प्रस्तुति स्वयं उनके अपने लिए भी उस तरह के प्रयोग की आधारभूमि थी जैसी रंगभूमि की शायद हम सबको तलाश है। उनके इस अनुभव से मुझे व्यक्तिगत स्तर पर सचमुच में यह प्रेरणा मिली कि यदि एक

सौ एक बरस का रंगकर्मी आज भी अपने समय में घटित हो रहे रंगकर्म से कुछ लेने और सीखने को तैयार है तो यही पहल हमारी तरफ़ से भी क्यों नहीं होनी चाहिए ? हम लोगों ने यह पहल की और मास्टर फ़िदा हुसैन उसमें सदा हमारे साथ रहे। आज वह हमारे बीच नहीं हैं लेकिन लगता है कि जैसे ही हम लोग 'वन्समोर-वन्समोर' चिल्लाएँगें, फ़िदा हुसैन जी बार-बार सुनाए और दिखाए अनुभवों को फिर शुरू से लेकर आख़िर तक सुनाने और दिखाने के लिए स्टेज पर एन्ट्री ले लेंगे।

नाटक में शब्द बनाम शब्दों से मुक्ति

यूँ तो शब्द के बिना साहित्य की कल्पना ही नहीं की जा सकती लेकिन फिर भी साहित्य की दो विधाओं—कविता और नाटक—के लिए शब्द का विशेष महत्त्व है। कविता में शब्द अपने मूल रूप में उपस्थित रहते हुए भी लगातार एक समान्तर सम्प्रेषण प्रक्रिया के तहत प्रतीकों और बिम्बों में स्थानान्तरित होते रहते हैं। यहाँ तक, नाटक और कविता में शब्दों की स्थिति लगभग एक समान है, लेकिन इससे आगे नाटक की दुनिया में शब्द अपनी एक नई, निजी और अलग अस्मिता भी ग्रहण कर लेते हैं और वह है प्रतीकों-बिम्बों के भीतर से एक परिवेश और वातावरण निर्माण के साथ-साथ शब्दों का क्रियात्मक भी होना अर्थात् यहाँ शब्द मात्र विवरणात्मक न होकर हरकत घटित होने और गतिशीलता के वाहक हैं। यह अकारण नहीं है कि हमारे यहाँ नाट्य-शास्त्र में वाचिक अर्थात् बोले जाने वाले शब्द को नाटक का शरीर कहा गया है। प्रकारान्तर से शब्द ही नाटक का प्राण तत्त्व है।

लेकिन बीसवीं शताब्दी के रंग इतिहास में पूरे विश्व में नाटक के इसी प्राण तत्त्व शब्द से ही मुक्ति पाने की कोशिशें होती रही हैं, और सबसे दिलचस्प तथ्य यह है कि जहाँ-जहाँ शब्दों को पीछे छोड़ते हुए मात्र अभिनेता की वाणी और शरीर के माध्यम से एक नई रंगभाषा तैयार करने की दिशा में लगातार काम हुआ, वहाँ भी अन्ततः शब्द ही नाट्य-प्रस्तुति के केन्द्र में रहा। पश्चिम में अगर आर्तो, मेयरहोल्ड, ग्रोतोव्स्की और पीटर ब्रुक जैसे निर्देशक इस क्षेत्र में सक्रिय रहे, वहाँ भारत में भी बादल सरकार, कावलम नारायण पाणिक्कर, रतन थियम, बंसी कौल जैसे निर्देशक शब्दों से परे या उसके समान्तर मात्र अभिनेता के माध्यम से ध्वनियों, गतियों, सर्कस और परम्पराशील तत्त्वों के सहयोग से उस रंगभाषा की तलाश में लगे हैं, जहाँ शब्द की स्थूल सत्ता कम-से-कम होती जाए अथवा उससे पूरी तरह ही मुक्ति पा ली जाए।

आख़िर शब्दों से मुक्ति की यह यात्रा रंगमंच में शुरू ही क्यों हुई ? इस यात्रा के पीछे नाटक और रंगमंच के इतिहास में यथार्थवादी नाट्य-लेखन का दौर उत्तरदायी है। यथार्थवादी रंगमंच में पहली बार गीत, संगीत, मुद्राओं, गतियों से रहित एक ऐसी नाट्य-शैली सामने आई जो सीधे-सीधे रोज़मर्रा की ज़िन्दगी से जुड़े हाव-भाव और व्यवहार के माध्यम से एक ऐसी अभिनय-शैली के साथ जुड़ी, जो किसी भी प्रकार की बाह्य आलंकारिकता से रहित थी। ऐसी स्थिति में ज़्यादा-से-ज़्यादा आग्रह शब्दों पर ही हो सकता था और ऐसा ही हुआ भी। ऐसा नहीं है कि अभिनय की यह शैली पहले

से मौजूद नहीं थी। पश्चिम में भले ही यह शैली पिछले डेढ़ सौ, दो सौ बरस पहले ही आई लेकिन हमारे यहाँ तो भरत के नाट्यशास्त्र में आज से दो-ढ़ाई हज़ार साल पहले ही लोकधर्मी नाट्य-शैली के विवेचन के तहत इस तरफ़ संकेत किया जा चुका है।

लेकिन क्या सच में ही यथार्थवादी नाटकों में शब्दों पर इतना ज़ोर रहता है कि उससे मुक्ति की कामना की जाए ? क्या दूसरी तरह की नाट्य-शैलियों की रचनाओं में शब्दों की स्थिति गौण होती है ? यदि हम पश्चिम और अपने देश के नाट्य-लेखन पर आदिकाल से आज तक नज़र डालें तो वस्तुस्थिति बिलकुल इसके उलट है। मान लें, पश्चिम में यथार्थवादी लेखन इधर ही प्रचार में आया किन्तु इससे पूर्व क्या होता रहा है ? यूनानी नाटक, शेक्सपीयर के नाटक, मौलियर के नाटक, बेन जॉनसन के नाटक, मार्लो के नाटक—कहने का तात्पर्य यह कि यथार्थवादी दौर से पहले किसी भी देश और भाषा के नाटकों को उठा लीजिए, वे पूरी तरह से शब्द-बहुल नाटक हैं और तुर्रा यह कि वे नाट्यधर्मी रंग परम्परा का प्रतिनिधित्व करते हैं, जो अपनी मंचीय अभिव्यक्ति में अधिक से अधिक शैलीबद्ध रंग तत्त्वों यथा—गीत, संगीत, मुद्राओं एवं गतियों का प्रयोग करते हैं। ठीक यही या इससे मिलती-जुलती स्थिति भारतीय रंग परम्परा में पाई जाती है—संस्कृत नाटक, लोक नाटक, पारसी नाटक, प्रसाद के नाटक, भारतेन्दु के नाटक, टैगोर के नाटक—इनमें से कोई भी पश्चिम के यथार्थवाद के अनुकरण में नहीं लिखा गया है और फिर भी शब्दों से भरा पड़ा है। यह शब्द बहुलता इस सीमा तक है कि यदि किसी नाटक को अपने सम्पूर्ण कलेवर में मंच पर प्रस्तुत करना चाहें तो कम-से-कम आठ-दस घंटे की अवधि दरकार होगी। शेक्सपीयर के नाटक भी इसका अपवाद नहीं हैं। यही कारण है कि आज जब भी इनमें से किसी नाटक को मंचित किया जाता है तो काफ़ी काट-छाँट और सम्पादन करना पड़ता है, जबकि यथार्थवादी नाटकों के मंचन में सम्पादन की समस्या का बिरले ही सामना करना पड़ता हो। वास्तव में यथार्थवादी नाटकों में शब्द ज़्यादा होते हैं—यह ग़लत धारणा इसलिए भी बन गई है क्योंकि वहाँ सचमुच में बोले जाने वाले शब्दों की तुलना में उन शब्दों की बहुतायत भी रहती है जो मंच-संकेत के रूप में कोष्ठकों में लिखे जाते हैं। ये शब्द अभिनेता और निर्देशक की अपनी तैयारी से सम्बद्ध रहते हैं। वे चाहें तो इनका अनुगमन करें और चाहें तो इन्हें छोड़ दें।

अब एक जायज़ा उन नाटकों और रंगमंच का भी लिया जाए, जो घोषित रूप से यथार्थवाद के विरोध में और उसी के साथ-साथ शब्द के विरोध में प्रचलित हुआ। सबसे पहले ब्रेष्ट जैसे नाटककार और निर्देशक का उदाहरण लें। यथार्थवादी नाट्य लेखन और प्रस्तुति शैली दर्शकों के लिए यथार्थ का भ्रम पैदा करती हैं, उन्हें भावनाओं से अनुप्राणित कर अपने साथ बहा ले जाती हैं और उनकी सोचने-विचारने की शक्ति को निष्क्रिय बना देती हैं—इसके विरोध में उन्होंने अपने महाकाव्यात्मक रंगमंच और अलगाव के सिद्धान्त की अवधारणा को रंग जगत् के सामने रखा। गहराई से विचार किया जाए तो हम पाते हैं कि मानो ब्रेष्ट अपने नाटकों के माध्यम से अपने विचारों और सिद्धान्तों

को अभिव्यक्ति देने के लिए कुछ ज़्यादा ही शब्द जाल का सहारा लेते हैं—पोस्टर बैनर पर शब्दों के माध्यम से सूचना, गीत एवं कोरस के माध्यम से कथा को आगे बढ़ाना, विभिन्न दृश्यों में एकालापों और संवादों के माध्यम से नाटक का विकास करना—यह भी एक तथ्य है कि आज तक हमारे यहाँ ब्रेष्ट का कोई भी नाटक अपनी सम्पूर्णता में कभी नहीं खेला गया क्योंकि उनमें इतना दोहराव है कि उसे पढ़ने के स्तर पर तो हम किसी तरह स्वीकार कर भी लें, सुनने और देखने की प्रक्रिया के दौरान तो वे बेहद बोझिल हो जाते हैं। सिर्फ़ भारत में ही नहीं, पश्चिम में भी उनकी रचनाओं पर आधारित जितनी प्रस्तुतियों को देखने का अवसर मिला है, उनमें भी कभी उनके किसी नाटक को सम्पादित किए बिना मंचित नहीं किया गया।

दूसरे विश्वयुद्ध के बाद पश्चिम में विसंगत नाटकों का दौर आया, जिनका दर्शन ही यह था कि जीवन निरर्थक है ? परस्पर संवादहीनता की स्थिति आ गई है। पहले से तैयार और बनी-बनाई भाषा भोथरी और धारहीन हो गई है और एक नई भाषा को गढ़ने की ज़रूरत है, जो इन अर्थहीन, उद्देश्यहीन स्थितियों को अभिव्यंजित कर सके। यह एक व्यंगपूर्ण स्थिति ही कही जाएगी कि जिन नाट्य रचनाओं में कम से कम शब्द होने चाहिए थे, वे अधिकाधिक शब्द-जाल में उलझकर रह गईं। उदाहरण के लिए आयनेस्को का नाटक 'द लैसन' जो तत्कालीन शाब्दिक शिक्षा पद्धति की अर्थहीनता को केन्द्रित करके लिखा गया है, अन्ततः स्वयं उस शब्द जाल से कहाँ मुक्त हो पाता है ? बैकेट का 'वेटिंग फॉर गोडो' इस तथ्य को पुष्ट करने वाला दूसरा नाटक है कि जितना हम शब्दों की रंगभाषा से दूर भागना चाहते हैं, उतना ही शब्दों के लिए हमारा मोह और बढ़ता जाता है।

पश्चिम का ही एक तीसरा महत्त्वपूर्ण चरण ग्रोतोव्स्की और उसी की राह पर चलने वाले उन निर्देशकों के रंगकर्म से सम्बद्ध है, जो पूअर थिएटर, एम्टी स्पेस और एनवायरनमैंटल थिएटर की परिकल्पना लेकर सामने आए अर्थात् रंगमंच के परम्परागत तत्त्वों का त्याग करते हुए मात्र अभिनेता को केन्द्रित किया जाए। सिद्धान्त या अवधारणा के स्तर पर ये सारे विचार भले ही आदर्श हों लेकिन व्यावहारिक स्तर पर उन्होंने नाटक के सबसे पहले और ज़रूरी तत्त्व शब्द से कोई छुटकारा नहीं पाया। पीटर ब्रुक का 'महाभारत' अथवा 'कॉन्फ्रेस ऑफ़ द बर्ड्स' इस लिहाज़ से दृष्टव्य हैं, इनमें जितने ज़्यादा चाक्षुष बिम्ब हैं तो उससे कहीं अधिक शब्द हैं।

हमारे अपने देश में तो स्थिति और भी ज़्यादा चिन्ताजनक है। जितने भी निर्देशक अभिनेता के माध्यम से नई नई रंगभाषा, रंग पद्धतियाँ और नई नई छवियाँ प्रस्तुत करने की चेष्टा में लगे हैं उन्हीं के रंगकर्म में शब्दों की भरमार है। रतन थियम की ताज़ा प्रस्तुति 'उत्तर प्रियदर्शी' इसका ज्वलन्त उदाहरण है जिसमें अपने प्रदेश की संगीतात्मक ध्वनियों एवं गतियों-मुद्राओं को इस्तेमाल करने के बावजूद अज्ञेय के 'उत्तर प्रियदर्शी' नाटक में निर्देशक को अपनी तरफ़ से भी एक नया दृश्य लिखने की ज़रूरत महसूस होती है। यही बात बंसी कौल की प्रस्तुति 'गधों का मेला' के बारे में भी कही जा सकती

है, जिसमें वे अभिनेता की कला के नाम पर मसख़रों, विदूषकों, मदारी के करतबों से जुड़ी शारीरिक हरकतों के माध्यम से एक नया दृश्य संसार रचने के लिए प्रयत्नशील हैं, लेकिन महज़ बीस-पच्चीस मिनट में समाप्त होने वाले नाटक को बढ़ा-चढ़ाकर वह पचहत्तर मिनट तक खींच ले जाते हैं और इस प्रक्रिया में नाटक में उपलब्ध मूल शब्द भी तीन गुना बढ़ जाते हैं, इसके साथ अभिनेताओं के सर्कसी करतब तो होते ही हैं। यही हाल बादल सरकार और कावलम नारायण पणिक्कर के यहाँ भी है।

इन सारी उपर्युक्त स्थितियों के परिप्रेक्ष्य में यह बात बहुत तल्ख़ी के साथ उभरकर आती है कि आख़िर शब्दों से मुक्ति क्या सचमुच में सम्भव है ? यहाँ तक कि नृत्य जैसी विधा का काम भी शब्दों के बिना नहीं चलता, कठपुतली जैसी निष्प्राण कला भी अन्ततः शब्दों पर ही आश्रित है। सबसे बड़ी बात तो यह कि फ़िल्म और दूरदर्शन जैसे पूरी तरह से चाक्षुष माध्यम भी अपने अन्तिम प्रभाव में दृश्य से ज़्यादा शब्दों के ही अनुगामी हैं। हमें तो शब्दों का और वह भी मुद्रित शब्दों का ऋणी होना चाहिए क्योंकि यही वह एकमात्र तत्त्व है जो चिरकाल तक जीवन्त रहने की सामर्थ्य रखता है—उससे मुक्ति की कल्पना दूसरी कलाओं में बेशक सम्भव हो, नाटक और रंगमंच में तो बिलकुल नहीं।

नुक्कड़ नाटक : परम्परा और प्रयोग

पूर्व हो या पश्चिम—यों तो नाटक और रंगमंच की शुरुआत ही खुले में हुई अर्थात् नुक्कड़ ही वह पहला स्थान था जो नाटकों के खेलने में इस्तेमाल हुआ। आदिम युग में सब लोग दिन भर शिकार करने के बाद शाम में अपने अपने शिकार के साथ कहीं खुले में एक घेरा बनाकर बैठ जाते थे और उस घेरे के बीचोंबीच ही उनका भोजन पकता रहता, खान-पान होता और वहीं बाद में नाचना-गाना होता। इस प्रकार शुरू से ही नुक्कड़ नाटकों से जुड़े तीन ज़रूरी तत्त्वों की उपस्थिति इस प्रक्रिया में भी शामिल थी—प्रदर्शन स्थल के रूप में एक घेरा, दर्शकों और अभिनेताओं का अन्तरंग सम्बन्ध और सीधे सीधे दर्शकों की रोज़मर्रा की ज़िन्दगी से जुड़े कथानकों, घटनाओं और नाटकों का मंचन। इसी का विकसित रूप हमें तब भी देखने को मिलता है जब आज से लगभग ढ़ाई-तीन हज़ार वर्ष पहले यूनान में थेस्पिस नामक अभिनेता घोड़ागाड़ी या भैंसागाड़ी में सामान लादकर शहर शहर घूमकर सड़कों पर, चौराहों पर अथवा बाज़ारों में अकेला ही नाटकों का मंचन किया करता था। स्वयं भारत में भी इसी समय के आसपास अथवा इससे भी पूर्व से लव और कुश नाम के दो कथावाचकों के माध्यम से रामायण महाकाव्य को जगह-जगह जाकर गाकर सुनाने की परम्परा का उल्लेख मिलता है। ये लव-कुश राम के पुत्रों के रूप में तो प्रसिद्ध हैं ही, बाद में इन्हीं के समान्तर नट या अभिनेता को भी हमारे यहाँ कुशीलव के नाम से ही जाना जाने लगा। सम्भवतः यही कारण है कि नाटकों के लगातार खुले में मंचित होते रहने के मद्‌देनज़र भरत ने भी अपने नाट्यशास्त्र में दशरूपक विवेचन के अन्तर्गत वीथि नामक रूपक का भी उल्लेख किया है। आज भी आन्ध्र प्रदेश में लोकनाट्य परम्परा की एक शैली का नाम ही वीथि नाटकम् मिलता है और आधुनिक नुक्कड़ नाटक अथवा स्ट्रीट थिएटर को भी इसी नाम से जाना जाता है।

मध्यकाल में सही रूप में नुक्कड़ नाटकों से मिलती-जुलती नाट्य शैली का जन्म और विकास यदि भारत के विभिन्न प्रान्तों, क्षेत्रों और बोलियों-भाषाओं में लोक नाटकों के रूप में हुआ, तो उसी के समान्तर पश्चिम में भी चर्च अथवा धार्मिक नाटकों के रूप में इंग्लैंड, फ्रांस, जर्मनी और स्पेन आदि देशों में ऐसे नाटकों का प्रचलन शुरू हुआ जो बाइबिल की घटनाओं पर आधारित होते थे और मूलतः धर्म के प्रचार के लिए ही खेले जाते थे। ये नाटक भी खुले में, मैदानों, चौराहों और बाज़ारों में ही मंचित किए जाते थे और दिन की रोशनी में ही, जबकि हमारे यहाँ नाटक लगभग अपने आरम्भकाल से

ही ज़्यादातर रात में ही खेले जाते थे। इसके लिए हमारे यहाँ की तत्कालीन जीवन व्यवस्था तो ज़िम्मेदार थी ही अर्थात् दिन भर खेतों में काम करने के बाद, रात में ही उन्हें ऐसे मनोरंजन की ज़रूरत पड़ती थी जो उनकी थकान मिटा सके। इतना ही नहीं, रात के साथ ही इस तरह के प्रदर्शनों-मनोरंजनों का जुड़ना समाज में उपस्थित एक सुरक्षित जीवन पद्धति की तरफ़ भी इंगित करता है, जबकि पश्चिम में स्थिति ठीक इसके विपरीत थी। वहाँ मध्यकाल में दिन में नाटकों के मंचन की आवश्यकता का जन्म ही इसलिए हुआ था कि लोग शाम ढलने से पहले ही सुरक्षित अपने घरों को लौट सकें। मध्यकाल में आविर्भूत इन्हीं धार्मिक नाटकों ने आज के नुक्कड़ नाटकों से जुड़े एक और आवश्यक तत्त्व को जन्म दिया और वह है, प्रचार के लिए नाटक विधा का प्रयोग।

वास्तव में प्रचार ही वह मूल मन्त्र है, जो नुक्कड़ नाटकों के वर्तमान स्वरूप, संरचना और इतिहास से अनिवार्य रूप से जुड़ा है। आज जिस रूप में हम नुक्कड़ नाटकों को जानते हैं, उनका इतिहास, भारत के स्वाधीनता संग्राम के दौरान क़ौमी तरानों, प्रभात फेरियों और विरोध के जुलूसों के रूप में देखा जा सकता है। इसी का एक विधिवत् रूप इप्टा जैसी संस्था के जन्म के रूप में सामने आया, जब पूरे भारत में अलग-अलग कला माध्यमों के लोग एक साथ आकर मिले और क्रान्तिकारी गीतों, नाटकों व नृत्यों के मंचनों और प्रदर्शनों से विदेशी शासन एवं सत्ता का विरोध आरम्भ हुआ। इस प्रकार किसी भी ग़लत व्यवस्था का विरोध और उसके समान्तर एक आदर्श व्यवस्था क्या हो सकती है—यही वह संरचना है, जिस पर नुक्कड़ नाटक की धुरी टिकी हुई है। कभी वह क़िस्से-कहानियों का प्रचार था, कभी धर्म और कभी राजनैतिक विचारधारा का—किसी भी युग और काल में हम इस तथ्य को रेखांकित कर सकते हैं। आज तो स्थिति यह हो गई है कि बड़ी बड़ी व्यावसायिक-व्यापारिक कम्पनियाँ अपने उत्पादनों के प्रचार के लिए नुक्कड़ नाटकों का प्रयोग कर रही हैं, सरकारी तन्त्र अपनी नीतियों-निर्देशों के प्रचार के लिए नुक्कड़ नाटक जैसे माध्यम का सहारा लेता है और राजनैतिक दल चुनाव के दिनों में अपने दल के प्रचार प्रसार के लिए इस विधा की ओर आकर्षित होते हैं। ऐसे में नुक्कड़ नाटकों के बहुविध रूप और रंग दिखाई पड़ते हैं और ऐसे में इस विधा की वह सही पहचान कहीं खो सी गई है। यह कुछ ऐसा ही है जैसे क्रिकेट में एक दिवसीय फ़टाफ़ट क्रिकेट ने पाँच दिवसीय शास्त्रीय क्रिकेट को पृष्ठभूमि में धकेल दिया है, वीडियो दूरदर्शन जैसे तुरत-फुरत माध्यमों ने फ़िल्मों के अस्तित्व पर प्रश्नचिह्न लगा दिए हैं और रोज़ाना पैदा हो रहे खिचड़ी संगीत ने शुद्ध शास्त्रीय और कर्णप्रिय संगीत की परम्परा को ही नष्ट कर दिया है।

आख़िर नुक्कड़ नाटक की वह अपनी असली पहचान क्या थी ? वह है एक ऐसा माध्यम जो स्वयं लोगों के बीच पहुँचता है, उन्हीं की समस्याओं से रूबरू होता है और उन्हीं की भाषा में संवाद करता है। उसकी भूमिका मुख्यतः विरोध की रहती है क्योंकि उसका उद्देश्य किसी भी तत्कालीन व्यवस्था में ग़लत हो रही बातों की तरफ़ जनमानस का ध्यान आकृष्ट करके उन्हें उसके प्रति जाग्रत करना है और यदि सम्भव हो तो उस

ग़लत व्यवस्था से लड़ने के लिए तैयार करना है। दूसरे शब्दों में कहें तो नुक्कड़ नाटक की मूल प्रकृति एक उत्प्रेरक की है जो दर्शकों को किसी भी समस्या से साक्षात्कार कराके यह भी अपेक्षा रखता है कि वे व्यवहार के स्तर पर भी कोई निर्णय लेंगे। एक दूसरे रूप में वह ब्रेष्ट के उस महाकाव्यात्मक रंगमंच के 'अलगाव सिद्धान्त' से भी मिलता-जुलता है, जहाँ दर्शक से अपेक्षा की जाती कि वह कथा के बहाव के साथ न बह जाए वरन् उससे दूरी बनाए रखकर उसे देखे और उस पर सोच-विचार कर अपने जीवन में क्रियान्वित करे। नुक्कड़ नाटक की इस मूल प्रकृति ने उसके स्वरूप और संरचना को भी काफ़ी हद तक सुनिश्चित कर दिया—खुले में, चौराहों और बाज़ारों में आती-जाती भीड़ को आकर्षित करना, बहुत कम समय में अपने सन्देश को प्रसारित करना और वैयक्तिक चरित्र-चित्रण की बजाय अभिनेताओं की सामूहिक भागीदारी से कथ्य को आगे बढ़ाना। मंचीय तामझाम के मोह को छोड़ते हुए मात्र अभिनेताओं के माध्यम से अथवा अधिक से अधिक एक-आध मंच उपकरण के प्रयोग से काम चलाना। इस प्रकार नुक्कड़ नाटक सचमुच में एक यायावर मंडली की अपेक्षा रखता है, जो तेज़ी से क़स्बों, शहरों और गाँव-गाँव जाकर छोटे छोटे नाटकों के भीतर से लोगों की ही अपनी समस्याओं के प्रति उन्हें जागरूक बना सके। इसमें कोई सन्देह नहीं कि इस पूरी रचना-प्रक्रिया में गीत, संगीत और कभी-कभी नृत्य का भी अपना विशेष योगदान रहता है। यदि ये तत्त्व अलग से नहीं भी होते तो भी संवादों को बार बार दोहराने के क्रम से एक शैलीबद्धता अपने आप में बनती चली जाती है। कहने का अभिप्राय यही है कि नुक्कड़ नाटक मूलतः एक वैयक्तिक विधा न होकर समूह को अपने साथ लेकर चलता है अर्थात् वह अनिवार्य रूप में एक कोरस की अपेक्षा रखता है।

इसीलिए नुक्कड़ नाटक एक बहुत ही सशक्त और जीवन्त माध्यम है और यह अकारण नहीं कि भारत हो या यूरोप के कुछ पश्चिमी देश—उन्होंने अपनी राजनैतिक विचारधाराओं के प्रचार प्रसार के लिए इस विधा को हाथोंहाथ लिया। भारत में अपने वर्तमान रूप में नुक्कड़ नाटकों का इतिहास यदि पचास-साठ साल पुराना है तो पश्चिम में भी तीस साल पहले ही इस तरह की शैली में नाटक खेले जाने लगे। यों भारत में भारतेन्दु के 'अन्धेर नगरी' को भी इसी शैली का पहला आधुनिक नुक्कड़ नाटक माना जा सकता है, जिसका पहला मंचन अठारह सौ इक्यासी में दशाश्वमेध घाट, बनारस में खुले में हुआ था। बहरहाल, आज़ादी में आन्दोलन के दौरान नुक्कड़ नाटकों ने इप्टा के माध्यम से अपनी महत्त्वपूर्ण भूमिका निभाई और उसके बाद भी आज तक कमोबेश उसी रूप में नुक्कड़ नाटकों का मंचन और प्रचलन जारी है।

लेकिन इसके साथ ही नुक्कड़ नाटकों को कुछ सवालों का सामना भी करना पड़ रहा है और वह इस रूप में कि नुक्कड़ नाटक महज़ प्रचार का ही हथकंडा बनकर रह जाए या फिर उसका भी अपना कोई व्याकरण और सौन्दर्यशास्त्र हो सकता है ? क्या कारण है कि कथ्य और शिल्प के स्तर पर सभी नुक्कड़ नाटकों का चेहरा एक सा ही होता जा रहा है ? क्या चौराहों, बाज़ारों में लोगों की भीड़ को एकत्रित करके ज़ोर ज़ोर

से एक ही बात को चीख़-चिल्ला अथवा गाकर बताने का नाम ही नुक्कड़ नाटक है या कि उसके लिए भी अभिनेताओं की कोई विशेष प्रशिक्षण पद्धति हो सकती है ? विरोध और रोज़मर्रा की समस्याओं से अलग भी गहरी व गूढ़ बातों में जाकर नुक्कड़ नाटक उनकी जाँच पड़ताल कर सकता है या नहीं ?

आज से सत्रह साल पहले सन् तिरासी में भारत भवन, भोपाल और केन्द्रीय संगीत नाटक अकादमी के संयुक्त तत्त्वावधान में भोपाल में चार-पाँच दिनों का एक नुक्कड़ नाटक महोत्सव हुआ था, जिसमें देश भर से बीस-पच्चीस नुक्कड़ नाट्य मंडलियों ने शिरकत की थी और उपर्युक्त समस्याओं पर भी विचार-विमर्श किया था। उसके बाद फिर कभी नुक्कड़ नाटकों पर ऐसा आयोजन और बहस हुई हो—मेरी जानकारी में नहीं है। इसमें कोई सन्देह नहीं है कि उस महोत्सव में भी और उसके बाद के कुछ वर्षों में कुछ नाट्य मंडलियों ने निश्चित ही नुक्कड़ नाटकों के बने बनाए ढर्रे को छोड़कर अत्यन्त कल्पनाशील मुहावरे में नुक्कड़ नाटकों की रचना और मंचन किए और उनका अपेक्षित असर भी पड़ा। क्या ये अपने आप में एक नाटकीय विडम्बना नहीं है कि जहाँ आर्थिक, सामाजिक, धार्मिक और राजनैतिक स्तर पर इस शताब्दी के अन्तिम दशक में इतनी उथल-पुथल हो रही है, वहाँ नुक्कड़ नाटकों की वह प्रभावी भूमिका लगभग उदासीन सी होती जा रही है। अब वह समस्याओं और विचारधारा का वाहक उतना नहीं रह गया है, जितना कि बड़ी बड़ी व्यापारिक कम्पनियों के उत्पादनों के प्रचार का एक आकर्षक माध्यम—आज अधिकांश रंगकर्मी नुक्कड़ नाटकों के इसी विकल्प से जुड़े हैं और बाक़ायदा अपनी रोज़ी-रोटी पा रहे हैं।

आख़िर ऐसा क्यों हुआ ? यदि हम नुक्कड़ नाटकों के सन्दर्भ में इसका उत्तर खोजने की कोशिश करें तो निश्चित ही कुछ कारण दिए जा सकते हैं। मेरे विचार में नुक्कड़ नाटकों के प्रति बढ़ती उदासीनता का सबसे बड़ा कारण यही है कि शायद आरम्भ से ही नुक्कड़ नाट्य विधा को एक बहुत ही सुविधाजनक रास्ता मान लिया गया था। सुविधाजनक इस अर्थ में कि कुछ लोग जुट गए, चौराहे पर पहुँच गए और कुछ भी उछल-कूद, शोर-शराबा करके आगे बढ़ गए। इसी से जुड़ा दूसरा पक्ष यह भी कि जो लोग इस विधा से विचारधारा के तहत जुड़े थे, उनमें से अधिकांश में उस विचारधारा के प्रति स्वयं में ही कोई प्रतिबद्धता नहीं थी। और सबसे बड़ा कारण यह भी रहा कि जिस विचारधारा की प्रतिबद्धता के सन्दर्भ में रंगकर्मियों ने व्यवस्था के विरोध में नुक्कड़ नाटक किए, बाद में उसी विचारधारा की व्यवस्था के स्थापित होने के बाद उनके सामने इस दुविधा ने जन्म लिया कि अब वे किसका विरोध करें ? उदाहरण के लिए पश्चिम बंगाल और केरल का नाम लिया जा सकता है, जहाँ वामपंथी विचारधारा के सत्ता में आने के बाद विरोध के रंगमंच की आवश्यकता ही समाप्तप्राय हो गई। यदि चाहें तो कह सकते हैं कि कुछ हद तक प्रचार तन्त्र के रूप में संचार माध्यमों की बढ़ती लोकप्रियता ने भी नुक्कड़ नाटकों के चलन-प्रचलन को धक्का पहुँचाया है।

उपर्युक्त परिप्रेक्ष्य में यह जिज्ञासा सहज स्वाभाविक है कि ऐसे में नुक्कड़ नाटकों

का भविष्य क्या होगा ? यों तो यह प्रश्न नाटक और रंगमंच जैसी विधा को सम्पूर्ण रूप से भी सम्बोधित किया जा सकता है क्योंकि रंगमंच स्वयं में ही एक क्षणभंगुर माध्यम है अर्थात् वह दिन-प्रतिदिन पैदा होता है और उसी दिन उसकी मृत्यु भी हो जाती है। नुक्कड़ नाटक के साथ यह ख़तरा तो और भी गहरे रूप से जुड़ा हुआ है क्योंकि एक तो अपने कलेवर में वह बहुत छोटा होता है और दूसरे तात्कालिक समस्याओं पर आधारित होने के कारण उसका प्रभाव उतनी ही जल्दी समाप्त भी हो जाता है। इसीलिए यह और भी ज़रूरी है कि उसके अस्तित्व को कैसे बचाकर रखा जाए—इस दिशा में ठोस प्रयत्न किए जाने चाहिए। सबसे पहले इसकी शुरुआत स्वयं उन मंडलियों के सदस्यों की तरफ़ से होनी चाहिए जो नुक्कड़ नाटकों को मंचित करते रहे हैं और अभी भी सक्रिय हैं। उन्हें एक तरह से अपना आत्मालोचन करना होगा कि वे नुक्कड़ नाटक जैसी विधा में क्यों काम कर रहे हैं ? यदि कर रहे हैं तो कैसा काम कर रहे हैं ? क्या उन्हें इसके लिए किसी प्रकार के प्रशिक्षण की आवश्यकता महसूस नहीं होती ? यदि हाँ तो उसके लिए क्या किया जाना चाहिए ? दूसरी पहल नाटककारों की तरफ़ से होनी चाहिए। देखा गया है कि नुक्कड़ नाटक को बहुत ही हल्की-फुल्की विधा मानकर रचनाकार बहुत जल्दी जल्दी इस ओर प्रवृत्त नहीं होते। अतः कोशिश इस बात की भी होनी चाहिए कि नए और सशक्त आलेख सामने आएँ, जिन्हें मंचित करने में रंगकर्मियों को भी रचनात्मक चुनौतियों का सामना करना पड़े। तीसरा और अन्तिम विकल्प यह भी हो सकता है कि राज्य और केन्द्रीय स्तर पर नुक्कड़ नाटकों के मंचन की नियमित प्रतियोगिताएँ आयोजित की जाएँ। आज भी यदा-कदा जब दिल्ली विश्वविद्यालय के विभिन्न महाविद्यालयों में आयोजित ऐसी नुक्कड़ नाट्य प्रतियोगिताओं में जाने का अवसर मिलता है तो प्रायः ऐसे आलेखों से सामना होता है, जो सचमुच में आपको बाहर-भीतर से झिंझोड़कर रख देते हैं और सोचने पर विवश करते हैं। यदि ऐसे ताज़े आलेखों की शुरुआत आज के युवा छात्र लेखकों की तरफ़ से हो सकती है तो कोई कारण नहीं कि हमारे अनुभवी रचनाकार और भी ज़्यादा जटिल, संश्लिष्ट और गहरे नाट्यालेखों का सृजन न करें ?

यदि ऐसा सम्भव हो जाए तो नुक्कड़ नाटकों का भविष्य निश्चित ही उज्ज्वल होगा और उनके मंचन के उसी दौर की वापसी होगी जिसे नुक्कड़ नाटकों का स्वर्णयुग कहा जाता है अर्थात् पचास, साठ और सत्तर के तीन दशक।

नुक्कड़ नाटकों का व्याकरण

पिछले दिनों जन नाट्य मंच ने अपने बीसवें जन्मदिन के अवसर पर अपने पहले और बहुचर्चित नुक्कड़ नाटक 'मशीन' का पुनर्मंचन किया था। उसे देखकर मन में कई सवाल एक साथ उभरे—बीस बरस बाद किसी प्रस्तुति को हूबहू वैसा ही करने की क्या सार्थकता है ? क्या सचमुच इतने लम्बे अन्तराल के बाद भी किसी प्रस्तुति को वैसे का वैसा करना सम्भव है ? आख़िर देश भर में होने वाले सभी नुक्कड़ नाटकों का चेहरा एक-सा क्यों है ? जब उपर्युक्त सभी प्रश्नों के सन्दर्भ में नुक्कड़ नाटक के स्वरूप, संरचना और व्याकरण पर गहराई से विचार करना आरम्भ किया तो बहुत ही दिलचस्प और साथ ही साथ चिन्ताजनक निष्कर्ष सामने आए, जिन्हें मैं अपने सभी रंगकर्मी बन्धुओं के साथ शेयर करना चाहूँगा।

सबसे पहली बात जो एकदम दर्पण की तरह से साफ़ दिखाई देती है, वह यह है कि चूँकि नुक्कड़ नाटक को एक नुक्कड़ पर होना है, इसलिए उसके कथ्य के लिए किसी गहरी और जटिल समस्या को उठाया जाना आवश्यक ही नहीं है। जैसे ही कथ्य के स्तर पर इतना सरलीकृत समझौता कर लिया गया तो प्रस्तुतिकरण के दूसरे पक्ष भी गौण होते चले गए—उदाहरण के लिए सभी पात्रों के लिए एक जैसी वेशभूषा, उनके लिए किसी नाम या चरित्र की कोई ज़रूरत नहीं, वे महज़ एक-दो-तीन-चार अंकों में विभाजित व्यक्तित्व हैं, ज़ोर-ज़ोर से चीख़कर बोले जाने वाले संवादों के टुकड़े, उनके बीच-बीच में पिरोए गए कुछ प्रचारनुमा अथवा सन्देशनुमा गीत, बहुत ही चिर-परिचित गतियाँ, जो कभी एक घेरे में तो कभी एक चौराहे की स्थिति में सहज ही बन जाती हैं और इतने से भी सन्तोष नहीं हुआ तो अभिनेताओं का ही मंच उपकरणों के रूप में भी इस्तेमाल। किसी भी नुक्कड़ नाटक की यह जो तस्वीर उभरती है, उसके पीछे से दो-तीन बहुत ही अहम मुद्दे केन्द्रित होने लगते हैं—शायद यह पहले से मान लिया गया है कि नुक्कड़ नाटक की अपनी कोई निजी पहचान नहीं हो सकती, इसीलिए उसके लिए किसी क़िस्म के प्रशिक्षण अथवा व्याकरण की कोई ज़रूरत नहीं है। वह अपने दर्शकों को गूँगा, बहरा और अज्ञानी मानकर चलता है—इसीलिए एक ही बात को बार बार दोहराने के लिए विवश है।

इसी के साथ जुड़ा एक दूसरा पक्ष भी है और वह यह कि विभिन्न राजनैतिक दलों ने अपनी प्रतिबद्ध विचारधारा के प्रचार के लिए भी नुक्कड़ नाटक का इस्तेमाल किया और इसकी वजह से वह अपने चरित्र और प्रस्तुति में इतना शुष्क और निष्प्राण होता

चला गया कि नुक्कड़ नाटक और किसी भाषण में कोई अन्तर ही नहीं रहा। मैं तो यहाँ तक कहना चाहूँगा कि यदि वक्ता को बोलने की कला पर पूरा अधिकार है तो वह बीस-पच्चीस मिनट ही नहीं, घंटों एक विशाल जनसमूह को बाँधे रख सकता है, जबकि एक नुक्कड़ नाटक अपने सारे गीत-संगीत, ध्वनियों व गतियों के बावजूद भी उतना असर पैदा नहीं कर पाता। इसका कारण यही है कि उसकी प्रस्तुति को लेकर न तो राजनैतिक पार्टियों ने कोई विचार-विमर्श किया और न ही उसे करने वाले इस पक्ष को लेकर कभी चिन्तित दिखाई दिए—कुछ सीमाएँ उन्होंने पहले से अपने लिए तय कर लीं। उदाहरण के लिए केवल ऐसी समस्याएँ और कथ्य लिए जाएँ जो तात्कालिक हों, लगभग आधे घंटे की अवधि में नाटक समाप्त भी हो जाए; उसके लिए किसी नाटककार की तो बिलकुल दरकार नहीं है और सबसे त्रासद स्थिति यह है कि अभिनेता की कला पर तो नुक्कड़ प्रस्तुति के सिलसिले में कोई सोच आज भी शुरू नहीं हुई। क्या यह एक कड़वी सच्चाई नहीं है कि आधुनिक रंगमंच के लगभग पचास साल के इतिहास में सफ़दर हाशमी को छोड़कर नुक्कड़ नाटकों के रचनाकार के रूप में किसी और का नाम लेना भी मुश्किल होगा ? अधिकांश नुक्कड़ नाटक एक सामूहिक रचना प्रक्रिया के तहत तैयार आलेख के रूप में प्रचारित किए जाते हैं, जिनके बारे में महज़ यह मान लिया गया है कि किसी भी कथ्य को संवादों में रख दिया जाए तो वह नाटक हो जाएगा। चलिए, नाटककार के नाम पर तो फिर भी एक महत्त्वपूर्ण नाटककार का नाम लिया जा सकता है, यदि हम इस सन्दर्भ में किसी अभिनेता या निर्देशक का नाम लेना चाहें तो हमारे सामने लगभग शून्य की स्थिति है।

पूछा जा सकता है कि नुक्कड़ नाटक का व्याकरण और उसके लिए अभिनेता का प्रशिक्षण क्या और किस तरह का हो सकता है ? मेरे विचार में इसकी शुरुआत नाटक के व्याकरण से होनी चाहिए और वह इस रूप में कि अलग अलग कथ्य के लिए उसकी संरचना और विधान भी अलग अलग होने चाहिए। अभी तक हो यह रहा है कि हमने नुक्कड़ नाटक की एक शैली पहले से तय कर रखी है और किसी भी कथ्य को उसमें फ़िट कर देते हैं। इतिहास साक्षी है कि जब भी कोई कला कथ्य या विचार की अपेक्षा मात्र किसी शैली-विशेष में उलझकर रह जाती है तो वह बहुत दिनों तक ज़िन्दा नहीं रह सकती। हर बार एक नया कथ्य और हर बार उसके लिए एक नई प्राविधि—यही वह ताज़गी है जो अभिनेता के लिए भी नई चुनौती, नई प्रक्रिया और नई सम्भावनाएँ प्रस्तुत करेगी। नुक्कड़ नाटक में ही सही, यदि हम अभिनेता को टाइप की बजाय चरित्र देने की शुरुआत करें तो वह भी उतने ही गहरे में जाकर उसके अनेकानेक पक्षों को उद्घाटित करने की दिशा में पहल करेगा। अभी तक के नुक्कड़ नाटकों में हमें मात्र दो रंग दिखाई देते हैं—काला और सफ़ेद। सच तो यह है कि ये दोनों रंग भी अपने आप में कोई रंग नहीं हैं, इसलिए नुक्कड़ नाटक अपनी प्रस्तुति में नीरस, एकायामी और सतही लगने लगते हैं। ज़ाहिर है, मैं यहाँ वेशभूषा में प्रयुक्त काले और सफ़ेद रंगों की बात नहीं कर रहा हूँ वरन् मानवीय प्रकृति और प्रवृत्ति से जुड़े बहुविध पक्षों और

रंगों की बात कर रहा हूँ। क्या मनुष्य अपने रोज़मर्रा के जीवन में एक रंग में पुता होता है ? क्या एक ही क्षण में वह अपने बाहर-भीतर कितने ही चरित्रों को एक साथ नहीं जी रहा होता ? बेशक नुक्कड़ नाटक को बीस मिनट या आधे घंटे में ही समाप्त होना है, तो क्या इतनी अवधि में कोई गहरी बात की ही नहीं जा सकती ? क्या गहरी बात कहने के लिए जब तक हमारे पास दो-ढाई घंटे नहीं होंगे तो कुछ सम्भव ही नहीं होगा ? यदि ऐसा है तो हमें उन सारी कहानियों को ख़ारिज़ कर देना पड़ेगा, जिन्हें पढ़ने में हमें मुश्किल से पन्द्रह-बीस मिनट या अधिक से अधिक आधा घंटा लगता हो। प्रेमचन्द की 'कफ़न', 'पूस की रात', रांगेय राघव की 'गदल', भीष्म साहनी की 'चीफ़ की दावत' और दूसरी कहानियाँ—इन उदाहरणों को छोड़ भी दें तो उपर्युक्त तर्क की रोशनी में तो हर कहानी निहायत हल्की-फुल्की है, तात्कालिक कथ्य को लेकर चलती है क्योंकि उसे आम पाठक को मात्र बीस मिनट में अपनी बात कहकर ख़त्म हो जाना है। ठीक यही बात अभिनेता के अपने प्रशिक्षण और तैयारी को लेकर भी कही जा सकती है। ज़ाहिर है कि अभी तक देश में कोई ऐसा नाट्य विद्यालय नहीं बना, जहाँ विशेष रूप से नुक्कड़ नाटकों में कैसे अभिनय किया जाए—इसका प्रशिक्षण दिया जा सके। लेकिन यदि अभिनेता स्वयं ही अपनी तरफ़ से पहल करे तो इस समस्या का समाधान किया जा सकता है। सबसे पहले तो उसे इस जिम्मेदारी को समझना है कि उसे मिले बीस मिनट दूसरे नाटकों के दो घंटों के बराबर हैं अर्थात् उसे अपने भीतर इतनी शक्ति, स्फूर्ति और मेधा का संचरण करना पड़ेगा, जितनी आम अभिनेता एक लम्बी समयावधि में वहन करता है। इसके लिए उसकी आवाज़ और शरीर को लेकर बाक़ायदा और वैज्ञानिक पद्धति से काम होना चाहिए, जैसाकि खिलाड़ियों के साथ किया जाता है। आमतौर पर नुक्कड़ नाटक के अभिनेता के भीतर यह ग़लतफ़हमी है कि उसे खुले में हमेशा चीख़-चिल्लाकर ही बोलना पड़ेगा। वास्तव में ज़ोर परस्पर सम्प्रेषण पर होना चाहिए। हम समझते हैं कि हम ज़ोर ज़ोर से बोल रहे हैं और बात दर्शकों तक पहुँच रही है—इससे बढ़कर भ्रान्ति कोई दूसरी हो नहीं सकती। हम नाटक के माध्यम से भी मात्र एक भाषण देते हैं, जबकि नाटक अपने दर्शकों से एक संवाद का माध्यम है। यदि हमारा अभिनेता नाटक के इस मूल गुण और प्रकृति को आत्मसात कर ले तो उसे चीख़ने-चिल्लाने की आवश्यकता ही नहीं पड़ेगी। हम प्रायः अपने आप से और अपने आप में बोलते रहते हैं और समझते हैं कि दर्शक सुन रहे हैं, जबकि ऐसा कभी नहीं होता। दर्शक तभी सुनेंगे, जब हम उन्हें सुनाना चाहें और सुनाने के लिए चिल्लाने की ज़रूरत नहीं होती।

और अन्त में कुछ बातें नुक्कड़ नाटकों की प्रस्तुति के तकनीकी पक्ष के बारे में। यह सही है कि नुक्कड़ नाटकों में मंच सज्जा का तामझाम नहीं हो सकता लेकिन मुख सज्जा, मुखौटे, वेशभूषा में तो वैविध्य हो ही सकता है। मुझे याद आता है कि 1983 में केन्द्रीय संगीत नाटक अकादमी और भारत भवन ने भोपाल में एक नुक्कड़ नाट्य महोत्सव आयोजित किया था जिसमें उपर्युक्त सभी पक्षों पर विस्तार से चर्चा हुई थी। लेकिन फिर उसके बाद ऐसा संवाद कभी सम्भव नहीं हुआ। उस समारोह में आई एक

नुक्कड़ प्रस्तुति आज तक याद है—देहरादून की 'वातायन' संस्था ने वेशभूषा के लिए कपड़ों की जगह रंग-बिरंगे फ़ुलसाइज़ चार्ट पेपरों का इस्तेमाल किया था और पात्रों की गतिचर्या कठपुतलियों जैसी थी। इसी तरह 'इप्टा' पटना ने दूर देश की कथा और मुक्तिपर्व जैसे नाटकों में गीत-संगीत जैसे लोक तत्त्वों के माध्यम से कुछ नए प्रयोग किए थे। स्वयं जन नाट्य मंच की एक दूसरी प्रस्तुति 'औरत' का उल्लेख करना भी निहायत ज़रूरी है, जिसमें शायद पहली बार किसी गहरे कथ्य को नुक्कड़ नाटक के चलते-फिरते मुहावरे में नहीं वरन् माल्यश्री हाशमी जैसी अभिनेत्री के संवेदनशील अभिनय के माध्यम से प्रस्तुत किया गया था।

क्या यह नुक्कड़ नाट्य शैली की बिडम्बना नहीं है कि जिस विधा को विभिन्न राजनैतिक दलों ने अपनी विचारधारा के प्रचार जैसे गम्भीर उद्‌देश्य के लिए चुना था, आज उसी विधा का इस्तेमाल बड़ी बड़ी कम्पनियाँ अपने उत्पादनों के विज्ञापन और प्रचार के लिए कर रही हैं और कहीं ज़्यादा सफलतापूर्वक कर रही हैं ?

नाटककार बनाम निर्देशक

पूर्व हो या पश्चिम, जहाँ तक रंगमंच का सम्बन्ध है, नाटककार और निर्देशक का आपसी रिश्ता हमेशा से किसी न किसी रूप में चर्चा का केन्द्र रहा है। इस रिश्ते अथवा समीकरण की पहली कड़ी तो यही है कि अन्ततः रचना को लेकर किसका प्रभुत्व स्वीकार किया जाए—नाटककार का अथवा निर्देशक का ? नाटककार का मानना है कि नाटक की मूल परिकल्पना क्योंकि उसकी अपनी खोज है, इसलिए रचना पर मुख्य स्वामित्व उसी का है। इसके विपरीत निर्देशक की मान्यता यह है कि अब नाटक जिस रूप में दर्शकों के सामने प्रस्तुत किया जा रहा है, उसका पूरा उत्तरदायित्व उसका है। इसी प्रसंग का दूसरा विवादास्पद पक्ष यह है कि नाटक के लिखित आलेख में मंचन की दृष्टि से परिवर्तन करने का अधिकार किसका है ? और तीसरा और अन्तिम मुद्दा प्रायः यह भी उठता रहता है कि इन दोनों में से वस्तुतः सृजनात्मक स्तर पर रचयिता किसे माना जाए ? नाटककार को, जिसने रचनात्मक कृति के रूप में एक नाटक का सृजन किया है अथवा निर्देशक को, जिसने पहले से लिखित एक आलेख को दृश्य रूप में मंच पर प्रस्तुत किया है ?

देखा जाए तो उपर्युक्त सारे विवाद मुख्य रूप से प्रदर्शनकारी कलाओं से जुड़े हैं, जिनमें कुछ हद तक रंगमंच के साथ साथ संगीत, नृत्य और फ़िल्म को भी रखा जा सकता है। सुप्रसिद्ध रंग निर्देशक शम्भु मित्र ने 'किसे कहते हैं नाट्य कला' शीर्षक वाले एक लघु प्रबन्ध में गीत-रचना के बहाने से इसी दिलचस्प रिश्ते की ओर संकेत किया है। जब वह कहते हैं कि गीत के शब्द एक व्यक्ति लिखता है, उसकी धुन दूसरा व्यक्ति तैयार करता है और उसे स्वर कोई तीसरा व्यक्ति देता है—इस प्रकार गीतकार, संगीतकार और गायक से जुड़कर गीत को अन्ततः किसकी सम्पत्ति माना जाए ? यदि ये तीनों ज़िम्मेदारियाँ एक ही व्यक्ति निभा रहा है, तब तो बहस की कोई गुंजाइश ही नहीं रह जाती, लेकिन प्रायः ऐसा बहुत कम होता है। फ़िल्म जैसे माध्यम में इस विवाद को काफ़ी हद तक सुलझा लिया गया है क्योंकि वहाँ फ़िल्म की कथा-पटकथा प्रायः निर्देशक स्वयं ही लिखता है अथवा अपनी परिकल्पनानुसार किसी से लिखवाता है। फिर भी कभी कभी वहाँ भी ऐसे विवाद उठ खड़े होते हैं, जब कोई फ़िल्म निर्देशक किसी साहित्यिक कृति को लेकर फ़िल्म बनाने का निर्णय करता है। वहाँ यदि विवाद की स्थिति बनती है तो भी समझ में आता है क्योंकि साहित्य और फ़िल्म, दोनों एक दूसरे से बिलकुल अलग माध्यम हैं। दूसरी ओर साहित्य, चित्रकला, मूर्तिकला, फ़ोटोग्राफ़ी आदि

विधाओं में ऐसे विवाद का प्रश्न ही उत्पन्न नहीं होता क्योंकि ये सारी कलाएँ या विधाएँ मूल स्वरूप में एकमात्र सर्जक की कलाएँ हैं। यहाँ रचना के स्तर पर किसी दूसरे व्यक्ति का हस्तक्षेप सम्भव ही नहीं है। संगीत और नृत्य भी अपनी मूल प्रकृति में चूँकि ऐकान्तिक कलाएँ हैं, अतः वहाँ भी प्रायः इस प्रकार की स्थितियाँ कभी जन्म नहीं लेतीं। कम से कम वाद्य-संगीत रचना और नृत्य में तो नहीं ही।

क्या अपने आप में यह सबसे ज़्यादा रोचक स्थिति नहीं है कि रचनाकार और निर्देशक के बीच सबसे ज़्यादा विवाद, बहस-मुबाहिसे, सहमति-असहमति उसी विधा में नहीं हुए हैं जिसमें दोनों कारक तत्त्व एक दूसरे के पूरक हैं ? आख़िर ऐसा क्यों हुआ जबकि निर्देशक जैसे व्यक्तित्व के रंगमंच जैसे माध्यम में पदार्पण को मात्र सौ साल ही हुए होंगे ? फिर भी इन विवादों का इतना असर पड़ा है कि निर्देशक स्वयं ही नाटककार बन बैठे अथवा नाटककार अपने नाटकों का निर्देशन भी करने लगे। यह अलग बात है कि पश्चिम में ब्रेष्ट को छोड़कर कोई दूसरा ऐसा व्यक्तित्व नहीं हुआ, जो रचनाकार भी उतना बड़ा हो और अपनी रचनाओं की प्रस्तुतियों के लिए भी उतना ही चर्चित हुआ हो। जॉर्ज बर्नार्ड शॉ भले ही एक नाटककार के रूप में जाने जाएँ, लेकिन अपने नाटकों को स्वयं प्रस्तुत करने के चक्कर में वह सबकुछ चौपट कर बैठते थे। हमारे यहाँ बादल सरकार, अरुण मुकर्जी, मोहित चटर्जी जैसे नाटककारों ने निर्देशक बनने की भी कोशिशें की लेकिन उनकी पहचान मुख्यतः एक नाटककार के रूप में ही अथवा निर्देशक—एक ही स्तर पर की जाती है। प्रसन्ना और मोहन महर्षि जैसे निर्देशक नाट्य रचना भी करते रहे हैं लेकिन वे स्वतन्त्र रूप से नाटककार के रूप में कभी भी स्थापित नहीं हो पाए। यहाँ तक कि उनके लिखे और प्रकाशित नाटकों को दूसरे निर्देशकों ने भी कभी हाथ नहीं लगाया। कमोबेश यही स्थिति हबीब तनवीर की भी है, जो दूसरे नाटककारों की रचनाओं की बेहतरीन प्रस्तुतियों के लिए ज़्यादा जाने जाते हैं।

यदि हम रंगमंच के कम से कम पिछले ढाई-तीन हज़ार वर्षों के इतिहास को उठाकर देखें तो सच्चाई कुछ और ही दिखाई पड़ती है। भारत हो या पश्चिम—रंगमंच के आरम्भिक किन्तु पूरी तरह से विकसित दौर में मात्र नाटककार ही रंगमंच के सारे क्रिया कलाप के केन्द्र में था। यूनान में नाटककार रचना का सर्जक भी होता था और प्रायः वही मुख्य भूमिका भी निभाता था और प्रस्तुति का नियन्ता भी वही होता था (यदि उसे आज के निर्देशक का पर्याय मान लिया जाए तो)। हाँ, प्रस्तुति के व्यवस्था पक्ष के प्रबन्धन के लिए उसके साथ नगर के धनी-मानी लोगों का समूह जुड़ा रहता था, जिन्हें 'कोरिगिस' कहा जाता था। लगभग यही स्थिति भारत में भी थी। रंगमंच में सम्पूर्ण रूप से नाटककार का वर्चस्व छाया हुआ था। यह तो जानकारी नहीं प्राप्त होती कि वह स्वयं भी नाटक में अभिनय किया करता था, लेकिन आज जिस रूप में उसके नाटकों के आलेख हमें प्राप्त होते हैं, वे निश्चित रूप से प्रस्तुति के बाद के आलेख हैं और प्रस्तुति की तैयारी में उसका अच्छा-ख़ासा दख़ल रहता होगा। यूँ यहाँ भी सूत्रधार के रूप में किसी ऐसे व्यक्ति की उपस्थिति की सूचना मिलती है जो प्रस्तुति का निर्दशक

हो अथवा प्रबन्धक और कोई आश्चर्य नहीं कि वह स्वयं नाटककार हो ताकि नाटक की तैयारी में शुरू से आख़िर तक जुड़े रहकर वह प्रस्तुति के अन्तिम स्वरूप निर्धारण में अपनी अहम भूमिका अदा कर सके। इस प्रकार लिखित आलेख से उसकी प्रस्तुति तक की सारी प्रक्रिया में नाटककार ही केन्द्र में था, अतः नाटककार बनाम निर्देशक जैसे विवाद का कोई नामोनिशान भी नहीं मिलता। नाटककार और निर्देशक विवाद की तो बात ही जाने दीजिए, कहीं ऐसे भी किसी प्रसंग का उल्लेख नहीं मिलता कि नाटककार और अभिनेता के बीच ही कोई ऐसा विवाद हुआ हो। यदि भरत और अरस्तू जैसे सिद्धान्तकारों के नामों को अपवादस्वरूप छोड़ दिया जाए तो रंगमंच के इस आरम्भिक दौर में हमें नाटककार की महत्त्वपूर्ण स्थिति और उपस्थिति के अतिरिक्त और किसी के उतना महत्त्वपूर्ण होने की कोई सूचना नहीं मिलती।

यदि इसी परिप्रेक्ष्य में पूरी दुनिया के मध्यकालीन रंगमंच पर दृष्टिपात करें तो भी स्थिति में कोई ख़ास अन्तर उत्पन्न हुआ नहीं जान पड़ता—सिवाय इसके कि अब नाटककार की बजाय अभिनेता केन्द्र में आ गया। पश्चिम में ईसाई धर्म के प्रचार हेतु आरम्भ हुई रंग परम्परा में न तो नाटककार महत्त्वपूर्ण था और न ही अभिनेता। बाद में पन्द्रहवीं-सोलहवीं शती में यूरोप में आए रिनेसाँ के दौर ने इटली में विकसित 'कामेदिया दे'लार्ते' जैसी आशु हास्यनाट्य परम्परा में अवश्य अभिनेता को प्रतिष्ठित किया। नाटककार तो वहाँ भी नहीं था क्योंकि कोई लिखित आलेख हुआ ही नहीं करता था। बहुत बाद में इटली में ही इस शैली से प्रेरित गोज़ी और गोल्डिनी जैसे नाटककारों का जन्म हुआ। इन्हीं के आसपास पहले इंग्लैंड में शेक्सपीयर और बाद में फ्रांस में मौलियर, रासीन जैसे नाटककारों का दौर आया जिन्होंने पुनः नाटककार को रंगमंच के सर्वोच्च शिखर पर ला खड़ा किया, लेकिन निर्देशक का तब भी कहीं कोई अस्तित्व नहीं था। शेक्सपीयर और मौलियर के स्वयं अभिनेता होने की जानकारी अवश्य मिली है, लेकिन वे स्वयं कभी मुख्य भूमिकाओं में उतरे हों, ऐसा पता नहीं चलता। हाँ, एक दूसरे पक्ष से उन्होंने अभिनेता को केन्द्र में लाने में अपनी अहम भूमिका अवश्य निभाई और वह यूँ कि दोनों नाटककार रंग मंडलियों से जुड़े हुए थे, अतः मंडली के किस अभिनेता को सामने रखकर कौन सा नाटक और कौन से चरित्र की रचना करनी है, यह उनके सामने पहले से स्पष्ट रहता था। अतः अभिनेता और नाटककार के बीच किसी प्रकार के विवाद की सम्भावना ही नहीं रहती थी। इतना ही नहीं, मुख्य अभिनेता, मंडली प्रमुख अथवा स्वयं नाटककार भी निर्देशक की सी स्थिति में हो सकता था, अतः अलग से किसी व्यक्ति की आवश्यकता नहीं होती थी।

भारत में मध्यकालीन लोकधारा के रंगमंच में सूत्रधार का महत्त्वपूर्ण स्थान अवश्य रहता था और उसे निर्देशक का पर्याय भी माना जा सकता है। लेकिन नाटक का आलेख यहाँ भी मौखिक हुआ करता था और सूत्रधार से ज़्यादा तो अभिनेता का उसमें हस्तक्षेप रहता था। यहाँ तक कि कई बार तो अभिनेता मंच पर आशु रचना करते करते मुख्य कथा से इतनी दूर भटक जाते थे कि सूत्रधार को किसी टिप्पणी, सूचना अथवा

गीत के माध्यम से उन्हें पुनः मूल कहानी पर वापस लाना पड़ता था। इस प्रकार नाटककार के एक लिखित आलेख की अनुपस्थिति ने नाटककार बनाम अभिनेता अथवा निर्देशक जैसे किसी भी प्रकार के अनचाहे तर्क-वितर्क को बीच में आने ही नहीं दिया।

यही नहीं, रंगमंच के आरम्भ से ही नाटकों के चिर-परिचित कथानक भी इसके लिए ज़िम्मेदार थे—नाटक लिखित हो अथवा मौखिक, मध्यकाल तक चले आए उनके कथानकों की स्थिति यह थी कि दर्शक पहले से ही पूरी कहानी से परिचित होते थे, अतः वे केवल अभिनेता की अभिनय कला को देखने, सराहने और उससे आनन्दित होने के लिए ही नाटक देखने आते थे।

फिर ऐसा नया क्या हो गया कि नाटककार, अभिनेता अथवा निर्देशक के बीच पिछले कम से कम तीन हज़ार सालों से चले आ रहे मधुर सम्बन्धों में एकाएक दरारें पड़ गईं ? क्या निर्देशक जैसे अलग व्यक्ति के रंगमंच में आगमन के कारण ? क्या नाटकों के जाने पहचाने कथानकों के स्थान पर नए कथानकों की उपस्थिति के कारण ? क्या अभिनेता के स्थान पर नाटक में चरित्र निर्माण पर आग्रह के कारण ? इनमें से कोई भी कारण रहा हो, इसमें कोई सन्देह नहीं कि इस शताब्दी के अधिकांश वर्ष नाटककार और निर्देशक के बीच पैदा हुए विवादों के कारण सदैव चर्चित रहे हैं। चेख़व जैसा नाटककार अपने नाटकों की ज़्यादातर प्रस्तुतियों से असन्तुष्ट ही रहा। उसे हमेशा यही शिकायत रही कि जिस नाटक को उसने कॉमेडी या 'फ़ार्स' के रूप में लिखा था, उसे स्टानिस्लाव्स्की जैसे अभिनेता-निर्देशक ने एक दुखान्त नाटक के रूप में प्रस्तुत करके उसके मूल मन्तव्य को ही नष्ट कर दिया। भारतीय रंगमंच में भी इस प्रकार के विवाद प्रायः उठते ही रहे हैं और इधर पिछले तीस-चालीस सालों में तो वे खुलकर सामने आ गए। यद्यपि इस तथ्य से इनकार नहीं किया जा सकता कि इस दौर में कुछ ऐसे उदाहरण भी रहे हैं, जिनके परिणाम बहुत ही सकारात्मक और रचनात्मक निकले। इस लिहाज़ से मोहन राकेश और श्यामानन्द जालान के बीच 'लहरों के राजहंस' की प्रस्तुति के दौरान स्थापित और विकसित नाटककार बनाम निर्देशक संवाद को सचमुच में सार्थक और आदर्श माना जा सकता है। नाटक के पूर्वाभ्यास के समय स्वयं नाटककार उपस्थित रहे और वह स्वयं नाटक में आलेख के स्तर पर किसी परिवर्तन की ज़रूरत को शिद्दत से महसूस करे, इससे बढ़िया विकल्प और क्या हो सकता है ? इसी का दूसरा छोर है ज्ञानदेव अग्निहोत्री और मोहन महर्षि के बीच 'शुतुरमुर्ग़' की प्रस्तुति के समय हुआ विवाद—नाटककार से पूछे बिना, निर्देशक ने मनमाने ढंग से आलेख में परिवर्तन कर डाले और फिर भी नाटककार का नाम ही रचनाकार के रूप में जाने दिया। इब्राहिम अलकाज़ी ने बादल सरकार के नाटक 'तीसवीं शताब्दी' की 'हिरोशिमा' के नाम से पुनर्रचना की, राजेन्द्र नाथ ने मोहित चटर्जी के 'गिनीपिग' का अन्त बदल डाला और प्रसन्ना ने भी गिरीश कार्नाड के 'अग्नि और बरखा' के अन्त को लेकर मनचाहे परिवर्तन कर डाले—सौभाग्य रहा कि बादल सरकार, मोहित चटर्जी और गिरीश कानार्ड ने अन्ततः इन परिवर्तनों के लिए अपनी स्वीकृति दे दी और विवाद सुलट गए।

इसमें कोई सन्देह नहीं कि ये सारे विवाद दो रचनात्मक व्यक्तियों की उपस्थिति के कारण उत्पन्न होते हैं। इसी का एक दूसरा महत्त्वपूर्ण बिन्दु यह भी है कि नाटककार प्रायः इस तथ्य को भूल जाते हैं कि लिखित शब्द जैसे ही वाचिक में बदलता है, वह अपने साथ अनगिनत अर्थछायाएँ और अर्थध्वनियाँ लेकर आता है। उनमें से किसका चुनाव किया जाए, यह निश्चय ही उतना सरल नहीं होता। इतना ही नहीं, अलग-अलग अभिनेता द्वारा एक ही चरित्र को कभी भी हूबहू प्रस्तुत नहीं किया जा सकता। यदि नाटककार रंगमंच के इस लचीले, गतिशील और अर्थग्रहण के स्तर पर पूरी तरह से खुले स्वभाव को समझ ले तो उसे कभी भी इस आन्तरिक यातना से गुज़रना नहीं पड़ेगा कि उसकी रचना के साथ मनमानी हुई है। दूसरी ओर यह भी उतना ही निश्चित होना चाहिए कि जब किसी निर्देशक ने एक नाटककार की कृति को मंचन के लिए चुना है, तो फिर उसके लिए सृजनात्मक चुनौती यही है कि वह नाटककार के शब्दों में हेर-फेर किए बिना अपनी मंच प्रस्तुति में नए से नए अर्थ ढूँढ़कर लाए। यदि उसे नाटककार के शब्दों को बदलकर, तोड़-मरोड़कर अथवा किसी अन्य युक्ति को प्रयोग में लाकर ही अपनी मंच प्रस्तुति का दृश्यत्व तैयार करने की इच्छा होती है, तो कहीं न कहीं उसके अपने मूल निर्णय में ही कहीं खोट है, नाटक का चुनाव किसी रचनात्मक दवाब में नहीं वरन् किसी दूसरे समझौते के तहत किया गया है। ऐसे में अच्छा यही होगा कि वह किसी दूसरे के आलेख के साथ छेड़खानी करने की बजाय अपने नाटक की रचना स्वयं करे।

कहीं ऐसा तो नहीं कि नाटककार बनाम निर्देशक विवाद अथवा सम्बन्ध की जड़ में नाटक जैसी विधा की मूल प्रकृति ही मुख्य रूप से उत्तरदायी है अर्थात् पहले उसे लिखा जाना है और फिर उसे मंचित किया जाना है। यह द्विजन्मा प्रकृति सदैव दो व्यक्तियों के आपसी तनाव को भी सामने लाती रहेगी—कभी नाटककार-अभिनेता, कभी नाटककार-निर्देशक, कभी अभिनेता-निर्देशक। यदि ये सारे रूप एक व्यक्ति में समा भी जाएँ, तब भी नाटक की अपनी दोहरी आयामिता तो मौजूद रहेगी ही और इसीलिए ऐसे विवाद भी सामने आते रहेंगे।

रंग निर्देशक की भूमिका : पुनर्विचार

निर्देशक नाम के व्यक्तित्व का उदय फ़िल्म कला के जन्म के साथ हुआ है अर्थात् कुल मिलाकर एक सौ पाँच बरस पहले ही निर्देशक का आगमन हुआ और वह भी पहले एक कैमरामैन के रूप में, फिर एक सम्पादक के रूप में और अन्ततः एक निर्देशक के रूप में उसने अपनी स्वतन्त्र सत्ता ग्रहण की। उन्नीसवीं शताब्दी के उत्तरार्द्ध में रंगमंच में भी निर्देशक की आवश्यकता एवं अपरिहार्यता महसूस की गई और अधिकृत रूप से जर्मनी के ड्यूक ऑफ़ सैक्सेमाइनिंजन को आधुनिक रंगमंच का पहला निर्देशक माना जाता है, जिसने अपनी संस्था 'सैक्सेमाइनिंजन प्लेयर्स' के साथ अभिनेताओं के बहुत बड़े समूह को लेकर 1874-1916 के बीच कई नाटकों का मंचन किया। इससे पूर्व रंगमंच में पूर्वाभ्यास की ज़िम्मेदारी नाटककार, मुख्य अभिनेता, नाट्य संस्था के प्रबन्धक और यहाँ तक कि प्राम्प्टर की हुआ करती थी।

निर्देशक की आवश्यकता रंगमंच में क्यों अनुभव की गई, इसके बहुत ठोस कारण हैं। उन्नीसवीं शताब्दी के उत्तरार्द्ध से पहले तक रंगमंच में जितना भी नाट्य-लेखन हुआ, वह नाट्यधर्मी था और उसकी प्रस्तुति भी उसी शैलीबद्धता के साथ की जाती थी। अभिनेता सीधे सीधे दर्शकों के साथ संवाद करते थे। नाटकों के कथानक जाने पहचाने हुआ करते थे और वे ईश्वर, राजा, अलौकिक तत्त्वों से जुड़ी नाटकीयता से भरपूर होते थे। नाटकों की कहानी चूँकि दर्शकों के लिए कोई रहस्य नहीं हुआ करती थी, अतः वे वास्तव में कहानी से ज़्यादा अभिनेता की कला का आस्वाद लेने आया करते थे। इसीलिए नाटकों की प्रस्तुति-शैली भी 'चरित्रपरक' (रिप्रेज़ेन्टेशनल) न होकर 'प्रदर्शन अथवा प्रस्तुतिपरक' (प्रेज़ेन्टेशनल) हुआ करती थी। बाद में इसी प्रस्तुति शैली से प्रेरित होकर ब्रेष्ट ने अपने महाकाव्यात्मक रंगमंच और अलगाव के सिद्धान्त की अवधारणा को विश्व रंगमंच में प्रतिष्ठित किया।

इतिहास के क्रम में क्रमशः राजनैतिक व्यवस्था, विज्ञान और फलस्वरूप मिले नए नए आविष्कार और अठारहवीं शती की औद्योगिक क्रान्ति—इन सबने आदमी की सोच और जीवन दर्शन को बिलकुल बदलकर रख दिया। उसने अब तक प्रचलित संस्कारों, विश्वासों, कर्मकांडों और यहाँ तक कि अन्धविश्वासों पर प्रश्नचिह्न लगाना आरम्भ कर दिया। उसे पहली बार यह अहसास हुआ कि वस्तुतः उसकी ज़िन्दगी का नियामक ईश्वर अथवा ईश्वर का प्रतिनिधि राजा नहीं है वरन् वह स्वयं है। ये जितने भी वैज्ञानिक आविष्कार हुए हैं, वे किसी आधिदैविक शक्ति ने नहीं बल्कि उसने स्वयं किए हैं। इसी

के साथ नाटकों के कथानकों में भी भारी परिवर्तन हुआ और वे पहली बार आम आदमी की ज़िन्दगी से जुड़ी घटनाओं और कहानियों को लेकर सामने आए। यही वह दौर है जब साहित्य, चित्रकला और रंगमंच की दुनिया में यथार्थवाद का आविर्भाव हुआ। पश्चिम में रंगमंच के क्षेत्र में इब्सन, चेख़व और स्ट्रिंडबर्ग जैसे नाटककार इसी युग की देन हैं। इस यथार्थवादी नाट्य-लेखन ने अभिनय और प्रस्तुति की एक नई शैली को भी जन्म दिया क्योंकि अब उस नाट्यधर्मी शैली से काम चलने वाला नहीं था, जिसमें गीत, संगीत, कोरस, गतियों, मुद्राओं आदि के माध्यम से कथ्य को अतिरंजित शैली में प्रस्तुत किया जाता था। इन नाटकों के कथानक आम आदमी की ज़िन्दगी की रोज़मर्रा की घटनाओं-दुर्घटनाओं से जुड़े थे, वे दर्शकों के लिए पहले से जाने-पहचाने नहीं थे, अतः सीधे सीधे दर्शकों को सम्बोधित भी नहीं थे। दूसरे शब्दों में कहें तो नाटक के कथानक बाहरी दुनिया से परे, घर के भीतर और उससे भी आगे आदमी के अन्तरंग से जुड़ने लगे थे। अतः अब अभिनय में भी एक सूक्ष्म, प्रतिदिन के हाव-भाव और व्यवहार पर आश्रित शैली का प्रादुर्भाव हुआ, जिसमें अभिनेता दर्शकों से सम्बोधित न होकर आपस में एक दूसरे से सम्बोधित होते हैं। यही कारण है कि प्रेक्षागृह की बनावट में भी अन्तर आया और 'प्रोसीनियम' थिएटर अथवा रंगद्वारी मंच का जन्म हुआ। इसके आविर्भाव के पीछे अवधारणा यह थी कि अब मंच पर चारदीवारों वाले एक ऐसे घर का परिवेश चाहिए, जिसकी सामने की दीवार को दर्शकों की सुविधा के लिए तोड़ दिया गया है। अभिनेता के लिए अब दर्शकों की उपस्थिति का कोई अर्थ नहीं क्योंकि नाटक की कहानी उनके आपसी सम्बन्धों से सम्बद्ध है और उन्हीं के बीच घटित होती है। इसीलिए दर्शक अँधेरे में बैठते हैं और वे नाटक को इस तरह देखते हैं मानो किसी के घर में बाहर से झाँककर देख रहे हों।

वस्तुतः यथार्थवादी नाटकों के कथानक, अभिनय और प्रस्तुति शैली की नई अवधारणाओं ने ही एक ऐसे व्यक्ति की ज़रूरत का अहसास दिलाया, जो बाहर अलग से बैठकर नाटक की प्रस्तुति को एक दृश्यता प्रदान कर सके। इस अर्थ में निर्देशक अपने नाटक का पहला दर्शक होता है। इसी के साथ दर्शकों और अभिनेताओं के बीच सम्प्रेषण प्रक्रिया ने भी एक नया मोड़ लिया। जैसाकि पहले ही संकेत किया जा चुका है कि नाटक की कहानी से परिचय होने के कारण दर्शक अभिनेता के कला-कौशल को देखने आते थे, अतः उस पर अलग से किसी टिप्पणी, स्पष्टीकरण अथवा व्याख्या की दरकार नहीं होती थी। लेकिन नई कहानी के आविर्भाव ने अपनी प्रस्तुति में उसकी व्याख्या के लिए भी उत्प्रेरित किया और यह काम उस नए तत्त्व निर्देशक के ज़िम्मे आया। नाटक के इसी व्याख्या पक्ष ने उसकी पूरी दृश्यता को भी प्रभावित करना आरम्भ किया—मंच पर क्या दृश्यबन्ध होगा, उसमें अभिनेताओं की क्या गतियाँ होंगी, उनकी क्या वेशभूषाएँ होंगी, उसके लिए क्या प्रकाश व्यवस्था होगी—इन सभी तत्त्वों की पहले से निश्चित, रूढ़िबद्ध और 'टाइप' अवधारणाओं से मुक्त होकर नाटक की आवश्यकता के अनुसार नई परिकल्पना ने जन्म लिया। इस तथ्य को अनदेखा नहीं किया जा सकता

कि नाटक और रंगमंच में इस नए भावबोध, नई संवेदना और नई दृष्टि के लिए यदि किसी को पूरा श्रेय दिया जा सकता है तो वह निर्देशक है।

अभी तक निर्देशक के आविर्भाव को लेकर जितनी भी चर्चा ऊपर की गई है, वह पश्चिम का सन्दर्भ लिए है। इससे यह भ्रान्ति होना स्वाभाविक है कि रंगमंच के दूसरे तत्त्वों के समान निर्देशक भी परिश्चम की देन है; और भ्रान्ति क्यों, इस बात का बड़े ज़ोर-शोर से प्रचार किया जाता है कि निर्देशक का उदय पहले पश्चिम में ही हुआ और उसी के अनुकरण में भारत और पूर्व के दूसरे देशों में उसका चलन शुरू हुआ। मैं इस धारणा से सहमत नहीं हूँ बल्कि मेरा मानना तो यह है कि पश्चिम में भले ही निर्देशक सौ साल पहले आया हो, हमारे यहाँ के रंगमंच में उसकी उपस्थिति का अहसास प्राचीनकाल से ही होता रहा है। यह अलग बात है कि हम उसे निर्देशक की संज्ञा से अभिहित न करना चाहें। अपने मत की पुष्टि के लिए मैं दो-तीन तथ्यात्मक उदाहरण देना चाहूँगा। 'नाट्यशास्त्र' जैसे ग्रन्थ के रचयिता भरत एक आलोचक न होकर वास्तव में एक रंग प्रयोक्ता जान पड़ते हैं, जिन्होंने अपने सिद्धान्तों का मात्र विवेचन ही नहीं किया वरन् व्यावहारिक स्तर पर परीक्षण भी किया—यह प्रक्रिया शुद्ध रूप में निर्देशक जैसे व्यक्तित्व की रचना प्रक्रिया से जुड़ती है। भरत के ही लगभग समकालीन अरस्तू ने भी पश्चिमी रंगमंच का पहला सैद्धान्तिक ग्रन्थ लिखा था लेकिन उससे यह कहीं भी सिद्ध नहीं होता कि वह स्वयं प्रयोक्ता भी थे। सच तो यह है कि जब अरस्तू ने अपनी पुस्तक लिखी, तो यूनानी नाट्य परम्परा लगभग समाप्तप्राय हो चुकी थी। यूँ भी अरस्तू का विवेचन नाटक के शास्त्र से उतना सम्बद्ध नहीं है, जितना कि उसके काव्य शास्त्र से। इतना ही नहीं, 'प्रोसीनियम' अथवा रंगद्वारी प्रेक्षागृह से मिलते-जुलते बन्द प्रेक्षागृह का जन्म भी रंगमंच के आदिकाल में ही भारत में विकृष्ट मध्यम नाट्य मंडप के रूप में हो चुका था, भले ही हमारे यहाँ यथार्थवादी नाट्य-लेखन एवं प्रस्तुति की परम्परा उस रूप में कभी नहीं रही, जिस रूप में उसे पश्चिम में जाना जाता है।

यदि हम चाहें तो नाटकों में उपलब्ध सूत्रधार की अनिवार्य उपस्थिति से भी निर्देशक के अस्तित्व को जोड़ सकते हैं। संस्कृत नाटकों के आरम्भ में प्रस्तावना के माध्यम से नटी और विदूषक या पारिपार्श्विक के साथ वह नाटक से सम्बद्ध सारी सूचनाएँ दर्शकों को देता है—यह सूचना एक प्रकार से नाटक की अपरोक्ष व्याख्या ही है। प्रस्तावना के पश्चात् यद्यपि सूत्रधार पुनः मंच पर कभी नहीं आता लेकिन फिर भी वह नाटक के आरम्भ से अन्त तक संगीत मंडली के साथ मंच के ऊपर वाले भाग में सदैव मौजूद रहता है और वहीं से पूरे नाटक के मंचन का निरीक्षण—पर्यवेक्षण करता रहता है। उसका नाम सूत्रधार भी उसके इस गहन उत्तरदायित्व की पुष्टि करता है क्योंकि 'सूत्र को धारण करने वाला'—यह अर्थ ही इस बात का द्योतक है कि यह व्यक्ति मात्र प्रस्तुति प्रबन्धक ही नहीं वरन् प्रस्तुति के सभी सूत्रों का नियामक और सर्जक भी होता था।

संस्कृत रंग परम्परा के पश्चात् लोक रंगमंच में तो सूत्रधार की भूमिका और ज़्यादा

महत्त्वपूर्ण हो उठती है। अब वह नाटक के आरम्भ में आकर चुपचाप संगीत मंडली के साथ बैठा रहनेवाला व्यक्ति नहीं है बल्कि नाटक की बागडोर शुरू से लेकर आख़िर तक थामे रहता है—वह कथा-गायन करता है, घटनाओं पर टिप्पणी करता है, यदि मंच पर आशु संवाद रचना करते करते अभिनेता मूल कथा से भटक जाएँ तो उन्हें लौटाकर कथा पर केन्द्रित करने का सजग कार्य भी करता है। ये सारे कार्यकलाप आज के सर्जक-निर्देशक की रचना प्रक्रिया से कहाँ अलग पड़ते हैं ?

इस प्रकार यह तथ्य अपने आप में स्वयंसिद्ध है कि आज निर्देशक को हम जिस रूप में जानते हैं, वह भले ही पश्चिम की उपज हो, लेकिन उससे मिलते-जुलते रंग-सर्जक की परम्परा हमारे रंग इतिहास में बहुत पहले से चली आ रही है।

बहरहाल, पश्चिम हो या पूर्व—आज निर्देशक की भूमिका पर पुनर्विचार हो रहा है। इस पुनर्विचार के क्या कारण हैं और यह किन पहलुओं पर केन्द्रित है, इस पर चर्चा करने से पहले निर्देशक की रचना प्रक्रिया पर संवाद कर लिया जाए तो सुविधा होगी। कहा जाता है कि निर्देशक अपनी प्रस्तुति के माध्यम से नाटककार की रचना की एक पुनर्व्याख्या करता है। यह सही है कि मात्र अपने लिखित या मौलिक रूप में नाटक जैसी विधा अपनी सम्पूर्णता को प्राप्त नहीं करती, उसे मंचन के माध्यम से ही अपनी अन्तिम परिणति तक पहुँचना होता है। निर्देशक वस्तुतः नाटककार के आलेख से प्रस्तुति-आलेख तक की यात्रा का मुख्य वाहक है। सबसे पहले वही उस आलेख को पढ़ता है, यदि उसे कथ्य के स्तर पर अच्छा लगता है तो वह उसे मंच पर प्रस्तुत करने की दृष्टि से अभिनेताओं की मंडली के साथ पढ़ता है। इस चरण तक तो सभी निर्देशकों की प्रक्रिया एक समान है लेकिन इसके बाद ज्यों ही मंच पर उस आलेख का पूर्वाभ्यास आरम्भ होता है तो कम से कम दो विकल्प तो अलग अलग निर्देशकों की रचना प्रक्रिया के रूप में दिखाई देते ही हैं—एक विकल्प निर्देशक द्वारा पहले से निश्चित करके अभिनेताओं से उसी के अनुसार पूर्वाभ्यास करवाना; और दूसरा विकल्प वह, जिसमें निर्देशक अभिनेताओं को आशु-रचना के लिए मंच पर खुला छोड़ दे और उनके द्वारा तैयार सामग्री में से अपने अनुसार चुनाव करता चले। अलग से दोहराने की ज़रूरत नहीं कि निर्देशक की कार्य पद्धति जिस भी विकल्प को लेकर चले, मंच-प्रस्तुति से जुड़े दूसरे पक्ष यथा मंच-सज्जा, मंच-उपकरण, वेशभूषा, संगीत और प्रकाश-सज्जा की यात्रा भी समानान्तर रूप से गतिशील रहती है। कभी उपर्युक्त सभी पक्षों की अभिकल्पना का काम भी निर्देशक को स्वयं करना पड़ता है और कभी हर पक्ष के लिए अलग अलग अभिकल्पक भी हो सकते हैं।

लेकिन निर्देशक की रचना प्रक्रिया वह केन्द्रीय बिन्दु नहीं है, जिसे लेकर रंगमंच में निर्देशक की भूमिका पर पुनर्विचार हो रहा है। कहा जाता है कि रंगमंच में निर्देशक अभिनेता एवं अन्य पार्श्व रंगकर्मियों के माध्यम से नाटककार के आलेख की एक पुनर्व्याख्या अथवा सही शब्दों का इस्तेमाल करें तो एक प्रस्तुति-आलेख तैयार करता है। यही वह पहलू है जिस पर निर्देशन के सन्दर्भ में प्रश्नचिह्न लगाया जा रहा है। सबसे

पहली जिज्ञासा यही होती है कि क्या सचमुच में रंगमंच में कोई निश्चित व्याख्या सम्भव है ? फिर रंगमंच ही क्यों, साहित्य अथवा दूसरी किसी कला में भी कोई एकपक्षीय व्याख्या क्या कभी सम्भव है ? साहित्य और दूसरी कलाओं में तो फिर भी यह व्याख्या मात्र दो चरणों से गुज़रती है—रचनाकार का अपना कथ्य, विचार, सन्देश या मन्तव्य और उसे पढ़ने वाले, देखने वाले और सुनने वाले की अपनी ग्राह्यता—लेकिन रंगमंच में यह प्रक्रिया बहुआयामी है, नाटककार का कथ्य, निर्देशक का कथ्य, अभिनेताओं का कथ्य, पार्श्वकर्मियों का कथ्य और अन्ततः दर्शक का कथ्य। इन सारी स्थितियों से नाट्य रचना को अनिवार्य रूप से गुज़रना पड़ता है, तो ऐसे में हम निर्देशक की किस व्याख्या की बात कर रहे हैं ? थोड़ी देर के लिए यह मान भी लिया जाए कि नाटककार से लेकर पार्श्वकर्मी के माध्यम से नाट्य-प्रस्तुति मंच पर अपना जो आकार ग्रहण करती है, उसके पीछे एक ही सोच है, तब भी इस बात की क्या गारंटी है कि दर्शक उस सोच को हूबहू वैसे ही ग्रहण करेगा, जैसे हम उससे अपेक्षा करते हैं ? साहित्य, ललित कलाओं और फ़िल्म में तो एक सीमा तक ऐसा सम्भव होना माना भी जा सकता है (यद्यपि वहाँ भी इसे लेकर मतभेद की गुंजाइश है और होती है) क्योंकि ये सभी विधाएँ एक सीमा के बाद अपने निश्चित अन्तिम स्वरूप पर स्थिर हो जाती हैं लेकिन रंगमंच में यह कभी सम्भव ही नहीं है क्योंकि वह निरन्तर लचीला, गतिशील और कभी भी अन्तिम परिणति तक पहुँचने वाला माध्यम नहीं है। इतना ही नहीं, रंगमंच को देखने की वैज्ञानिक पद्धति भी काफ़ी हद तक इसके लिए उत्तरदायी है—प्रेक्षागृह में बैठे अलग अलग दर्शकों के लिए मंच पर बनने वाले दृश्य और बिम्ब भी अलग अलग दिखाई पड़ते हैं। वे फ़िल्म की तरह से निश्चित नहीं किए जा सकते। अतः रंगमंच की अपनी मूल प्रकृति में ही यह निहित है कि प्रस्तुति के कथ्य को हर दर्शक अपनी समझ, संवेदना और देखने की दृष्टि के अनुसार ग्रहण करता है। ऐसे में निर्देशक द्वारा पहले से निश्चित और निर्धारित व्याख्या के क्या अर्थ रह जाते हैं ? निर्देशक को तो छोड़िए, क्या स्वयं रचनाकार के आलेख का भी मात्र एक ही कथ्य हुआ करता है ? यदि ऐसा होता, तब तो हरेक नाट्य-प्रस्तुति का स्वरूप एक ही जैसा होता। चलिए, बाह्य स्वरूप भले ही देखने में एक जैसा हो सकता है लेकिन आन्तरिक स्तर पर कोई भी दो प्रस्तुतियाँ दर्शकों को एक ही तरह से अनुभव नहीं दे सकतीं। दो प्रस्तुतियों की बात भी छोड़ दी जाए, एक ही प्रस्तुति दो अलग अलग दिनों में उसी दर्शक वर्ग द्वारा देखी जाए, तब भी दोनों दिनों का प्रस्तुति-अनुभव एक दूसरे से बिलकुल अलग होगा।

ऐसा क्यों होता है ? इसका एकमात्र कारण यही है कि रंगमंच दूसरी कलाओं की तुलना में सम्पूर्ण रूप से एक जीवन्त माध्यम है और मंच पर अभिनेता की जीवन्त उपस्थिति के बिना उसका आस्वाद लिया ही नहीं जा सकता। प्रश्न उठाया जा सकता है कि संगीत और नृत्य में भी तो यही अपरिहार्यता है। इसमें कोई दो राय नहीं है लेकिन आज यान्त्रिक साधनों ने यह सम्भव कर दिया है कि आप गायक और नर्तक की जीवन्त उपस्थिति के बिना भी इन दोनों विधाओं का उसी अनुपात में आनन्द उठा सकते हैं

लेकिन रंगमंच में ऐसा कभी नहीं हो सकता। कहने को हम नाटक को भी वीडियो अथवा फ़िल्म पर देख सकते हैं लेकिन उस रूप में अपने वास्तविक अर्थों में उसे एक मंच-प्रस्तुति नहीं कहा जा सकता। वह नाटक का वीडियोकरण और फ़िल्मीकरण ही कहलाएगी यानी वह नाटक का मूल स्वरूप न होकर दूसरी विधा में उसका रूपान्तरण होगा।

तब क्या आदर्श स्थिति यह नहीं होगी कि नाटक के आलेख का कोई भी पाठ निश्चित न किया जाए, उसे बिलकुल खुला छोड़ दिया जाए और यह विकल्प दर्शकों के लिए छोड़ दिया जाए कि नाटक देखने के बाद वे अपना कौन सा पाठ अपने साथ लेकर लौटते हैं। सुनने या पढ़ने में यह विचार नितान्त सतही लग सकता है लेकिन क्या सचमुच ऐसा नहीं होता ? जब जब अभिनेताओं ने किसी आलेख का पाठ बिलकुल निसंग, भावशून्य और किसी पूर्वग्रह के बिना किया है, दर्शकों के लिए उसकी अर्थवत्ता और भी बढ़ गई है। उदाहरण के लिए विसंगति, संवादहीनता और जीवन की अर्थहीनता के बारे में जितने भी नाटक लिखे गए हैं, सबसे ज़्यादा जीने का अर्थ उन्हीं नाटकों के मंचन को देखकर समझ में आता है।

रंगमंच में निर्देशक की भूमिका पर एक और पहलू से भी विचार किया जाना चाहिए। यह सच है कि वह पूरी नाट्य मंडली का सर्वेसर्वा है, लेकिन जब नाटक सचमुच में घटित हो रहा होता है तो उसका उस प्रदर्शन पर कोई नियन्त्रण नहीं होता और उस क्षण उसकी सशरीर उपस्थिति का भी कोई महत्त्व नहीं होता। उस समय प्रस्तुति पूरी तरह से अभिनेताओं के नियन्त्रण में होती है और उन्हीं के विवेक पर निर्भर करती है। नाटक और रंगमंच अभिनेता का माध्यम है, मंच पर उसकी उपस्थिति के अतिरिक्त और विशेष महत्त्व को भी इसी परिप्रेक्ष्य में देखा जाना चाहिए।

रंगमंच का स्वयं में एक शुद्ध माध्यम न होना भी एक ऐसा तथ्य है, जिसे प्रतिपादित विषय के सन्दर्भ में अनदेखा नहीं किया जा सकता। साहित्य, चित्रकला, स्थापत्य, संगीत, तात्पर्य यह है कि कोई भी ऐसी कला और विधा नहीं है जिसका रंगमंच ऋणी न हो। ये कलाएँ और विधाएँ फ़िल्म जैसे माध्यम में भी संक्रमण करती हैं किन्तु वहाँ अन्ततः निर्देशक ही फ़िल्म-कृति को एक अन्तिम रूप प्रदान करता है, जबकि रंगमंच में निर्देशक किसी सीमा तक जाकर भी अपना वर्चस्व क़ायम कर ले, उसकी कृति सदैव अपूर्ण ही रहती है। हमारे शास्त्रों में भी जहाँ दूसरी कलाओं को शुद्ध कलाओं का दर्जा दिया गया है, वहाँ रंगमंच को एक संकीर्ण अथवा मिश्रित कला का नाम दिया गया है। रंगमंच के सन्दर्भ में यह बार बार कहा जाता है कि इस माध्यम का अपना तत्त्व कौन सा है ? आलेख उसने साहित्य से लिया, दृश्य-सज्जा चित्रकला और स्थापत्य से ली, संगीत तो संगीत से आया ही, मुद्राएँ और गतियाँ नृत्य से ली गईं। ले-देकर अभिनय ही अकेला ऐसा तत्त्व बचा रहता है, जो रंगमंच को एक स्वतन्त्र कला का स्थान दिला सकता है और इसकी रचना प्रक्रिया में निर्देशक का कोई दख़ल नहीं है।

इस सारी पृष्ठभूमि और विवेचन के पश्चात् यह सवाल उठाया जाना स्वाभाविक

है कि फिर रंगकर्म में निर्देशक की कोई भूमिका हो सकती है ? यदि हाँ, तो उसे किस रूप में पुनर्परिभाषित किया जाए ? जैसाकि हम इस लेख की पूर्व पीठिका में ही विचार कर आए हैं, रंगमंच के लगभग पाँच हज़ार बरस के उपलब्ध इतिहास में निर्देशक भले ही अपने आज के नाम से न जाना जाता रहा हो, लेकिन वह वहाँ पर उपस्थित था अवश्य। यदि ऐसा नहीं था तो रंगमंच के इतिहास में आज तक जितने भी नए सिद्धान्तों एवं अवधारणाओं का जन्म हुआ, उनके जन्मदाता नाटककार, आलोचक एवं निर्देशक न होकर अभिनेता स्वयं होते। इस दृष्टि से भरत, अरस्तू, ज़ियामी, आर्तो, स्टानिस्लाव्सकी, मेयरहोल्ड, भारतेन्दु, टैगोर, प्रसाद, ब्रेष्ट, ग्रोतोव्सकी—न जाने कितने लोगों के नाम सहज ही याद आते हैं और यह सच है कि इनमें एक मात्र अभिनेता तो कोई भी नहीं है। इस तथ्य से यह निष्कर्ष सहज ही निकाला जा सकता है कि अभिनेता भले ही रंगकर्म की सबसे ज़रूरी और सर्व-प्रमुख इकाई है, उसे लगातार सक्रिय बनाए रखने के लिए एक ऐसा व्यक्तित्व चाहिए जो मंच के बाहर बैठकर उसे देख सके, निखार सके और नए नए बिन्दुओं को खोजने की दिशा में उत्प्रेरित कर सके। इस रूप में निर्देशक की रंगमंच में अनिवार्यता से कभी इनकार नहीं किया जा सकता। इतना ही नहीं, निर्देशक पूरी रचना प्रक्रिया के दौरान अभिनेता पर एक दबाव और अनुशासन भी बनाए रखता है क्योंकि प्रायः अभिनेता अभिनय करते हुए स्वयं को नहीं देख पाता और उसके अपने आप में खो या डूब जाने और अन्ततः उच्छृंखल बने रहने का ख़तरा हमेशा बना रहता है। इससे यह अनुमान न लगा लिया जाए कि निर्देशक एक सर्जक कलाकार की अपेक्षा मात्र एक समन्वयक अथवा प्रबन्धक है, जो प्रस्तुति के सभी पक्षों को नियन्त्रण में रखने की जिम्मेदारी निभाता है। यह ज़िम्मेदारी उसकी रचना-प्रक्रिया में शामिल है लेकिन यही सबकुछ नहीं है। यदि चित्रकार की सामग्री कैनवास, रंग-ब्रश हैं, संगीतकार को वाद्य-वृन्द एवं आवाज़ चाहिए, लेखक को कागज़ और क़लम दरकार हैं तो निर्देशक को भी एक आलेख, अभिनेता और दूसरे मंचकर्मियों की नितान्त आवश्यकता है, जो उसकी सामग्री भी हैं, साधन भी हैं, उपकरण भी हैं और सबसे बड़ी बात यह है कि ये सारे तत्त्व साध्य भी हैं। यही रंगमंच की अपनी विशिष्टता है जो उसे संगीत और नृत्य के अलावा शेष दूसरे माध्यमों से बिलकुल अलग कर देती है और वह है स्रोत-सामग्री के रूप में जीवन्त तत्त्वों का प्रयोग और इसी कारण निर्देशक की भूमिका दूसरी कलाओं एवं माध्यमों के सर्जक से ज़्यादा सघन, जटिल एवं महत्त्वपूर्ण हो जाती है क्योंकि जहाँ दूसरे सभी कलारूप एकान्त कलारूप हैं, वहाँ रंगमंच एक सामूहिक प्रक्रिया है।

अतः यह सहज ही स्वीकार किया जाना चाहिए कि हम निर्देशक को एक सर्जक मानें, एक समन्वयक मानें, एक व्याख्याकार मानें अथवा एक उत्प्रेरक के रूप में स्वीकार करें—रंगमंच में उसकी भूमिका असन्दिग्ध है। यह अलग बात है कि जिस यथार्थवादी लेखन के दौर ने उसकी आवश्यकता को जन्म दिया था, आज उसी पर पुनर्विचार हो रहा है तो ऐसे में निर्देशक की भूमिका पर भी पुनर्विचार होना अनिवार्य ही था।

भारतीयता की खोज के सन्दर्भ में पारसी नाटक और रंगमंच

यह सही है कि भारतीय रंगमंच की परम्परा और इतिहास विश्व में सम्भवतः सबसे ज़्यादा प्राचीन है लेकिन वह इतने उतार-चढ़ाव के बीच से होकर गुज़रा है कि आज उसकी अपनी पहचान क्या हो सकती है—इसी को लेकर विचार-विमर्श जारी है। नाट्यशास्त्र पर आधारित संस्कृत नाटकों के मंचन का लगभग आठ सौ हज़ार ई. तक का शास्त्रीय रंगमंच का एक नियमित इतिहास उपलब्ध है तो हज़ार से सत्रहवीं ई. तक लोक रंगमंच के रूप में देश के अलग अलग भागों में, अलग अलग बोलियों-भाषाओं में एक दूसरी धारा से साक्षात्कार होता है, जो कमोबेश आज भी अपने उस रूप में नहीं तो कम से कम बदले स्वरूप में विद्यमान है ज़रूर, और अन्ततः सत्रहवीं ई. से आज तक आधुनिक भारतीय रंगमंच के बनते, बिगड़ते और बदलते विभिन्न रूपों को देखा जा सकता है। विशेषतः पिछले पचास वर्षों में तो भारतीय रंगमंच का अद्भुत विकास और परीक्षण हुआ है कि किसी नियमित परम्परा की अनुपस्थिति में भी उसकी तुलना विश्व के किसी देश के विकसित से विकसित रंगमंच से की जा सकती है। इन्हीं पचास वर्षों का महत्त्व कम से कम दो दृष्टियों से और आँका जा सकता है—एक तो भारतीय रंगमंच ने बाहर से मिलने वाले हर तरह के रंगमंचीय प्रभाव को आत्मसात किया, दूसरे इन्हीं के भीतर से स्वयं अपनी अस्मिता को खोजने का भी प्रयत्न किया। नाट्यशास्त्र अथवा लोक रंगमंच की परम्परा के बाद हमारे अपने देश के रंगमंच का वास्तविक स्वरूप क्या हो सकता है, इसकी ओर सबसे पहली बार उन्नीसवीं शती के उत्तरार्द्ध में भारतेन्दु ने अपने 'नाटक' शीर्षक से लिखित निबन्ध में तो ध्यान दिलाया ही, इसके साथ साथ व्यावहारिक स्तर पर भी नाट्य-रचना और मंचन को लेकर बहुविध प्रयोग किए। फिर जयशंकर प्रसाद के माध्यम से नाटकों पर लिखे सिद्धान्त-निबन्धों और अनेकानेक नाटकों की रचना उसी खोज को आगे बढ़ाती है। यह अलग बात है कि उनके अपने समय में उनके नाटकों का विधिवत् मंचन न होने के कारण यह खोज अधूरी सी होकर रह गई। अन्ततः रवीन्द्रनाथ टैगोर ने पुनः 'नाटक' नाम के निबन्ध और अपने नाटकों की रचना से भारतीय रंगमंच का एक सम्भावित चित्र उकेरने की कोशिश की। उपर्युक्त तीनों नाटककारों की प्रेरणा के स्रोत के रूप में हम अपने यहाँ के शास्त्रीय, लोक और आयातित पाश्चात्य रंगमंच के अनेक तत्त्व तलाश सकते हैं। इसी भारतीयता की खोज का अन्तिम चरण है पिछले पचास वर्षों का रंगकर्म, जो अभी तक सक्रिय है। इसीलिए आज सबसे ज़्यादा ज्वलन्त सवाल भी यही है कि इस नई शताब्दी में भारतीय रंगमंच

का भावी स्वरूप क्या होगा।

लेकिन आश्चर्य होता है यह देखकर कि इस सारे विचार-विमर्श, परीक्षण-अन्वेषण और वैचारिक उथल-पुथल के बीच हम लोगों ने पारसी नाटक और रंगमंच की लगभग सौ साल तक प्रचलित नियमित परम्परा की बिलकुल अवहेलना कर दी, जिसने उसी दौर में अपने निजी और विशिष्ट रूप में भारतीय रंगमंच का एक सम्भावित और शायद सबसे ज़्यादा सही विकल्प प्रस्तुत किया था। क्या मात्र इसलिए कि तात्कालिक प्रेरणा हमारे यहाँ के व्यावसायिक पूँजीपतियों को पश्चिम से आने वाली उन नाट्य मंडलियों से मिली, जो यहाँ के शासक वर्ग के मनोरंजन के लिए आया करती थीं। इस दृष्टि से कौन सा ऐसा भारतीय आधुनिक नाटककार है, जिसने सीधे सीधे पहले पश्चिम से प्रभाव ग्रहण नहीं किया ? धर्मवीर भारती, मोहन राकेश, सुरेन्द्र वर्मा, विजय तेन्दुलकर, बादल सरकार, गिरीश कार्नाड और बाद में आने वाले लगभग सभी नाटककार—यदि इनके नाट्य-लेखन को हम पूरी तरह से भारतीय रंगमंच का मूल्यवान अंग मानते हैं तो फिर पारसी नाटकों को भारतीयता के परिप्रेक्ष्य में जाँचने-परखने से परहेज़ क्यों ? भारतेन्दु जैसे नाटककार ने कालिदास के 'अभिज्ञानशाकुंतल' नाटक पर आधारित किसी एक पारसी नाट्य मंडली की प्रस्तुति पर यदि, "दुष्यन्त को मंच पर कमर लचकाकर अभिनय करते देखकर," जैसी टिप्पणी कर दी तो क्या पूरी की पूरी पारसी नाटक और रंगमंच की धारा ही नितान्त हेय और त्याज्य हो गई ? क्या हम इस तथ्य को झुठला सकते हैं कि पारसी नाटकों की इतनी तीखी आलोचना के बावजूद स्वयं भारतेन्दु और प्रसाद के नाटक उनके प्रभाव से कहाँ तक अछूते रह सके हैं। बंगला में द्विजेन्द्रलाल राय जैसे नाटककार ने तो पूरी तरह से उसी शैली में 'शाहजहाँ' और 'औरंगज़ेब' जैसे भावप्रवण और सशक्त नाटकों की रचना की और शिशिर कुमार भादुड़ी जैसे अभिनेता को मंच पर प्रतिष्ठित कर दिया। पारसी नाट्य मंडलियों के मालिकों का एकमात्र उद्देश्य पैसा कमाना था तो इसमें ग़लत क्या था ? क्या आज भी हम रंगमंच में इसी संघर्ष से नहीं जूझ रहे कि अभिनेता पूरी तरह से रंगकर्म के माध्यम से ही अपना जीवनयापन करने में समर्थ हो ? एक आरोप यह भी लगाया जाता है कि मंच पर बेहद सफल और लोकप्रिय होने के बावजूद भी पारसी नाटक मात्र मनोरंजन तक सीमित होकर रह जाते हैं और किसी गहरे व दीर्घकालीन रंगानुभव की तरफ़ नहीं बढ़ते। यदि इस आरोप को किसी हद तक स्वीकार कर भी लिया जाए तो लोक रंगमंच में उपलब्ध उन मौखिक अथवा लिखित आलेखों का आकलन हम किस आधार पर एक सशक्त नाट्य परम्परा के रूप में करते हैं जो संस्कारों, मिथकों और अन्धविश्वासों-चमत्कारों के दायरे में बँधे रहते हैं और जिनका एकमात्र उद्देश्य गीत-संगीत के माध्यम से दर्शकों का मनोरंजन करना ही होता था या आज भी होता है। तथाकथित आलोचकों को इतने से भी सन्तोष नहीं हुआ तो उन्होंने पारसी नाटकों को साहित्य से ही अलग छिटक दिया और उनके विषय में अन्तिम वक्तव्य दे दिया कि वे निहायत ही सस्ते, हल्के और अश्लील मनोरंजन से भरपूर हैं, उनमें न तो भले घरों की स्त्रियाँ अभिनय करती हैं और

न ही भले घरों के दर्शक उन्हें देखने जाते हैं। इससे बड़ा इतिहास से अनिभज्ञता का दूसरा उदाहरण शायद ही देखने को मिले। पारसी रंगमंच की बात तो जाने दीजिए, दुनिया के किस देश में आज से सौ-दो सौ साल पहले स्त्रियाँ मंच पर अभिनय किया करती थीं ? पारसी नाटकों के नाम पर जितने भी नाटकों से हमारा परिचय है, उनमें से कौन सा सस्ता, हल्का और अश्लील है वरन् यदि गहराई से उनका अध्ययन किया जाए तो वे भी उतने ही जटिल, संश्लिष्ट और सार्वकालिक प्रश्नों से जूझते नज़र आते हैं—आग़ा हश्र कश्मीरी के 'रुस्तम सोहराब', 'यहूदी की लड़की', 'सीता-वनवास'; राधेश्याम कथावाचक के 'भक्त प्रह्लाद', 'वीर अभिमन्यु' और नारायण प्रसाद 'बेताब' के 'महाभारत' जैसे नाटक अपने कथ्य में और सरंचना में किसी भी आधुनिक भारतीय नाटक के समकक्ष रखे जा सकते हैं। हम शेक्सपीयर के 'किंग लियर' और 'हैमलेट' की तो महान् त्रासदियों के रूप में चर्चा करते नहीं अघाते लेकिन उन्हीं नाटकों पर पूरी तरह से भारतीय परिवेश में रचित आग़ा हश्र के 'सफ़ेद ख़ून' और 'ख़ूने-नाहक' को बिना पढ़े ही ख़ारिज कर देते हैं।

सबसे बड़ा और अन्तिम आक्षेप इस रूप में भी दर्ज किया गया कि अपने लेखन में ही नहीं, अपने मंचन में भी पारसी नाटकों ने विक्टोरियन युग के रँगे हुए परदों का इस्तेमाल करके अपनी सम्पूर्ण प्रेरणा भारतीय रंगमंच की अपेक्षा पश्चिमी रंगमंच से ही ग्रहण की, अतः इस परम्परा को अपने देश की मुख्य रंगधारा से जोड़कर नहीं देखा जाना चाहिए।

यदि हम सभी उपर्युक्त आरोपों-आक्षेपों के सन्दर्भ में पारसी नाटकों और रंगमंच के स्वरूप का विश्लेषण करें तो हम पाएँगे कि हमने सचमुच ही इस परम्परा का सही आकलन न करके मानों अपने साथ ही अन्याय किया है। पारसी नाटकों में उपलब्ध कथ्य की सार्थकता पर ऊपर कुछ नाटकों के माध्यम से उल्लेख किया जा चुका है, उससे भी महत्त्वपूर्ण तथ्य यह है कि वह कथ्य किस तरह के मुहावरे, शिल्प और सरंचना के भीतर से रचा गया है। क्या आज भी भारतीय रंगमंच में भारतीयता की खोज का पूरा निचोड़ यही नहीं है कि भारतीय नाटक का रचना के स्तर पर अपना निजी मुहावरा क्या हो, शिल्प क्या हो और नाट्य-विधान क्या हो ? इस दृष्टि से आग़ा हश्र के अधिकांश नाटकों का अध्ययन किया जाए तो रंगमंच में पहली बार विदेशी नाटकों को भारतीय परिवेश में रूपांतरित करने का श्रेय उन्हें ही जाता है। शेक्सपीयर जैसे बड़े नाटककार की सभी त्रासदियों का मात्र उन्होंने रूपान्तरण ही नहीं किया वरन् उनके मंचन में भी अपनी महत्त्वपूर्ण भूमिका निभाई। शेक्सपीयर की ही भाँति वह उस नाट्य मंडली के साथ भी एक नाटककार की हैसियत से जुड़े हुए थे, जिसके लिए उन्हें नाट्य रचना करनी थी। इस प्रकार नाटककार और नाट्य मंडली के सदस्य कलाकारों के बीच क्या सामंजस्य हो सकता है—भारतीय परिवेश में इसका भी उन्होंने एक प्रतिमान प्रस्तुत किया। यदि हम भारतेन्दु द्वारा अनूदित शेक्सपीयर के नाटक 'मर्चेंट ऑफ़ वेनिस' को 'वंशनगर का व्यापारी' के रूप में स्वीकार कर सकते हैं, 'मैकबैथ' के रघुवीर सहाय द्वारा

किए गए अनुवाद 'बरनम वन' के आलेख और मंच-प्रस्तुति को भारतीय रंगमंच की अप्रतिम उपलब्धि मानते हैं तो फिर आग़ा हश्र की रचनाओं को उसी रूप में स्वीकारने में हिचक क्यों होती है ? यह अकारण नहीं कि इन्हीं उपलब्धियों के चलते तमाम उपेक्षा और अवहेलना के बावजूद यदि आग़ा हश्र को भारतीय शेक्सपीयर की पदवी से सम्मानित किया जाता है तो यह एक प्रकार से सम्पूर्ण भारतीय रंगमंच की परम्परा में पारसी नाटकों के महत्त्व का भी पर्याय है।

इतना ही नहीं, ये नाटक अपने शिल्प और संरचना में भी एक नए और ताज़ा नाट्य-विधान की ओर संकेत करते हैं। एक ओर तो अंक विभाजन में पश्चिमी नाटकों के आदि, मध्य और अन्त वाले त्रि-अंकीय वाले फार्मूले का अनुसरण है तो साथ साथ एक ही अंक में कई कई दृश्यों की उपस्थिति तुरन्त ही उस फ़ार्मूले को तोड़ भी देती है। समय, स्थान और कार्य-व्यापार की अन्विति का अभाव यदि हमारे यहाँ के शास्त्रीय और लोक नाटकों के विधान से प्रभावित है तो शेरो-शायरी और गद्यनुमा संवादों की एक साथ उपस्थिति भी पुनः उन्हें भारतीय नाट्य परम्परा के ही निकट लाती है। संक्षेप में कहा जा सकता है कि पारसी नाटकों के आलेख अपनी सम्पूर्णता में हमारे यहाँ के शास्त्रीय, लोक नाटकों के साथ साथ पश्चिमी नाटकों के ढाँचे को भी अपने साथ बख़ूबी समेटकर चलते हैं। इसी में एक और नाटकीय युक्ति तो पारसी नाटकों की मानों अपनी खोज जान पड़ती है, और वह है बाहरी परिवेश में एक सीधे सपाट दृश्य की उपस्थिति और उसके तुरन्त बाद पृष्ठभूमि में एक ऐसे भीतरी और अन्तरंग दृश्य का विधान, जिसमें हैरतअंगेज़ चमत्कार इत्यादि दिखाए जा सकें। इस विधि को उन्होंने रँगे हुए लिपटवाँ परदों के अत्यन्त कल्पनाशील प्रयोग से सम्पन्न कर लिया था। इस तरह के दृश्य-विधान के सम्भावित संकेत या तो हमें अपने यहाँ के संस्कृत नाटकों के शिल्प में मिलते हैं या फिर शेक्सपीयर के नाटकों में। शेक्सपीयर के मंच की तो बनावट ही इस तरह की थी, जिसमें किसी एक अभिनय-क्षेत्र में जो अभिनेता उस दृश्य को समाप्त करते हैं, वे तुरन्त अगले दृश्य में कभी प्रवेश नहीं करेगे। हमारे प्राचीन रंगमंच का स्थापत्य तो इतना जटिल नहीं था लेकिन कथा के रोचक विकास की दृष्टि से यह नितान्त आवश्यक हो जाता है कि हर बार नए दृश्य की शुरुआत नए अभिनेताओं द्वारा ही की जाए। पारसी नाटकों का मंच-विधान भी यद्यपि बहुत ही सपाट और एकधरातलीय ही था लेकिन उन्होंने मात्र उपर्युक्त नाटकीय विधि के प्रयोग से उसे रोचकता प्रदान कर दी थी। इस प्रकार उनके मंचन में कहीं भी उस यथार्थ का भ्रम नहीं होता था, जिसके साथ पश्चिम के यथार्थवादी नाटकों के परिप्रेक्ष्य में पारसी नाटकों को भी चस्पाँ कर दिया जाता है।

इतना ही नहीं, भारतीय शास्त्रीय और लोकरंग परम्परा के कुछ दूसरे अनिवार्य तत्त्व भी अनायास ही पारसी नाटकों में दिखाई पड़ जाते हैं। उदाहरण के लिए संस्कृत नाटकों के नान्दी पाठ अथवा लोक नाटकों के मंगलाचरण के समान्तर पारसी नाटकों की शुरुआत भी पूरे अभिनेता समुदाय द्वारा मंच पर उपस्थित होकर एक प्रार्थना-गीत (हम्द)

के साथ होना, संगीत मंडली की ठीक मंच पर लगातार उपस्थिति तो नहीं लेकिन एकदम मंच के सामने उसका नाटक के आरम्भ से अन्त तक बैठे रहना और अन्ततः नाटक की समाप्ति पर पुनः सभी पात्रों का मंच पर प्रवेश और एक गीत के साथ प्रदर्शन की समाप्ति। इसके साथ युगल-गीत की उद्भावना—यह पारसी नाटक की अपनी ऐसी मौलिक खोज है, जिसका प्रचलन न तो हमारे शास्त्रीय या लोक रंगमंच में ही दिखाई पड़ता है और न ही इसकी किसी प्रकार की परम्परा के संकेत पाश्चात्य रंगमंच के इतिहास में कहीं भी दिखाई पड़ते हैं। अपने अस्तित्व के बाद आविष्कृत फ़िल्म जैसे माध्यम में इस युक्ति का प्रयोग वास्तव में पारसी नाटक की ही देन है।

आज भारतीय रंगमंच को किस प्रकार की अभिनय शैली की ज़रूरत अथवा तलाश है—पारसी रंगमंच उसका भी एक बेजोड़ उदाहरण और विकल्प प्रस्तुत करता है। वह न तो पाश्चात्य रंगमंच की उस बनावटी यथार्थवादी अभिनय शैली का अनुकरण है जो यथार्थ का भ्रम उत्पन्न करती है, और न ही हमारे यहाँ की उस दुरूह शास्त्रीय मुद्रा विधान वाली शैली से प्रेरित है जिसका आज के दर्शक से कोई पारस्परिक सम्बन्ध नहीं बनता और न ही वह लोक रंगमंच की उस उछल-कूद वाली शैली पर आधारित है, जहाँ सिर्फ़ गीत-संगीत होता है और अभिनय तो शायद होता ही नहीं। अब यदि पारसी अभिनय शैली में न तो शास्त्रीय रंगमंच की प्रेरणा है, न लोक रंगमंच की और न ही हम उसे पश्चिमी रंगमंच की यथार्थवादी अभिनय शैली से जोड़कर जाँचना-परखना चाहते हैं तो उसका अपना स्वरूप क्या है और कैसे वह भारतीय रंगमंच में भारतीयता की खोज का सबसे ज़्यादा सही विकल्प प्रस्तुत करती है ? मेरे विचार में उस विकल्प को अपने सामने देख पाना इतनी जटिल अथवा कठिन प्रक्रिया नहीं है, बशर्ते कि हम उसे खुले मन से स्वीकार कर सकें। सबसे पहली बात जो तुरन्त ध्यान में आती है, वह है इस अभिनय शैली की भावप्रवणता अर्थात् सीधे सीधे दिल को छू लेने की क्षमता। आज रंगमंच में प्रयोग के नाम पर ऐसी ढेरों शैलियों का सामना करना पड़ता है जो दिमाग़ी कसरत के अलावा कुछ नहीं। इसमें कोई सन्देह नहीं कि यहाँ भावों और संवेदनाओं की अतिरंजना देखने को मिलती है जिसमें मैलोड्रामा का अतिरेक रहता है। हम यह भूल जाते हैं कि जब इस अभिनय शैली का जन्म हुआ था, पारसी नाटक मेलों-मैदानों में खुले अस्थायी मंचों पर बहुत बड़े जनसमुदाय के सामने हुआ करते थे और वह भी बिना किसी माइक अथवा स्पीकर के। अतः अभिनेताओं को दूर दूर तक बैठे दर्शकों तक अपनी आवाज़ पहुँचाने के लिए अनिवार्य रूप से ऊँची आवाज़ में बोलना पड़ता था। लेकिन आज यह स्थिति नहीं है। अब एक बन्द प्रेक्षागृह में अभिनेता को उस चीख़-चिल्लाहट की दरकार नहीं वरन् पारसी रंगमंच से वह इस गुण और क्षमता को तो आत्मसात कर ही सकता है कि कैसे अपने हृदय के छोटे छोटे भावनात्मक एवं संवेदनात्मक उद्‌गारों का इतना विस्तार किया जा सके कि वह अनुभव उसके अपने व्यक्तिगत अनुभव से बड़ा सिद्ध हो। जब हम अपनी लोक नाट्य शैलियों में इस लार्जर दैन लाइफ़ अभिनय शैली को सहज ही अपना सकते हैं तो फिर अपने आधुनिक नाटकों

में इस शैली को क्यों नहीं अपना सकते ? उदाहरण के लिए रामलीला जैसे लोक नाटक में राम का विलाप अथवा दशरथ का विलाप यदि पारसी नाटकों के अतिरंजित अभिनय से प्रेरित हो सकते हैं तो क्या उसी रूप में मोहन राकेश के 'आधे अधूरे' नाटक में सावित्री का जुनेजा के सामने लम्बा सम्भाषण अथवा सुरेन्द्र वर्मा के 'सूर्य की अन्तिम किरण से'... का वह लम्बा आत्मालाप, जहाँ ओक्काक महत्तरिका के सामने अपनी नपुंसकता को स्वीकार करता है—इन लम्बे संवादों को पारसी नाटकों के उस अतिरंजित शैली वाले अन्दाज़ से कहाँ अलग रखा जा सकता है ? इसीलिए आज यह संयोगमात्र या अकारण नहीं है कि आधुनिक अभिनेता के प्रशिक्षण में रंगभाषण और अभिनय, दोनों दृष्टियों से पारसी रंगमंच के अनुभव को अनिवार्य रूप में सम्मिलित किया जा रहा है।

पारसी अभिनय शैली का सकारात्मक पहलू यह भी है कि शास्त्रीय मुद्राओं, गतियों और चर्याओं पर आश्रित हुए बिना भी वह पूरी तरह से नाट्यधर्मी है। इस स्तर पर वह हमारे लोक नाटकों में प्रचलित अभिनय पद्धति से ज़्यादा मिलती जुलती है, जो नितान्त सरल, सहज एवं स्वाभाविक है और अभिनेताओं एवं दर्शकों के लिए एक जैसी ग्राह्य भी है। अभिनेता से नृत्य, गीत और संगीत के ज्ञान की अपेक्षा रखती है, लेकिन मात्र इन्हीं तत्त्वों में उलझकर नहीं रह जाती वरन् उसी अनुपात में गहरे भावपूर्ण अभिनय की भी अपेक्षा रखती है। इस प्रकार यह अभिनय शैली कहीं यथार्थवादी अभिनय एवं गीत-संगीत वाले नाट्यधर्मी विधान के बीच एक पुल का काम करती है और अपना एक निजी स्वरूप भी तैयार करती है। इस तरह की शैली की कोई मिसाल पश्चिमी रंगमंच में तो नहीं मिलती। हाँ, हम अपने यहाँ शास्त्रीय और लोक रंगमंच में इसके तत्त्व ढूँढ़ सकते हैं जहाँ गद्य और गीत, दोनों का एक साथ प्रयोग होता है। लेकिन वहाँ भी गद्य तो अभिनेता के हिस्से में ज़रूर आता है, किन्तु गीत प्रायः मंच पर बैठी संगीत मंडली ही गाती है। हाँ, नौटंकी जैसी नाट्य शैली में अवश्य ही अभिनेता स्वयं गीतों को मंच पर गाते हैं, किन्तु उसे अपवादस्वरूप ही लिया जाना चाहिए। इसके विपरीत पारसी नाटक की तो पहली शर्त ही यही होती थी कि अभिनेता को स्वयं गाना-नाचना आना चाहिए। आज अधिकांश रंग अध्येता, आलोचक एवं विद्वान इस बात पर एकमत हैं कि भविष्य के भारतीय रंगमंच का यदि कोई फिर नया स्वरूप उभरकर सामने आएगा तो उसमें गीत संगीत की अहम भूमिका होगी—ऐसे में हम पारसी रंगमंच में प्राप्य इस विशेषता से कैसे अलग रह सकते हैं ?

इतना ही नहीं, अभिनेता में कितनी चुस्ती, फुरती, दुरुस्ती और एनर्जी होनी चाहिए, पारसी अभिनेता इसका बिलकुल सही मानदंड था। उसकी आवाज़ की रेंज किस हद तक और कितनी होनी चाहिए, अपने भावों-उद्गारों को झूठा और बनावटी बनाए बिना कितनी दूर तक अतिरंजित हो जा सकता है—ये कुछ ऐसे ज़रूरी तत्त्व हैं जिनसे आज का अभिनेता बहुत कुछ सीख सकता है और बहुत कुछ पा सकता है। मैं समझता हूँ कि आज जितना कुछ हमें अभिनय की दृष्टि से अपने लोक नाट्य रूपों से सीखने

की ज़रूरत है, उससे कहीं अधिक पारसी रंगमंच में प्रयुक्त अभिनय शैली से पाया जा सकता है।

पारसी नाटकों के मंचन से सम्बद्ध एक तत्त्व की यों तो बहुत चर्चा होती रही है लेकिन उसके वास्तविक महत्त्व को समझने की शायद उतनी कोशिश नहीं की गई। यह है, प्रदर्शन के दौरान किसी दृश्य-विशेष में अभिनेता के मार्मिक अभिनय और अभिव्यक्ति से प्रभावित होकर दर्शक वर्ग का 'वन्स मोर-वन्स मोर' चिल्लाना और उस अभिनेता द्वारा उस गीत, दृश्य, संवाद इत्यादि को पुनः आरम्भ से अन्त तक उसी रूप में प्रस्तुत किया जाना। कई बार तो यह 'वन्स मोर' एकाधिक बार हो सकता था और प्रायः होता ही था। भले ही यह प्रक्रिया पारसी रंगमंच के अभिनेताओं और दर्शकों के बीच स्थापित अन्तरंग सम्बन्ध को रेखांकित करती है, लेकिन इस तथ्य को भी नज़रअन्दाज़ नहीं किया जाना चाहिए कि इस प्रक्रिया ने अपने अनजाने अभिनय के उस अलगाव सिद्धान्त को ब्रेष्ट से बहुत पहले ही ढूँढ़ निकाला था और वह इस रूप में कि किसी दृश्य को पहले तो उसमें पूरी तरह से डूबकर अभिनीत करना और फिर दूसरी-तीसरी बार उसे दर्शकों की माँग पर दोहराने की प्रक्रिया से गुज़रना। इस अलगाव की पराकाष्ठा ऐसे दृश्यों में तो बहुत ही रोचक ढंग से दिखाई पड़ती है जिनमें किसी अभिनेता द्वारा मंच पर मरने से पहले बहुत ही मार्मिक उद्‌गार प्रस्तुत किए जाते थे। कल्पना कीजिए, मरने के तुरन्त बाद दर्शकों द्वारा 'वन्स मोर' कहने पर उसी अभिनेता का एकदम उठकर बैठ जाना—दर्शकों के अभिनेता के साथ अभी अभी पिछले दृश्य की तादात्म्यता को तोड़कर अलगाव स्थापित कर देना। इसी अलगाव की प्रक्रिया को एक और दृष्टि से भी पारसी रंगमंच में रेखांकित किया जा सकता है और वह है, अभिनेता के संवादों के साथ जब कभी भी शेरो-शायरी का इस्तेमाल होता था तो अन्तिम पंक्ति की लय-ताल को दर्शक अभिनेता के बोलने से पहले ही अभिव्यक्त कर डालते थे।

वास्तव में अभिनेता और दर्शक के बीच का यह अन्तरंग रिश्ता ही पारसी नाटकों और रंगमंच का वह सबसे सशक्त और जीवन्त पक्ष है, जिसकी भारतीय रंगमंच को आज सबसे ज़्यादा ज़रूरत है। हम नाटकों के प्रदर्शन में दर्शकों के अभाव का हमेशा रोना रोते रहते हैं, लेकिन यदि हम इस रंग परम्परा को पुनः नियमित स्तर पर अपने रंगमंच में शामिल करना शुरू करें तो दर्शकों की समस्या भी अपने आप सुलझ जाएगी। इसका अर्थ यह भी नहीं है कि आज हम पारसी रंगमंच का पुनरुद्धार करें वरन् आवश्यकता इस बात की है कि पारसी नाटकों के ढाँचे को बरक़रार रखते हुए उनके मंचन में उनकी अपनी अभिनय शैली और आज के अभिनेता के पास उपलब्ध यथार्थवादी अभिनय के बीच से एक सचमुच के भारतीय रंगमंच और भारतीय अभिनय शैली की स्थापना की जाए जो गहरी, मार्मिक होने के साथ साथ लोकप्रिय भी हो। इस सम्पूर्ण प्रक्रिया में पारसी रंग परम्परा का अपना महत्त्व और योगदान रहेगा ही, इसमें कोई सन्देह नहीं है।

युद्ध की पृष्ठभूमि और नाट्य लेखन

कारगिल ने एक बार फिर से इस दिशा में विचार-विमर्श करने के लिए विवश किया कि जब देश पर संकट, विशेषतः युद्ध के बादल छाएँ हों तो ऐसे समय में एक सृजनधर्मी कलाकार की क्या भूमिका होनी चाहिए ? इसमें कोई सन्देह नहीं कि कलाकार होने से पहले एक नागरिक और सामाजिक होने के नाते भी उसकी कई अतिरिक्त ज़िम्मेदारियाँ हो जाती हैं लेकिन उससे भी ज़्यादा महत्त्वपूर्ण प्रश्न यह है कि वह अपने माध्यम का क्या उपयोग करे ? एक तात्कालिक विकल्प तो यही हो सकता है और प्रायः होता भी रहा है कि रचनाकार समसामयिक परिस्थितियों के अनुरूप ही रचना कर्म में प्रवृत्त होता है। इसमें कोई दो राय नहीं हो सकती कि देश के जवानों और जनता का मनोबल बढ़ाने के लिए ऐसी रचनाओं की अपनी महत्ता एवं पहचान है, लेकिन दूसरी तरफ़ कभी कभी ऐसी रचनाओं का जन्म भी अनायास ही हो जाता है जो अपने समय की सीमा को लाँघकर सार्वकालिक, सार्वजनीन और कालजयी हो जाती हैं। ऐसा उनके कथ्य की गहराई एवं जटिलता के कारण सम्भव हो पाता है। वे युद्ध को मात्र एक माध्यम के रूप में ही इस्तेमाल नहीं करतीं वरन् उसकी तह में जाकर उसके कारणों, परिणामों और प्रभावों की बहुत दूर तक और कई कई कोणों से गहरी जाँच पड़ताल करती हैं कि पढ़ने वाला भी युद्ध जैसी समस्या और स्थिति के अनुभव से प्रभावित हुए बिना नहीं रहता। ऐसी अभिव्यक्ति समय समय पर सभी कला माध्यमों में होती रही है—उदाहरण के लिए साहित्य में तॉलस्तॉय का बृहद उपन्यास 'वार एंड पीस', चित्रकला में पिकासो की सुप्रसिद्ध कलाकृति 'ग्रूयेनिका' और फ़िल्मी दुनिया में इस विषय पर बनी अनेकानेक अविस्मरणीय फ़िल्में।

लेकिन शायद इस ओर किसी का ध्यान नहीं गया है कि युद्ध जैसे कथ्य पर सबसे ज़्यादा और उतना ही संश्लिष्ट लेखन नाटक के क्षेत्र में हुआ है। उससे भी आगे रेखांकित करने लायक तथ्य यह भी है कि नाट्य रचना के माध्यम में ऐसा लेखन मात्र इधर के सौ-पचास वर्षों में नहीं वरन् कम से कम तीन हज़ार वर्ष पूर्व से होता रहा है। आख़िर नाटक जैसे माध्यम के साथ ही ऐसा क्यों हुआ ? इसका एक कारण तो नाटक और रंगमंच जैसी कला के जन्म में ही निहित है। यह एक सर्वविदित तथ्य है कि सभ्यता के विकास में शिकार युग के दौरान ही शिकार से जुड़ी घटनाओं को पहले सुनाने और फिर दिखाने की प्रक्रिया में नाटक और रंगमंच का जन्म हुआ। शिकार क्या है—एक आदमी और बर्बर जानवर के बीच का द्वन्द्व युद्ध। एक तरह से युद्ध के बीज आदिम

मनुष्य की दिनचर्या से जुड़े ख़तरों और अपने बचाव के रास्ते तलाशने में खोजे जा सकते हैं। हम इसे चाहें आज की भाषा और मुहावरे में युद्ध का नाम न दें लेकिन क्या आदमी और जानवर की लड़ाई दो विरोधी शक्तियों के आपसी तनाव और टकराव की स्थिति नहीं है ? इतना ही नहीं, आदिम युग में ही जिस दूसरे कथ्य की सम्भावना के संकेत मिलते हैं, वह तो दो क़बीलों के बीच अधिकार और आधिपत्य के लिए होने वाली आपसी लड़ाइयाँ ही थीं, जिनमें अकेला आदमी और जानवर नहीं, पूरे का पूरा जनसमूह योद्धाओं के रूप में भाग लेता था।

इसी पक्ष पर थोड़ा और विचार करें तो नाटक की अपनी मूल प्रकृति भी युद्ध जैसे कथ्य के ही ज़्यादा निकट पड़ती है। नाटक क्या है ? नाटकीयता क्या है ? नाटक में तनाव और संघर्ष क्या होता है ? इन प्रश्नों का विवेचन और विश्लेषण किया जाए तो हम पाते हैं कि कोई भी नाटक वस्तुतः कम से कम दो परस्पर विरोधी विचारों, व्यक्तियों अथवा स्थितियों की आपसी टकराहट में से ही जन्म लेता है। अतः यह मात्र संयोग नहीं है कि यदि पश्चिम में इस तनाव या संघर्ष के सन्दर्भ में प्रोतेगनिस्त और ऐन्तेगनिस्त की चर्चा की जाती है तो भारतीय परम्परा में भी नायक और प्रतिनायक की परिकल्पना आदिकाल से ही उपलब्ध है। भारतीय परम्परा तो इस हद तक इस कथ्य से इतने अभिन्न रूप में जुड़ी हुई है कि जिन दो महाकाव्यों—रामायण और महाभारत को आधार बनाकर अधिकांश नाटक लिखे गए, वे अपने मुख्य कथ्य के रूप में युद्ध को ही अलग अलग रूप में प्रस्तुत करते हैं। 'रामायण' में यह युद्ध मुख्यतः राम और रावण के माध्यम से पूरे जनसमुदाय को अपने साथ समेट लेता है तो 'महाभारत' में आरम्भ से ही दो वंशों के सामूहिक युद्ध की कथा के सूत्र मिलने लगते हैं। यद्यपि पश्चिम में भी प्राचीन यूनानी नाटकों के स्रोत के रूप में होमर के महाकाव्य 'इलियड' और 'ओडेसी' का नाम लिया जा सकता है लेकिन उसका मुख्य विषय युद्ध नहीं है। यों अवान्तर कथाओं के रूप में युद्ध वहाँ भी उपस्थित है, जिसे पृष्ठभूमि के रूप में अनेक यूनानी नाटकों में लाया गया है, जिनकी चर्चा हम आगे करेंगे। हाँ, युद्ध का ही एक बिलकुल दूसरा रूप यूनानी नाटकों, रोमन नाटकों और बाद में शेक्सपीयर के नाटकों में भी देखा जा सकता है और वह है, आदमी का देवताओं, परम्पराओं एवं अन्धविश्वासों द्वारा पूर्वनिर्धारित नियति के विरुद्ध अनवरत संघर्ष और कहीं कहीं तो यह संघर्ष उस बाहरी युद्ध से भी ज़्यादा भयावह और विध्वंसक हो सकता है। प्रकारान्तर से यथार्थवादी नाट्य रचना में प्रयुक्त वाक् युद्ध इसी कथ्य का एक दूसरा विकल्प प्रस्तुत करता है, जहाँ बहस-मुबाहिसे के माध्यम से ही कथानक आगे बढ़ता है, विशेषतः इब्सन के नाटकों में यह युक्ति बराबर मिलती है। हिन्दी में मोहन राकेश के नाटक इसका सबसे अच्छा उदाहरण हैं। आज तो मीडिया के स्तर पर युद्ध जैसे कथ्य के न जाने कितने विविध रूप रंग देखने को मिल रहे हैं।

भारतीय नाट्य रचना के इतिहास में सम्भवतः भास पहले नाटककार हैं, जिन्होंने महाभारत की कथा को अपने कई नाटकों की स्रोत-सामग्री के रूप में इस्तेमाल किया।

उनके उपलब्ध तेरह नाटकों में 'दूत-वाक्यम्', 'दूत-घटोत्कच', 'कर्णभार' और 'उरूभंग' तो सीधे सीधे महाभारत की मुख्य कथा से ही सम्बद्ध हैं। 'मध्यम-व्यायोग' में महाभारत का एक अवान्तर प्रसंग कथा के रूप में उपस्थित है। 'स्वप्न वासवदत्ता' और 'प्रतिज्ञा यौगन्धरायण' महाभारत को तो आधार नहीं बनाते लेकिन दोनों नाटकों का कथानक राजा उदयन द्वारा अपने प्रतिद्वन्द्वी राजाओं को पराजित कर अपना खोया हुआ राज्य प्राप्त करना है। युद्ध की विभीषका के क्या परिणाम हो सकते हैं—'अन्धायुग' से कम से कम दो हज़ार वर्ष पूर्व लिखा नाटक 'उरूभंग' आज भी उतना ही समकालीन और समसामयिक जान पड़ता है। जब यह नाटक पहली बार लिखा गया था, तब इसका उतना स्वागत नहीं हुआ था, क्योंकि भास ने दुर्योधन से जुड़े सभी मिथकों और अवधारणाओं को अलग हटाकर एक नए ही चरित्र के रूप में उसकी परिकल्पना की थी, जो तत्कालीन परम्परावादी दर्शक समुदाय को स्वीकार्य नहीं हुआ होगा। ठीक ऐसी ही विरोधी प्रतिक्रिया का सामना यूनानी नाटककार यूरीपीडिज़ को भी अपने नाटक 'मीडिया' को लेकर करना पड़ा था, जब उन्होंने अपने मुख्य चरित्र मीडिया द्वारा प्रेम में धोखा खाने के बाद अपने पति जेसन और अपने बच्चों की हत्या करवा दी थी। यूरीपीडिज़ का ही 'ट्रोजन विमेन' यदि युद्ध में मारे गए योद्धाओं की विधवाओं के भीतर से युद्ध की भयानक त्रासदी को उभारकर सामने लाता है, तो उसी दौर का एक अन्य नाटक अरिस्तोफेनिज़ का 'लिसिसट्राटा' उस त्रासदी का अत्यन्त वीभत्स रूप में मज़ाक़ भी उड़ाता है। सोफ़ोक्लीज़ का नाटक 'एंटीगनी' तो उस दृष्टि से बेजोड़ है—दो भाइयों में से एक जो सत्ता की तरफ़ से लड़ता हुआ मारा जाता है, उसका पूरे राजकीय सम्मान के साथ दाह-संस्कार और जो शत्रु की तरफ़ से लड़ता है, उसकी लाश को चील-गिद्धों द्वारा खाने के लिए लावारिस फेंक दिया जाता है। एंटीगनी द्वारा अपने इसी भाई के शव का संस्कार करने की कोशिश में पकड़े जाना और राजसत्ता द्वारा मृत्युदंड—क्या आज युद्ध में पकड़े गए योद्धाओं के साथ लगभग ऐसा ही सुलूक नहीं होता ? 'अन्धायुग' में युयुत्सु जैसे पात्र की भी क्या यही नियति नहीं होती, जिसने सत्य का पक्ष लेने के नाम पर पहले पांडवों की तरफ़ से युद्ध में हिस्सा लिया और जब वहाँ भी सत्य की अनुभूति नहीं हुई तो लौटकर कौरव शिविर में आया तो वहाँ उसका स्वागत गालियों, उलाहनों और गान्धारी की कटूक्तियों से हुआ।

भास के बाद कालिदास, शूद्रक और भवभूति के यहाँ युद्ध की पृष्ठभूमि लगभग नहीं के बराबर है लेकिन विशाखदत्त का 'मुद्राराक्षस' संस्कृत नाट्य साहित्य में सचमुच अद्भुत नाटक है—मंच पर भले ही नाटक में कोई भी युद्ध का दृश्य घटित नहीं होता लेकिन नाटक का नेपथ्य षड्यंत्रों, हत्याओं और लड़ाई की सूचनाओं से भरा पड़ा है। एक और स्तर पर यह युद्ध चाणक्य और राक्षस जैसे दो महारथियों के बीच चलता है—कूटनीति का युद्ध, दिमाग़ी सोच का युद्ध, राजनैतिक दाँव-पेंच का युद्ध जिसमें अन्ततः चाणक्य की विजय होती है। आधुनिक युग के भारत में इसके कई समानान्तर बिम्ब मिल जाएँगे—तिलक और गोखले, गाँधी और सुभाषचन्द्र बोस अथवा नेहरू और

सरदार पटेल।

लेकिन आश्चर्य है कि जब मध्यकाल में भारतवर्ष लगातार एक के बाद एक युद्धों के बीच से गुज़रकर राजनैतिक स्तर पर बहुत उथल-पुथल झेलता है, तब काव्य में तो फिर भी कुछ हद तक उसकी गूँज सुनाई पड़ती है। चन्द बरदाई का 'पृथ्वीराज रासो' और मलिक मुहम्मद जायसी का 'पद्मावत'—लेकिन नाट्य रचना की दृष्टि से यह अन्तराल सचमुच शून्य से भरा है। इसीलिए सुप्रसिद्ध नाटककार गिरीश कार्नाड का यह कथन शत प्रतिशत सही जान पड़ता है कि पूरे मध्यकाल को लाँघकर इस शताब्दी के अन्त तक के मात्र एक नाटक का नाम लेना हो तो धर्मवीर भारती के काव्य नाटक 'अन्धायुग' का उल्लेख किया जा सकता है। इसे अलग से दोहराने की ज़रूरत नहीं कि एक बार फिर से युद्ध ही नाटक का केन्द्रीय बिन्दु है और युद्ध समाप्त हो जाने के बाद सम्पूर्ण मानवता पर उसका क्या असर पड़ा है—महाभारत के बहाने से द्वितीय विश्वयुद्ध के बाद की स्थिति-परिस्थिति का आकलन किया गया है। दूसरे अर्थों में ही सही, चाहें तो हम पूरी की पूरी एब्सर्ड नाट्य परम्परा और अस्तित्ववादी दर्शन को ही द्वितीय विश्वयुद्ध की देन कह सकते हैं, जिसने आयनेस्को, बैकेट और एल्बी जैसे नाटककारों को जन्म दिया।

यदि हमारे यहाँ मध्यकाल में किसी उल्लेखनीय नाटक का नाम नहीं लिया जा सकता तो कमोबेश पश्चिम में भी यही स्थिति दिखाई देती है। शेक्सपीयर के त्रासदी नाटकों—'किंग लियर', 'ओथेलो', 'हैमलेट' और 'मैकबैथ' को छोड़कर किसी और दूसरे नाटककार ने युद्ध को अपना कथ्य नहीं बनाया। देखा जाए तो मध्यकालीन भारत में नाट्य रचना न होने के ऐतिहासिक कारण मौजूद हैं। संस्कृत भाषा के पश्चात् पूरे देश में जिन क्षेत्रीय भाषाओं का आविर्भाव हुआ, वे सभी इसी समय के आसपास जन्म ले रही थीं। अतः यह स्वाभाविक ही है कि उनमें पहले पहले जो साहित्य रचा गया, वह काव्य था। नाटक जैसे जटिल रचना विधान को विकसित होने के लिए एक लम्बा समय चाहिए। इसीलिए मध्यकाल में जो भी नाट्य परम्पराएँ मिलती हैं, वे पूरी तरह से मौखिक आलेख पर आधारित हैं। इतना ही नहीं, मध्यकाल में ही पूरे देश में फैले भक्ति आन्दोलन ने भी तत्कालीन साहित्य-रचना को काफ़ी दूर तक प्रभावित किया। इसीलिए जब मध्यकाल के उत्तरार्द्ध में राजनैतिक दृष्टि से कुछ हद तक ठहराव सा आता है तो युद्ध की अपेक्षा शृंगार रस से ओत-प्रोत रचनाओं की भरमार होने लगती है। यह स्थिति मात्र उत्तर भारत की अवधी या ब्रज में ही नहीं वरन् देश के दूसरे हिस्सों में उतनी ही तेज़ी से पनप रही विभिन्न भाषाओं के साहित्य में भी दिखाई पड़ती है।

यों मध्यकाल में मौखिक नाट्यालेखों में ही सही, युद्ध जैसे कथ्य और कथानक की अनुपस्थिति के लिए एक कारण और भी दिया जा सकता है। बेशक भारतीय इतिहास में यह लम्बा समय बेहद उथल-पुथल का रहा और बहुत सी महत्त्वपूर्ण लड़ाइयाँ लड़ी गईं लेकिन सच्चाई यह भी है कि उनमें से अधिकांश दो बाहरी ताक़तों के बीच ही लड़ी जाती रहीं, जिनके साथ यहाँ के स्थानीय निवासियों का उतना प्रत्यक्ष सम्बन्ध

नहीं था। यही बात बीसवीं शताब्दी के दोनों महायुद्धों के बारे में भी कही जा सकती है। जिस रूप और जितने गहरे मानवीय स्तर पर पश्चिम के लोगों ने इन युद्धों के नकारात्मक परिणामों को भोगा, उसकी तुलना में हम लोगों का दोनों महायुद्धों से जो भी रिश्ता बना, वह कम से कम ऐसा नहीं था कि किसी सार्थक नाट्य-लेखन के लिए प्रेरित कर सके। अपवाद के लिए भारत के पहले स्वाधीनता संग्राम का नाम अवश्य लिया जा सकता है और उसने यदि हिन्दी में भारतेन्दु जैसे नाटककार को भारतीय संस्कृति पर आधारित कथानकों की खोज की तरफ़ प्रवृत्त किया, तो बाद में प्रसाद और टैगोर भी उससे अछूते नहीं रहे। लेकिन यह भी उतना ही सच है कि इनके यहाँ भी युद्ध अपने मुखर रूप में तो बिलकुल ही नहीं है। यह बात भारत के दूसरे स्वाधीनता संग्राम से भी साबित हो जाती है—एक तो स्वतंत्रता बिना किसी संग्राम के ही प्राप्त हो गई, दूसरे यदि भारत-विभाजन जैसी त्रासदी से भी हमें गुज़रना पड़ा तो नाटक तो दूर, कहानी, उपन्यास या कविता में ही कितनी रचनाओं के नाम गिनाए जा सकते हैं। इसके बाद क्रमशः सन् बासठ, पैंसठ और इकहत्तर में लड़े गए युद्धों के परिणामस्वरूप भी कोई महत्त्वपूर्ण साहित्य अथवा नाट्य-लेखन दृष्टिगोचर नहीं होता।

मुझे लगता है कि इन सारी चीज़ों के पीछे सम्भवतः भारतीय जनमानस की अन्तर्निहित मानसिकता का बड़ा हाथ है और वह यह कि बेशक सामाजिक और भावनात्मक स्तर पर हम इन घटनाओं से प्रभावित हुए बिना नहीं रहते और उन पर तत्काल अपनी सकारात्मक एवं सहयोगात्मक प्रतिक्रिया के लिए तत्पर रहते हैं, लेकिन रचना के स्तर पर हम युद्ध जैसे विषय को तभी उठाते हैं, जब उसमें से हमें मात्र तात्कालिक सरोकार नहीं, वरन् शाश्वत एवं सार्वकालिक अर्थों की गूँज एवं सम्भावनाएँ दिखाई पड़ें। यदि हम 'रामायण', 'महाभारत' जैसे महाकाव्यों और बाद में भास, विशाखदत्त, भारतेन्दु, प्रसाद, टैगोर, राधेश्याम कथावाचक, नारायण प्रसाद बेताब, आग़ा हश्र कश्मीरी और धर्मवीर भारती के नाट्य-लेखन पर इसी दृष्टि से विचार करें तो बात काफ़ी हद तक सही जान पड़ती है। अपनी सम्पूर्ण तात्कालिकता के बावजूद ये रचनाएँ अपने समय की सीमा का अतिक्रमण कर किसी भी काल एवं युग के लिए उतनी ही सार्थक एवं समकालीन रहेंगी। यदि पश्चिम से भी, प्रतीक के रूप में ही सही, मात्र एक नाटक का ही नाम लेना हो तो ब्रेष्ट के 'मदर करेज' का उल्लेख किया जा सकता है।

नाट्य रचना और प्रेक्षागृह का स्थापत्य

भारतीय रंगमंच और सम्भवतः विश्व रंगमंच में भी इस दिशा में बहुत कम विचार-विमर्श हुआ है कि नाट्य रचना और प्रेक्षागृह के स्थापत्य में क्या सम्बन्ध होता है, हो सकता है अथवा होना भी चाहिए कि नहीं ? एक युग-विशेष में यदि स्थापत्य के स्तर पर एक आकार-प्रकार के प्रेक्षागृह मिलते हैं तो नाट्य रचना की शैली भी लगभग एक जैसी ही मिलती है। इसी के साथ हमेशा यह बहस भी चलती रहती है कि नाट्य रचना प्रेक्षागृहों की बनावट को प्रभावित करती है, अथवा प्रेक्षागृहों का निर्माण पहले होता है और उनके अनुसार नाटकों की संरचना का जन्म होता है। हमारे यहाँ जयशंकर प्रसाद जैसे नाटककार ने तो इसकी ज़बरदस्त ढंग से स्थापना की है कि नाटक के लिए रंगमंच होना चाहिए, न कि रंगमंच के लिए नाटक। इसमें कोई सन्देह नहीं कि उनकी इस स्थापना में काफ़ी दम है क्योंकि पहले रचना का ही जन्म होगा, तभी उसके अनुसार बाद में प्रदर्शन-स्थल का निर्माण होगा। यह ठीक ऐसा ही है कि पहले किसी परम्परा की शुरुआत होती है और कालान्तर में समय के एक दीर्घ अन्तराल के बाद वह परम्परा शास्त्र के रूप में प्रतिष्ठित हो पाती है। दूसरी ओर हमारे यहाँ भरत जैसे प्रयोक्ता और शास्त्रकार का भी उदाहरण है जो प्रेक्षागृह अथवा प्रदर्शन-स्थल को इतनी प्रमुखता देते हैं कि नाट्यशास्त्र के दूसरे अध्याय में ही सबसे पहले प्रेक्षागृह की बनावट और स्थापत्य का पूरा विवरण प्रस्तुत करते हैं और नाट्य-रचना, अभिनय और दूसरे रंग तत्त्वों को बहुत बाद में जाकर विवेचित करते हैं। इसमें कोई सन्देह नहीं कि एक स्थायी बन्द प्रेक्षागृह के निर्माण के पीछे खुले मंच पर प्रस्तुत और बुरी तरह से असफल उनकी अपनी एक-दो नाट्य प्रस्तुतियों का भी हाथ था। यहाँ इस तथ्य से भी इनकार नहीं किया जा सकता कि पूर्व हो या पश्चिम—इतिहास में जब जब स्थायी प्रेक्षागृह नदारद थे, तब तब नाटकों के आलेख भी पूरी तरह से मौखिक हुआ करते थे। चाहे वह रंगमंच के जन्म से जुड़ा आरम्भिक आदिम दौर हो, यूनानी अभिनेता थेस्पिस द्वारा घूम-घूमकर सड़कों, चौराहों पर नाटक प्रस्तुत करने का दौर हो, हमारे अपने देश में महाकाव्यों को गा-गाकर सुनाने की परम्परा का प्रचलन हो, मध्यकाल में लोक नाटकों की लम्बी शृंखला हो, पश्चिम में चर्च से सम्बद्ध धार्मिक नाटक हो अथवा इटली की प्रस्तुति शैली 'कामेदिया देलार्ते' हो—सभी अपने मूल रूप में आशु एवं मौखिक रचनाएँ रही हैं और वे अपने अनुसार अस्थायी प्रदर्शन-स्थलों को खोजबीन कर अपने प्रदर्शन करती रहती थीं। यहाँ अपवादस्वरूप पारसी नाटकों का उदाहरण दिया जा सकता है कि वे भी तो अस्थायी

रूप से निर्मित प्रेक्षागृहों में खेले जाते थे, फिर उनके लिखित आलेख क्यों मिलते हैं ? इसका सीधा सा उत्तर यही है कि बेशक पारसी नाटक अस्थायी रूप से बनाए गए प्रेक्षागृहों में खेले जाते थे लेकिन वे इतने अस्थायी भी नहीं होते थे। पारसी कम्पनियाँ जब किसी मेले, नगर या क़स्बे में ऐसे अस्थायी प्रदर्शन-स्थल का निर्माण किया करती थीं तो वह मात्र एक रात के लिए नहीं, वरन् काफ़ी लम्बे अरसे के लिए हुआ करता था। ठीक यही तर्क संस्कृत नाटकों के लिखित आलेखों के विषय में भी दिया जा सकता है। भरत द्वारा विवेचित और प्रतिपादित विकृष्ट नाट्य मंडप का एक भी अवशेष आज तक प्राप्त नहीं हुआ है लेकिन फिर भी अश्वघोष से लेकर भवभूति तक सभी नाटककारों के लिखित आलेख आज भी उपलब्ध हैं। क्या हम यह मान लें कि ये आलेख मात्र साहित्यिक रचनाएँ हैं और इनका कभी मंचन नहीं हुआ ? यदि हुआ भी होगा तो खुले मंच पर ही हुआ होगा ? लेकिन इन निष्कर्षों पर पहुँचना उस सच्चाई को झुठलाना होगा, जो इन सभी नाटकों के मंचन की सुदीर्घ परम्परा से जुड़ी है। किसी स्थायी प्रेक्षागृह के अवशेष की अनुपस्थिति मात्र यही सूचना देती है कि जब जब वार्षिक त्योहारों, समारोहों और ऐसे ही दूसरे अवसरों पर इन नाटकों का मंचन किया जाता था तो काफ़ी लम्बे समय के लिए अस्थायी तौर पर ही सही, प्रेक्षागृहों का निर्माण कर लिया जाता था और बाद में उन्हें तोड़-फोड़ दिया जाता होगा।

बहरहाल, हम संस्कृत नाटकों की शिल्प संरचना और उनके प्रदर्शन-स्थल विकृष्ट नाट्य मंडप से ही अपने अध्ययन की शुरुआत कर सकते हैं कि अन्ततः ये दोनों तत्त्व एक दूसरे को किस सीमा तक प्रभावित करते हैं। यों तो भरत ने विकृष्ट, चतुरस्र और त्र्यस्र—तीन आकारों के प्रेक्षागृहों का प्रावधान किया है और इनके भी ज्येष्ठ, मध्यम और कनिष्ठ माप के अनुसार तीन-तीन भेद किए हैं लेकिन अन्त में वह स्वयं विकृष्ट मध्यम नाट्य मंडप को ही एक आदर्श प्रेक्षागृह के रूप में स्वीकार करते हैं। अतः अच्छा यही होगा कि हम उसी के स्थापत्य को ध्यान में रखते हुए नाट्य रचना के साथ उसके सम्बन्ध का विवेचन करें। अपने आकार में विकृष्ट नाट्य मंडप आयताकार है, जिसके एक तरफ़ मंच और उसके ठीक सामने दर्शक बैठते थे—ठीक आज के प्रोसीनियम प्रेक्षागृह में दर्शकों के बैठने की व्यवस्था के अनुरूप। दर्शकों के सामने प्रदर्शन-स्थल के रूप में जो मंच उपलब्ध है, उस पर तीन धरातल हैं—पहला रंगपीठ, उसके ऊपर दूसरा रंगशीर्ष और रंगशीर्ष के बीचोंबीच एक तीसरा धरातल कुतप या वेदिका, जिस पर नाट्य-प्रयोग के दौरान शुरू से लेकर आख़िर तक गायक-संगीतकारों की मंडली बैठी रहती थी। रंगशीर्ष के पिछले किनारे पर नेपथ्य और मंच को जोड़ती हुई एक दीवार, जिसमें पात्रों के मंच पर प्रवेश-प्रस्थान के लिए दाएँ बाएँ दो द्वार बने हुए हैं, जिन पर रंगपटी पड़ी रहती थी। आज के व्याकरण के अनुसार मंच के अगले हिस्से से इस पिछली दीवार तक मात्र चौबीस फ़ीट की चौड़ाई। रंगपीठ के दोनों छोरों पर चार चार स्तम्भों से घिरे मत्तवारिणि नामक दो अन्य क्षेत्र, जिनकी सही सही परिकल्पना को लेकर आज तक विवाद है। मत्तवारिणि के इस विवाद को हम छोड़ दें तो विकृष्ट नाट्य मंडप का

प्रस्तुत स्थापत्य नाट्य-रचना के साथ अपनी एकरूपता को स्वयमेव ही स्थापित कर लेता है।

प्रदर्शन-स्थल जितना सहज और सरल है, उसी के अनुसार नाटकों के शिल्प पर टिप्पणी की जा सकती है। मंच पर मात्र दो रंग द्वार हैं और कुल अभिनय-क्षेत्र अड़तालीस फ़ीट लम्बा और चौबीस फ़ीट चौड़ा है—उसमें भी रंगशीर्ष पर कम से कम बारह फ़ीट संगीतकारों की मंडली के लिए और रंगपीठ के दोनों कोनों पर बारह-बारह फ़ीट मत्तवारिणि के लिए सुरक्षित है। अतः किसी भी प्रकार की अतिरिक्त और भारी भरकम मंच-सज्जा के लिए स्थान एवं सम्भावना ही शेष नहीं रहती। अतः नाट्य रचना में भी हर बार वाचिक अर्थात् संवाद के माध्यम से ही दृश्य और परिवेश को भी स्थापित कर दिया जाता है। मंच के अगले हिस्से में ऐसा कोई परदा नहीं है, जिसे अंक की समाप्ति पर गिराया या लाया जा सके, अतः नाटककारों ने एक नाटकीय युक्ति को ढूँढ़ निकाला और वह यह कि मंच पर उपस्थित सभी पात्र प्रस्थान कर लेते हैं और अगले अंक के लिए जिनको आना होगा, वे पुनः प्रवेश करेंगे। नाटक के अन्त की सूचना के लिए भरतवाक्य जैसा गीत है, जिसे इस शताब्दी के जर्मन नाटककार और निर्देशक ब्रेष्ट ने 'ग्रैंड फिनाले' के रूप में परिकल्पित किया। चूँकि मंच के इस छोटे से अभिनय क्षेत्र पर व्यावहारिक और यथार्थवादी रूप से बहुत कुछ दिखाना सम्भव नहीं है, अतः नाटककार ने रचना के स्तर पर अर्थोपक्षेपकों की उद्‌भावना की। ये एक प्रकार के सूच्य-दृश्य हैं जो दो अंकों के बीच घटित समय के अन्तराल के साथ साथ उन घटनाओं की भी सूचना देते हैं, जिन्हें मंच पर दिखाया नहीं जा सकता अथवा जिनका दिखाया जाना संस्कृत नाटकों की नाट्यधर्मी प्रस्तुति शैली को खंडित करेगा और दर्शकों के सौन्दर्यबोध एवं रसास्वादन में भी अवरोध उत्पन्न करेगा। जितनी मंच-सज्जा अथवा रंग-स्थली अपने स्वरूप में सांकेतिक है, उतनी ही नाट्य रचना भी दर्शक या पाठक की कल्पना को उन्मुक्त विस्तार देती है। दूसरी ओर नाट्य रचना में समय, स्थान और कार्य-व्यापार की अन्विति के अभाव ने रचना के स्तर पर सूच्य-दृश्यों की परिकल्पना को जन्म दिया, वहीं मंच पर उपलब्ध एक ख़ाली, निसंग और शून्य स्पेस ने भी अपना योगदान दिया क्योंकि नाटककार के लिए मंच पर उपस्थित पात्र की एक मुद्रा, एक गति, एक प्रवेश, एक प्रस्थान और अन्ततः एक संवाद से ही वह मंच किसी भी इच्छित स्थान, समय और कार्य-व्यापार में परिणित हो सकता था। इसी प्रकार यदि मंच की बनावट ने अभिनेता द्वारा दर्शक के सामने खड़े होकर उसे सम्बोधित करने की अभिनय शैली को जन्म दिया तो वहीं नाटकों में उपलब्ध इस तरह के मंच-निर्देशों, जैसेकि 'शकुंतला एक शिलाखंड पर बैठी हुई दिखाई देती है' अथवा 'दुर्योधन घिसटते हुए मंच पर प्रवेश करता है' इत्यादि ने मंच पर किसी मुख्य यवनिका के अभाव में एक ऐसे चलायमान चित्रपट के प्रयोग की आवश्यकता को महसूस करवाया, जो बाद में रंगपटी के नाम से भारतीय रंग-स्थापत्य एवं प्रस्तुति शैली का अविभाज्य अंग ही बन गई। यहीं हम चाहें तो मत्तवारिणि की दो विशेष अन्तरंग अभिनय क्षेत्रों के रूप में व्याख्यायित सम्भावना

पर भी विचार कर सकते हैं क्योंकि संस्कृत नाटकों में निश्चित रूप से ऐसे दृश्य मिलते हैं, जो एक ख़ास क़िस्म की अन्तरंगता अथवा ऐकान्तिकता की माँग करते हैं जो चार-चार स्तम्भों से घिरे होने के कारण वहाँ सहज रूप से उपलब्ध थी। यह अकारण नहीं है कि रंगस्थली के इस लघु आकार को बहुआयामी स्तर पर प्रयोगशील बनाने के लिए ही भरत ने लोकधर्मी की अपेक्षा नाट्यधर्मी प्रस्तुति-शैली को प्रमुखता दी और नाटककारों ने अपने नाटकों के तकनीकी स्वरूप में भी इस बात का हमेशा ध्यान रखा। उदाहरण ज़रूरी ही हों तो स्वगत, जनान्तिक, अपवारित और आकाशभाषित जैसी सीधे दर्शकों से संवाद स्थापित करने वाली नाटकीय युक्तियों और नाटकों में एक साथ गद्य-पद्य के प्रयोग का भी उल्लेख किया जा सकता है।

संस्कृत रंगमंच के समानान्तर यदि हम पश्चिम की यूनानी रंग परम्परा का अध्ययन करें तो नाटक और प्रदर्शन का रिश्ता और गहरा होकर सामने आता है। यूनानी रंग परम्परा में शुरू से कोरस की उपस्थिति ने ग्रीक प्रेक्षागृह के स्थापत्य को अनायास ही प्रभावित किया और वह इस रूप में कि आरम्भ में कोरस द्वारा अपने देवता डायनोसिस की वेदी के चारों ओर नाचने-गाने की परम्परा से जब विधिवत् प्रेक्षागृह निर्माण और नाट्य रचना का जन्म हुआ, तो जहाँ नाटकों में पात्रों से अलग कोरस की उपस्थिति एक आवश्यक नाटकीय तत्त्व के रूप में जुड़ी रही, वहीं प्रेक्षागृह के स्थापत्य में भी कोरस के लिए एक बड़ा घेरा सुरक्षित रहा। इतना ही नहीं, इस घेरे ने ही प्रेक्षागृह की बनावट को भी निश्चित कर दिया—पहाड़ों की घाटी में बीचोंबीच एक बड़ा घेरा, उसके एक तरफ़ काफ़ी ऊँचाई पर बना अभिनय क्षेत्र, जिसके दोनों सिरों पर ढालुवाँ धरातल और घेरे के तीन तरफ़ पहाड़ को काट-काटकर बनाई गई गोलाकार ऊपर को जाती सीढ़ियाँ, जिन पर दर्शक बैठते थे। चूँकि घेरे का व्यास बहुत बड़ा रहता था, अतः अभिनय क्षेत्र भी बहुत लम्बा और उसी अनुपात में दर्शक दीर्घा भी उतनी ही बृहदाकार, जिसमें कम से कम पन्द्रह से पच्चीस हज़ार दर्शक बैठ सकते थे। अभिनय क्षेत्र के दोनों कोनों पर बने ढालुवाँ धरातल की निचली तरफ़ दो बड़े बड़े द्वार, जिनमें एक दर्शकों के लिए दूसरा पात्रों के प्रवेश प्रस्थान के काम आता था। अभिनय क्षेत्र पर एक छत और पिछली दीवार में तीन द्वार—बीच वाला द्वार सबसे बड़ा और दाएँ बाएँ वाले छोटे आकार के, जो पात्रों द्वारा नेपथ्य से मंच पर आने के लिए प्रयोग में लाए जाते थे।

स्पष्ट है कि प्रेक्षागृह का आकार प्रकार एक बहुत बड़े जनसमुदाय को ध्यान में रखकर निश्चित किया गया था, जहाँ सुबह से शाम तक कम से कम चार नाटकों का प्रदर्शन होता था। अतः स्वाभाविक है कि नाटकों का कलेवर प्रदर्शन अवधि के अनुसार बहुत बड़ा नहीं हो सकता था। इसीलिए यूनानी नाटक प्रायः एक अंक के ही होते हैं। उनमें उपलब्ध स्थान, समय और कार्य-व्यापार की अन्विति का सम्बन्ध भी प्रेक्षागृह में बैठे विशाल जनसमुदाय की उपस्थिति में तलाश किया जा सकता है और वह इस तरह कि इतने बड़े समूह के ध्यान को प्रदर्शन पर एकाग्र करने के लिए उपर्युक्त अन्विति वांछनीय ही नहीं, अनिवार्य भी थी। प्रेक्षागृह के दो द्वार और अभिनय धरातल पर बने

तीन द्वार—पात्रों के प्रयोग के लिए कुल मिलाकर पाँच विकल्प मौजूद थे लेकिन यूनानी रंगमंच में कोरस के अलावा कभी भी तीन अभिनेताओं से ज़्यादा लोगों ने भाग नहीं लिया। आरम्भ में तो मात्र एक अभिनेता ही हुआ करता था और वही सभी भूमिकाएँ निभाया करता था, फिर कभी दो अभिनेता हुए और अन्त में संख्या तीन पर आकर रुक गई। हर नाटक को मात्र तीन अभिनेताओं द्वारा ही क्यों मंचित किया जाता था, विद्वानों ने इसका कोई उत्तर खोजने का प्रयत्न नहीं किया है लेकिन मेरे विचार में यदि हम इस परम्परा की गहराई में जाएँ तो हमें इस सीमा के कारण भी मिल जाएँगे। जैसाकि हम सभी जानते हैं कि यूनानी रंग परम्परा एक नाट्य प्रतियोगिता की तरह से हर साल सम्पन्न हुआ करती थी जिसके लिए तीन नाटककार अपने चार-चार नाटक एक दिन में प्रस्तुत किया करते थे। इस प्रकार कुल मिलाकर छत्तीस अभिनेताओं की अपेक्षा रहती थी। अब यदि नाटक में पात्रों की संख्या की दृष्टि से अभिनेताओं की अपेक्षा हो तो वह संख्या काफ़ी बड़ी हो जाएगी। इसके अतिरिक्त कम से कम बारह, पन्द्रह और कई बार तो पचास लोगों का कोरस अलग से चाहिए। अनुमान लगाया जा सकता है कि ऐसे में मात्र तीन अभिनेताओं द्वारा नाटक के सभी पात्रों को अभिनीत करना ज़्यादा रचनात्मक चुनौती हो सकती है।

इसमें कोई सन्देह नहीं कि मात्र तीन अभिनेताओं की उपलब्धता ने नाट्य-रचना को अवश्य प्रभावित किया। नाटक का एक अंक अलग अलग दृश्य-खंडों में बँटा हुआ है और किसी भी दृश्य में अधिक से अधिक दो पात्र होंगे और तीन से ज़्यादा तो कभी भी नहीं होंगे। कोई अभिनेता एक दृश्य समाप्त करके जब नेपथ्य में जाता है तो उसे किसी नए पात्र की भूमिका में पुनः प्रवेश करना होता था—उसके नेपथ्य में जाने और पुनः प्रवेश के बीच निश्चित रूप से कोरस के आपसी संवादों को पिरोया जाता था ताकि बीच के अन्तराल को भरा जा सके। ये तीनों अभिनेता पुरुष हुआ करते थे, इसलिए मुखौटों की ज़रूरत होती थी। एक और कारण से भी मुखौटों की अपेक्षा उत्पन्न हुई और वह यह कि अभिनेता को अपनी आवाज़ बहुत दूर तक पहुँचानी पड़ती थी। कहा जाता है कि इन मुखौटों में ऐसे ध्वनि-विस्तारक यन्त्र लगे रहते थे, जिनकी सहायता से आवाज़ दर्शक दीर्घा की आख़िरी पंक्ति तक बड़ी आसानी से पहुँच जाती थी। मुखौटे पूरे चेहरे को ढँके हुए बहुत बड़े बड़े होते थे, इसलिए मंच पर खड़ा अभिनेता भी अपने निजी व्यक्तित्व से बहुत बड़ा दिखाई देता था। उसी के अनुसार उसकी वेशभूषा और पैरों में पहने जाने वाले ऊँचे ऊँचे जूते भी उसके आकार को विशालता प्रदान करने में मदद करते थे। नाट्य रचना और उसकी प्रस्तुति के पीछे प्रेक्षागृह की अपनी बनावट महत्त्वपूर्ण निर्धारक तत्त्व थी।

अभिनय-स्थल की पिछली दीवार में बने तीन द्वार वे पात्र इस्तेमाल करेंगे, जो कार्य-व्यापार क्षेत्र के अन्तरंग से सम्बन्ध रखते हैं। दोनों कोनों पर बने दो द्वार उन पात्रों के प्रवेश प्रस्थान के लिए, जो कहीं बाहर से आते हैं। उनमें भी एक द्वार उसी नगर के किसी बाहरी क्षेत्र से आने वाले के लिए और दूसरा द्वार किसी दूसरे नगर या क़स्बे

से आने वाले के लिए सुरक्षित था। अभिनय-क्षेत्र की सपाट और विशाल लम्बाई नाट्य-रचना में सहज ही ऐसे संवादों की अनिवार्यता को जन्म दे देती थी, जैसे कि 'वह देखिए, दूर से क्रियान इसी ओर चले आ रहे हैं।' मंच संस्कृत रंगमंच की तरह ही यहाँ भी लगभग ख़ाली ही होता था, अतः संवादों के माध्यम से ही स्थान और परिवेश को स्थापित कर लिया जाता था। मंच पर बने तीन द्वारों में बीच का बड़ा द्वार नाटकों के मुख्य पात्र के प्रवेश-प्रस्थान और बाक़ी दोनों द्वार अन्य पात्रों के काम आएँगे। मंच पर चूँकि एक छत थी और नेपथ्य से किसी क्रेन जैसी यान्त्रिक विधि से किसी पात्र को वहाँ उतारना सम्भव था, अतः नाटकों में भी ऐसे दृश्य मिलते हैं, जहाँ रथयान में किसी पात्र को आकाशमार्ग में जाते हुंए स्थापित किया जा सकता था अथवा कोई देवी, देवता या ऐसे ही आधिदैविक चरित्र उस छत पर उतारे जा सकते थे और वे वहीं से मंच पर खड़े पात्र से संवाद कर सकते थे। प्रेक्षागृह के विशाल आकार और अभिनेता द्वारा मुखौटों के प्रयोग ने इस सम्भावना को तो बिलकुल ही समाप्त कर दिया था कि दर्शक पात्रों के चेहरे के हाव-भाव देख सकें। ऐसे में मात्र एक ही विकल्प शेष रहता था और वह था अधिक से अधिक वाचिक का इस्तेमाल—नाटकों की रचना में मात्र पद्य की उपस्थिति इसी ओर इंगित करती है। काव्य को गाकर बोलने, ऊँचे स्वर में लयात्मक अन्दाज़ में, अतिरंजित भाव-प्रवणता के समावेश से इतने बड़े जनसमुदाय को बड़ी आसानी से आकर्षित किया जा सकता था। कई बार मंच पर एक ही पात्र की उपस्थिति अथवा प्रवेश होता था, नाटककार ऐसे क्षणों के लिए पात्रों को लम्बे लम्बे एकालाप दिया करते थे। इससे एक तो उन घटनाओं को सूचित करने में सहायता मिलती थी, जो नेपथ्य में घटित हो चुकी हैं, दूसरे दर्शकों के अपने शोर-शराबे में यदि कुछ अनसुना रह भी गया तो उसकी भरपाई भी हो जाएगी, तीसरे उस लम्बे सम्भाषण से एक ऐसा परिवेश और वातावरण निर्मित करने में मदद मिलती थी जो किसी आने वाले महत्त्वपूर्ण क्षण की सूचना देगा और अन्ततः किसी पात्र-विशेष को अपनी सम्पूर्ण प्रतिभा के विस्फोट का पूरा पूरा अवसर मिलेगा। इसीलिए यह अकारण नहीं है कि यूनानी नाटकों में मुख्य पात्रों के अलावा ख़ादिम और क़ासिद जैसे पात्र भी अपनी निजी पहचान बना लेते थे। नाटक में कोरस की संख्या इतनी ज़्यादा क्यों होती थी—इसका कारण भी प्रेक्षागृह की बनावट में ही खोजा जा सकता है। कोरस की गतियों और समूहन को दर्शक काफ़ी ऊपर से देखते थे, जैसेकि किसी कुएँ में झाँक रहे हों, ऐसी स्थिति में उनकी संख्या यदि काफ़ी नहीं होगी तो दर्शकों के लिए किसी प्रभावशाली समूहन दृश्य का निर्माण नहीं हो पाएगा। संस्कृत नाटकों की तरह ही यूनानी नाटकों की शुरुआत और अन्त भी गीत से हुआ करती थी, जिसे प्रोलॉग और एपीलॉग अर्थात् प्रस्तावना और उपसंहार कहा जाता था।

रंगमंच के आज तक के इतिहास में शेक्सपीयर जैसा नाटककार बिलकुल अलग से दिखाई पड़ता है जिसने अपने नाटकों की रचना करते समय उस प्रेक्षागृह के अभिकल्पन को उसकी सम्पूर्णता में अपने सामने रखा। यह इसलिए भी सम्भव था कि

वह आरम्भ से ही उस नाट्य मंडली के साथ एक अभिनेता के तौर पर सम्बद्ध था जो 'दि थिएटर' नाम के प्रेक्षागृह में पन्द्रह सौ छियत्तर से निनयानवे के बीच नाटकों के प्रदर्शन कर रही थी। बाद में 'दि थिएटर' के जल जाने के बाद जब पुनः उसी स्थान पर 'द ग्लोब' नाम के प्रेक्षागृह का निर्माण हुआ तो उसे बनाने वाली कम्पनी में भी शेक्सपीयर एक हिस्सेदार था। इस प्रकार रचनाकार और प्रेक्षागृह के बीच एक अन्तरंग सम्बन्ध स्वयमेव स्थापित हो गया था।

शेक्सपीयर के नाटकों और 'द ग्लोब' के आपसी रिश्ते पर बात करने से पहले हम 'द ग्लोब' के स्थापत्य पर एक नज़र डाल लें। वास्तव में 'द ग्लोब' अपने से पहले और बाद के जितने भी प्रेक्षागृह बनकर सामने आए, उनके बीच की एक अद्भुत कड़ी है। अपने आकार में बाहर से देखने पर वह एक अष्टकोणीय वृत्त जैसा है, जिसके तीन कोण मंच और शेष पाँच दर्शकों के बैठने के काम आते थे। एक तरफ़ यूनानी रंगमंच की तरह वृत्त के बीचोंबीच दर्शक खुले में ज़मीन पर बैठकर या खड़े होकर नाटक देखते थे, दूसरी तरफ़ आज के प्रेक्षागृहों की तरह छत के नीचे बैठकर भी नाटक का आनन्द उठा सकते थे। यदि दर्शक दीर्घा में तीन धरातल थे तो उसी तरह से मंच पर भी तीन धरातल थे। हरेक धरातल पर दो दरवाज़े बाहर से आने के लिए, एक दरवाज़ा मंच के बीचोंबीच अन्तरंग कक्ष में जाने के लिए, दूसरे धरातल के दो छोरों पर खिड़कीनुमा विशेष अभिनय-क्षेत्र, सबसे पहले मुख्य धरातल पर दो ऊँचे ऊँचे स्तम्भ मंच के सामने दाएँ और बाएँ, उनके ऊपर मंच की अपनी छत टिकी हुई और उस छत के भी ऊपर तीन झोंपड़ीनुमा कक्ष, जहाँ से तरह तरह के ध्वनि प्रभाव उत्पन्न किए जा सकते थे, पात्रों को रस्से से नीचे पहले धरातल तक उतारा जा सकता था। इतना ही नहीं, पहले धरातल पर बने चोर द्वारों से ज़मीन के नीचे से भी पात्रों का प्रवेश कराया जा सकता था। देखने में 'द ग्लोब' का मंच भी किसी अतिरिक्त दृश्य-सज्जा की अपेक्षा नहीं रखता था और उतना ही ख़ाली, निसंग और तटस्थ था, जितने कि संस्कृत और ग्रीक रंग-स्थल लेकिन अपनी बनावट में अब तक का सबसे ज़्यादा जटिल मंच था। एक साथ बहुत से प्रवेश-प्रस्थान सम्भव थे, एक साथ बहुत से धरातलों पर कार्य-व्यापार सम्भव था, पात्र भाग-दौड़, उछल-कूद—किसी भी तरह की नाटकीय हरकत बहुत आसानी से कर सकते थे। दूसरी ओर बहुत ही अन्तरंग, गम्भीर, यहाँ तक कि लम्बे लम्बे स्वगत संवादों जैसे वैयक्तिक दृश्यों को भी उतनी ही एकाग्रता से प्रस्तुत कर सकते थे।

उपर्युक्त लचीले, व्यावहारिक किन्तु उतने ही वैविध्यपूर्ण स्थापत्य के परिप्रेक्ष्य में शेक्सपीयर के नाटकों की दृश्य-रचना का अध्ययन करना अपने आप में बेहद रोचक विषय है। संस्कृत नाटकों के बाद पुनः बहुसंख्य अंकों और उनमें भी कितने कितने दृश्यों वाला विधान अपने लिए मंच के अनुरूप ही एक नई शास्त्र रचना करता है। नाटक का एक दृश्य यदि बहुत कम चरित्रों के साथ घटित होता है तो उसके तुरन्त बाद कोई ऐसा दृश्य होगा जिसमें एक साथ बहुत से पात्रों का प्रवेश-प्रस्थान होता रहता है। इसी के साथ इस रूढ़ि अथवा युक्ति का भी उल्लेख किया जा सकता है कि यदि एक दृश्य

का परिवेश बाह्य प्रान्त है, तो दूसरा निश्चित रूप से किसी अन्तरंग कक्ष में सम्पन्न होगा। इस तथ्य को अलग से रेखांकित करने की ज़रूरत नहीं कि एक दृश्य की समाप्ति पर जो पात्र मंच से प्रस्थान करते हैं, वे अगले दृश्य में कभी प्रवेश नहीं करते क्योंकि मंच के भूगोल को ध्यान में रखा जाए तो उन्हें किसी नए अभिनय-क्षेत्र में पहुँचने में थोड़ा वक़्त लगता है। मंच की इस बहुआयामिता का ही प्रभाव है कि शेक्सपीयर के नाटकों का प्रत्येक दृश्य बिना किसी मंच-निर्देश अथवा परिचयात्मक टिप्पणी के, सीधे कार्य-व्यापार से आरम्भ होता है। मंच के दूसरे तल्ले पर खिड़कीनुमा अभिनय-क्षेत्र उपलब्ध है तो नाटकों में भी प्रायः ऐसे दृश्य मिल जाएँगे, जहाँ निश्चित रूप से उनके प्रयोग की सम्भावना दिखाई देती है। उदाहरण के लिए 'ओथेलो' के पहले ही दृश्य में इयागो और रोदरीगो द्वारा नीचे गली में से चिल्ला-चिल्लाकर डैस्डेमोना के पिता बराबांसियो को जगाना और बराबांसियो का ऊपर खिड़की से झाँकते हुए इन दोनों से संवाद करना अथवा 'रोमियो एंड जूलियट' में रोमियो द्वारा कूदकर जूलियट की खिड़की तक पहुँचना। इसी प्रकार मुख्य धरातल पर बने चोर दरवाज़ों में से हैमलेट के पिता के प्रेत का मंच पर प्रवेश या शमशान में क़ब्र खोदने वालों के साथ हैमलेट का दृश्य। मंच के दोनों कोनों पर स्थित दो स्तम्भ तो नाट्य-रचना में बुने गए लम्बे स्वगत सम्भाषणों की दृष्टि से बहुत ही कारगर साबित हुए। प्रायः पात्र इन स्तम्भों के सहारे पीठ टिकाकर, दर्शकों से बात करने के अन्दाज़ में इन एकालापों के माध्यम से अपने अन्तरंग के उद्गार उद्घाटित करते थे। जब भी कोई चरित्र मंत्र पर अकेला रह जाता था और उसे अपने मन के भीतर के किसी विचार को सामने रखना है तो वह अनायास ही उन स्तम्भों वाले क्षेत्र में पहुँच जाता था और दर्शक तुरन्त उसका मन्तव्य समझ जाते थे। मंच पर दृश्य-सज्जा के नाम पर कुछ भी उपलब्ध न होने की स्थिति में स्थान, परिवेश और वातावरण का आवश्यक परिचय संस्कृत और ग्रीक नाटकों की भाँति संवादों के माध्यम से ही दे दिया जाता था। दूसरी ओर मंच पर परिकल्पित इतने सारे अभिनय-क्षेत्रों ने जहाँ स्थान, समय और कार्य-व्यापार की अन्विति की आवश्यकता को ही समाप्त कर दिया, वहीं तरह तरह के चमत्कारपूर्ण दृश्यों को रचने में भी सहयोग प्रदान किया। देखा जाए तो नाटकों में प्राप्य चरित्रों की भरमार का सम्बन्ध भी मंच पर उपलब्ध अभिनय-क्षेत्र की व्यावहारिकता से जोड़ा जा सकता है। यों इसके लिए स्वयं मंडली के सदस्यों की संख्या भी उतनी ही ज़िम्मेदार रही होगी। क्या नाटकों में आए भूत-प्रेत, चुड़ैलें, जादूगर और ऐसे ही अनेक दूसरे चरित्र यदि तत्कालीन समय और समाज में व्याप्त अन्धविश्वासों को चित्रित करते हैं तो शायद इस ओर भी एक झीना-सा संकेत करते हैं कि उस मंच पर इन सबकी परिकल्पना कितनी मनमोहक, आकर्षक और प्रभावशाली रहती होगी।

अब तक के विवेचन से यह तथ्य काफ़ी हद तक उजागर हुआ होगा कि संस्कृत, ग्रीक और शेक्सपीयर के समय में निर्मित स्थायी प्रेक्षागृहों ने अपने मूल स्वरूप में सदैव के लिए एक स्थिर, निश्चित, निसंग और किसी भी प्रकार की अतिरिक्त दृश्य-सज्जा

से रहित होकर ही तत्कालीन नाट्य-रचना में मात्र शब्दों के माध्यम से परिवेश की कल्पना-परिकल्पना के लिए प्रेरित किया। यदि हम चाहें तो इसी कड़ी में जापान के नोह रंगमंच को भी सम्मिलित कर सकते हैं। लेकिन पिछले डेढ़ सौ वर्षों में विकसित यथार्थवादी नाट्य-रचना ने प्रेक्षागृह के स्थापत्य से भी ज़्यादा मंच पर अपनी कथा के अनुसार हर बार एक नए दृश्यबन्ध के निर्माण की प्रक्रिया को जन्म दिया। यह सच है कि प्रोसीनियम मंच के निर्माण के पीछे औद्योगिक क्रान्ति के फलस्वरूप अस्तित्व में आई टेक्नोलॉजी का भी उतना ही हाथ है, लेकिन उससे भी ज़्यादा नाटक के वे कथानक उत्तरदायी हैं जो पहली बार देवताओं, राजाओं और ऐसे ही चरित्रों को छोड़कर आम आदमी की ज़िन्दगी से आकर जुड़े, जिसकी जीवन-गाथा दर्शकों को पहले से मालूम नहीं थी। अतः यह निहायत ज़रूरी हो गया कि मंच पर मात्र शब्द ही नहीं, उस दृश्य या परिवेश का भी वास्तविक सा दिखने वाला वातावरण तैयार किया जाए। इसीलिए नाटकों में पहली बार मंच-निर्देशों को महत्त्व मिला क्योंकि अब शब्दों या संवादों के भीतर से उसे सूचित करने की बजाय दिखाकर स्थापित किया जा सकता था। नाटक का सम्पूर्ण कार्य-व्यापार प्रायः एक ही दृश्यबन्ध पर घटित होता है, कम से कम किसी एक ही अंक और दृश्य में तो वह नहीं ही बदलता क्योंकि उसके वहाँ ठोस रूप में स्थापित होने के कारण उसे बार बार उतनी शीघ्रता से हटा पाना सम्भव नहीं होता। यदि फिर भी दृश्य-परिवर्तन बहुत ज़रूरी हो तो प्रस्तुति के बीच दिए गए मध्यान्तर अथवा दृश्य के बीच मामूली हेर-फेर से सम्पन्न किया जा सकता है। नाटकों के कथानकों ने प्रोसीनियम मंच की बनावट को एक और दृष्टि से भी प्रभावित किया। प्रायः कथानक घर के भीतर घटित होते हैं, अतः एक चार दीवारों वाले घर की ज़रूरत महसूस हुई, जिसके भीतर नाटकों के चरित्र मानो दर्शकों की उपस्थिति से बेख़बर आपस में वार्तालाप करते चलते हैं। दर्शक नाटक देख सकें—मात्र इस सुविधा के लिए अभिनेता और दर्शक के बीच की चौथी दीवार को तोड़ दिया गया है। इसीलिए बेशक यहाँ भी विकृष्ट मंच की तरह दर्शक और अभिनेता आमने-सामने होते हैं, लेकिन वे दर्शकों से वैसा सीधा संवाद कभी नहीं करते, जैसाकि आज तक होता आया था। इसका असर नाटक की भाषा और संवादों पर साफ़-साफ़ दिखाई पड़ता है। अब संवाद बाहरी नाटकीयता और अलंकरण से मुक्त होकर चरित्रों के अन्तर्मन में चलने वाले संघर्ष, तनाव और सूक्ष्म-से-सूक्ष्म संवेदनाओं के वाहक हैं—वे जो कहा जा रहा है, उससे भी ज़्यादा जो अनकहा रह जाता है, उसे संकेतित करते हैं। आधुनिक प्रेक्षागृहों में उपलब्ध टेक्नोलॉजी से यदि यह सम्भव है कि मंच पर जब चाहें, जो चाहें दिखा सकते हैं तो नाट्य-रचना भी इस सुविधा के उपयोग से अछूती नहीं रही है। नाटकों में दिन, रात, वर्षा, आँधी—किसी भी तरह के समय, स्थान और वातावरणों से जुड़े मंच-निर्देशों को आनन-फ़ानन मंच पर साकार किया जा सकता है। यह अलग अध्ययन का विषय हो सकता है कि इससे पहले की नाट्य-रचना में मात्र शब्दों के माध्यम से दृश्य-निर्मिति के कारण पाठक या दर्शक की कल्पना को जो विस्तार मिला करता था, उससे हम कहीं

वंचित तो नहीं हो गए हैं ? इसी अध्ययन का एक दूसरा पक्ष यह भी हो सकता है कि स्थायी प्रेक्षागृह का अभाव अपने अनुरूप मौखिक नाट्य-रचना को भी क्या उसी अनुपात में प्रभावित नहीं करता ? लोक नाटकों, नुक्कड़ नाटकों अथवा 'कामेदिया दे'लार्ते' की आशु-रचना प्रकृति का इस सन्दर्भ में विवेचन और विश्लेषण किया जा सकता है।

संक्षेप में, स्थायी प्रेक्षागृहों के स्थापत्य और निर्माण का जो इतिहास भारत, यूनान, रोम, जापान, इंग्लैंड, फ्रांस आदि देशों में लगभग तीन हज़ार वर्षों से चला आ रहा है, वह इस तथ्य की पुष्टि करता है कि जिस प्रकार युग-विशेष की राजनैतिक, सामाजिक और आर्थिक परिस्थितियाँ मनुष्य के रहन-सहन को प्रभावित करती हैं, उसी प्रकार कला और साहित्य की सभी विधाओं को भी। यह मात्र एक मिथ ही है कि रचनाकार की अपनी दुनिया हुआ करती है और उसे अपने चारों ओर के बाहरी यथार्थ से कुछ लेना-देना नहीं होता। कलाओं की दूसरी विधाओं में भले ही ऐसा जादू फिर भी सम्भव हो जाए, नाट्य कला में तो इसकी कल्पना भी नहीं की जा सकती क्योंकि सबसे पहले और सबसे ऊपर नाटक और रंगमंच एक सामूहिक और सामाजिक विधा है और इसलिए वे एक दूसरे को प्रभावित करेंगे ही—नाट्य रचना और प्रेक्षागृह स्थापत्य के माध्यम से इसी अन्योन्याश्रित सम्बन्ध को चार प्रतिनिधि धाराओं के भीतर से रेखांकित करने का प्रयत्न किया गया है।

कहानी का रंगमंच : अभिनेता की भूमिका

हमारे देश में आदिकाल से ही कथागायन और कथावाचन की अनगिनत परम्पराएँ चली आ रही हैं और आज भी पंडवानी, बातपोश, आख्यान, कीर्तन, आल्हा-ऊदल, पाबू जी की पड़ और लाई हरोबा—देश के अलग अलग प्रान्तों में कहीं एक दूसरे से मिलती-जुलती और कहीं एक दूसरे से बिलकुल अलग कई ऐसी शैलियाँ और परम्पराएँ मौजूद हैं। कुछ समय पहले तक संयुक्त परिवारों में भी रात को दादी नानी को घेरकर क़िस्से-कहानियाँ सुनने का प्रचलन था। इसमें कोई सन्देह नहीं कि ये सभी शैलियाँ और परम्पराएँ किसी लिखित या मुद्रित आलेख पर नहीं, मौखिक आलेख पर आधारित हुआ करती थीं। इनमें कहानी से भी ज़्यादा सुनाने वाले की कल्पना और कला-कौशल का कमाल हुआ करता था। अधिकांश शैलियों में गायक अथवा वाचक एक स्थान पर बैठकर ही अपना काम चला लेता था, ज़्यादा हुआ तो उठकर कभी कभी नर्तक की तरह से हाथ पैर का प्रयोग करने लगता था। यह ज़रूर है कि वह अपने वाचन अथवा गायन से एक ऐसे संसार की सृष्टि अवश्य करता था, जिसके सम्मोहन में बँधे सुनने वाले घंटों बैठे रहा करते थे। स्पष्ट है कि इस पद्धति में सुनाना और सुनना, यही दो क्रियाएँ एक साथ सम्पन्न हो सकती हैं। पढ़ने का तो प्रश्न ही पैदा नहीं होता क्योंकि कोई लिखित सामग्री है ही नहीं, रही देखने की बात तो इस प्रक्रिया में उस तत्त्व की कोई अहमियत नहीं क्योंकि सुनने में देखना अदृश्य रूप से सम्मिलित है, जो श्रोता अपने भीतर अनुभूत करता है अर्थात् सुनाने वाले के शब्दों से जो चित्र और बिम्ब बनते हैं उन्हें श्रोता अपनी कल्पना में, मन की आँखों के सामने साकार करता है।

धीरे धीरे सभ्यता और संस्कृति के विकास के साथ पहले लेखन-कला और फिर कहानी लिखने की कला ने विकास किया और कहानी के साथ एक नई तरह के रिश्ते की शुरुआत हुई। वह रिश्ता है, एक पाठक की तरह से कहानी को अपने एकान्त में बैठकर चुपचाप पढ़ना। इसमें दो बड़े क्रान्तिकारी परिवर्तन हुए—एक तो कहानी के सुनाने के साथ जो सामूहिकता और समाजिकता जुड़ी हुई थी, वह धीरे धीरे तिरोहित होती चली गई, दूसरे सुनाने में शब्दों की ध्वनियों का जो जादू समाहित था, उसका स्थान पाठक के अपने हृदय में गूँजती मौन ध्वनियों ने ले लिया। एक दूसरे रूप में सामूहिकता अवश्य बनी रही कि कहानी लिखित और बाद में मुद्रित होने के कारण एक ही समय में न जाने कितने पाठकों द्वारा एक साथ पढ़ी जा सकती है।

कहानी का रंगमंच जैसी विधा ने कहानी को देखने के तत्त्व से जोड़कर बिलकुल

एक नए रंगानुभव में परिवर्तित कर दिया, जो कहानी के साथ अब तक के जुड़े रिश्तों, शैलियों और परम्पराओं से अलग है—यहाँ दर्शक कहानी को मात्र सुनता या पढ़ता ही नहीं वरन् देखता भी है। इसे यूँ भी कहा जा सकता है कि वास्तव में कहानी को देखते हुए ही दर्शक उसे सुनता और पढ़ता भी जाता है। सतही तौर पर देखने पर कहानी की पूर्वापर शैलियों और उपर्युक्त विकास में शायद कोई अन्तर अनुभव नहीं होता, लेकिन दोनों प्रक्रियाओं का यदि गहराई से अध्ययन किया जाए तो स्पष्ट हो जाएगा कि कहानी को अनुभुत करने की पूरी प्रक्रिया ही उलट गई है क्योंकि पहले सुनने पढ़ने में अदृश्य रूप से देखना शामिल हुआ करता था और अब उसके देखने में पढ़ना सुनना भी अनिवार्य रूप से सम्मिलित है।

पूछा जा सकता है कि कथागायन और कथावाचन की परम्परा के बाद कहानियों के नाट्य-रूपान्तरणों, दूरदर्शन और फ़िल्मों जैसे माध्यमों में दर्शक पहले से एक कहानी नहीं देख रहे थे ? यदि हाँ, तो फिर कहानी के रंगमंच की अपनी मौलिकता क्या है ? इसका सीधा सा उत्तर यही है कि नाट्य-रूपान्तरण में हम एक कहानी नहीं, एक नाटक को देख रहे होते हैं। दूरदर्शन और फ़िल्म में भी कहानी का अपना मौलिक स्वरूप कहाँ शेष रहता है ? कहानी का रंगमंच में कहानी को देखना—उसके लिखित अथवा मुद्रित स्वरूप में कोई परिवर्तन किए बिना—यही वह मौलिकता है, जिसे स्वीकार करने में आलोचकों को झिझक होती है। इस मौलिकता को स्थापित और प्रतिष्ठित करने में सबसे बड़ी भूमिका अभिनेता की रही है। इस तथ्य को सदैव भुला दिया जाता है कि इससे पूर्व कहानी के गायन और वाचन में अभिनेता की तो कोई अपेक्षा थी ही नहीं। यहाँ तक कि यदि नाटकों में भी कभी कथागायन जैसे तत्त्वों की आवश्यकता हुई, जैसेकि पश्चिम में यूनानी नाटकों और भारत में लोक नाटकों, तो उसके लिए अलग से कभी कोरस या फिर अकेले कथागायक मौजूद रहते हैं। लेकिन कहानियों की अपने मूल रूप में मंच प्रस्तुतियों में अलग से कोई सूत्रधार, कथागायक अथवा कोरस की बजाय अभिनेता ही एकमात्र अनिवार्य तत्त्व की भाँति उपस्थित रहता है।

यहीं पर एक दूसरे प्रश्न से सामना होता है—नाटक की प्रस्तुति में भी अभिनेता एक अनिवार्यता है और कहानी का रंगमंच में भी, तो फिर दोनों माध्यमों की प्रस्तुति-प्रक्रिया अथवा अभिनेता की भूमिका में क्या अन्तर रह जाता है ? वास्तव में कहानी का रंगमंच का यही वह पहलू है, जिस पर विस्तार से चर्चा की जानी चाहिए।

दोनों विधाओं में सबसे बड़ा और एकदम स्पष्ट रूप से दिखाई देने वाला एक अन्तर तो यही है कि नाटक तो होता ही देखने के लिए है, लेकिन कहानी के साथ ऐसी कोई शर्त नहीं जुड़ी है। अतः नाटक के मंचन की एक प्रक्रिया पहले से निश्चित है। कहानी ने देखने की प्रक्रिया को मात्र पच्चीस-साल पहले अपने अनुभव के दायरे में सम्मिलित किया है तो निश्चित रूप से उसकी प्रक्रिया को अलग होना होगा, लेकिन यह अलगाव कब और कहाँ होता है ? नाटक में अभिनेता अवश्य उपस्थित है, लेकिन वह अपने निजी अथवा व्यक्तिगत रूप में नहीं वरन् एक चरित्र के रूप में होता है।

कहने का तात्पर्य यही है कि नाटक किसी भी शैली का हो, अभिनेता को उसमें सदैव अपनी ज़िन्दगी से अलग एक दूसरे व्यक्ति या चरित्र की भूमिका को धारण करना पड़ता है। मात्र धारण ही नहीं, उसे शुरू से लेकर अन्त तक उस भूमिका को निभाना होता है। यह निभाना कई स्तरों पर एक साथ घटित होता है—पहले वह उस भूमिका को ओढ़ता और धारण करता है, नाटक के शब्दों और संवादों से एक स्थिति का निर्माण करता है और फिर स्वयं ही उस स्थिति को झेलता भी है। झेलने की इस नियति से उसे तब भी गुज़रना पड़ता है, जब उसके पास पूरे नाटक में बेशक एक शब्द भी बोलने को न हो। वास्तव में नाटक के प्रदर्शन के व्याकरण का सबसे दिलचस्प पहलू ही यही है कि अभिनेता पूरी तरह से पहले तो अपने को न्यूट्रल करे और फिर अपने में उस दूसरे चरित्र, पात्र या भूमिका को स्थापित करे। इसीलिए यह सत्य ही कहा गया है कि लेखक अथवा रचनाकार अपने साहित्य में चाहे जितनी भी आत्माभिव्यक्ति करे, अभिनेता के लिए यह सम्भव ही नहीं है कि वह मंच पर अपना व्यक्तिगत जीवन प्रस्तुत कर सके। ज्योंहि वह ऐसा करने का प्रयत्न करेगा, तब वह प्रक्रिया अभिनय कहाँ रहेगी ? रचनाकार के लिए ऐसा करना नितान्त सम्भव है क्योंकि उसका साधन शब्द हैं, लेकिन अभिनेता तो स्वयं ही साधन है और स्वयं ही साध्य भी; ऐसे में यदि वह मंच पर अपनी ज़िन्दगी प्रस्तुत करेगा तो उसे देखने में किसकी रुचि होगी क्योंकि मंच के बाहर तो लोग उसे अपने निजी रूप में देख ही रहे हैं। इतना ही नहीं, नाटक के अभिनेता की एक और भी बड़ी ज़िम्मेदारी है और वह यह है कि वह जिस किसी चरित्र को भी मंच पर प्रस्तुत कर रहा है, दर्शकों को वह हूबहू वैसा होने या लगने का आभास दे ताकि वे उसके साथ एकाकार हो सकें अर्थात् स्वयं को उसके भीतर से प्रतिबिम्बित होते देख सकें। शायद इसीलिए जीवन की अनुकृति या प्रतिबिम्ब के रूप में कला की व्याख्या की गई है।

इसके विपरीत कहानी का रंगमंच में अभिनेता की क्या भूमिका होती है या हो सकती है—अब इस पर खुलकर विचार किया जा सकता है। सबसे पहली और ज़रूरी बात यही है कि कहानी के मंचन में अभिनेता आरम्भ से लेकर अन्त तक अभिनेता ही रहता है, उसे चरित्र बनने की ज़रूरत ही नहीं पड़ती। यदि उसे चरित्र की भूमिका में उतरना भी पड़ता है तो वहाँ भी उसे चरित्र बनना नहीं वरन् बनकर दिखाना पड़ता है। दूसरे शब्दों में कहें तो वह स्वयं में कोई चरित्र नहीं हो जाता बल्कि उस चरित्र को दिखाता या प्रस्तुतमात्र करता है। उसकी इस प्रक्रिया के लिए कहानी के विवरणात्मक अंशों को तो वह सुनाते सुनाते दिखा भी रहा है। इसी बीच यदि कोई ऐसा संवाद आ गया, जैसेकि घीसू ने कहा अथवा माधव चिढ़कर बोला तो पहले वह इस विवरण को बोलेगा और उसके बाद दोनों अभिनेता उस पूरे संवाद खंड को एक चरित्र की तरह से प्रदर्शित करेंगे। वे दृश्य शुरू करने से पहले ही विवरण के माध्यम से अपना अपना परिचय दे चुके हैं, अतः उन्हें अलग से वह चरित्र बनने की ज़रूरत नहीं, मात्र उसे दिखाने यानी डिमांस्ट्रेट करने की ज़रूरत है। इस अर्थ में अभिनेता को गायक या वाचक

का समानधर्मा कहा जा सकता है। कथा का गायन या वाचन करते समय हरेक शब्द और संवाद का वाहक उसे स्वयं भी बनना पड़ता है।

अभिनेता को चरित्र नहीं बनना है, इसलिए बहुत से लोग यह समझ लेते हैं कि कहानी को रंगमंच पर ज्यों का त्यों प्रस्तुत करने से ज़्यादा आसान काम और कोई नहीं है। न कोई दूसरा आलेख तैयार करने की ज़रूरत, न मंच पर कोई ताम-झाम की अपेक्षा; बस कुछ अभिनेताओं की दरकार, उनके हाथ में कहानी का आलेख और वे मंच पर उसका पाठ करना आरम्भ कर देते हैं। वे भूल जाते हैं कि कहानी के मंचन में आलेख का पाठ नहीं किया जाना है वरन् अभिनेता के माध्यम से उसका अभिनटन होना है, उस पाठ को दृश्यों और बिम्बों में परिवर्तित किया जाना है और यह सबकुछ कहानी की अपनी शर्तों पर होना है अर्थात् कहानी को कहानी बने रहना है और नाट्य-रूपान्तरण के बिना ही दर्शकों के लिए एक रंगमंचीय अनुभव में बदल जाना है। इस पूरी प्रक्रिया से जुड़ी जितनी भी सम्भावनाएँ और चुनौतियाँ हो सकती हैं, उन सबका साक्षात्कार अकेले अभिनेता को ही करना है। इस प्रकार कहानी की मंच-प्रस्तुति में अभिनेता की भूमिका जितनी अहम है, उतनी ही मुश्किल भी। यदि यह प्रक्रिया बहुत आसान सी रही होती तो आज तक न जाने कितने अभिनेता इस ओर बढ़ने की पहल अपनी तरफ़ से कर चुके होते। लेकिन सच्चाई यही है कि शायद अभिनेता को भी इस बात का बिलकुल भी अहसास नहीं था कि यह विधा उसके लिए अभिनय की कितनी बहुआयामी सम्भावनाओं को जन्म दे रही है। एक बार जब वह एक कहानी के मंचन की पूरी प्रक्रिया में से गुज़रकर बाहर आया, तब उसे पता चला कि यह प्रक्रिया एक नाटक के बँधे-बँधाए ढाँचे में अभिनय करते जाने से कितनी अलग और ताज़गी भरी है। पहली बार उसने अनुभव किया कि आरम्भ से अन्त तक एक चरित्र बने रहने और इसके विपरीत शुरू से लेकर आख़िर तक एकदम न्यूट्रल रहकर जिस क्षण जो भी चाहें, वह बन जाने में क्या अन्तर है। अच्छा यही होगा कि हम कहानी का रंगमंच में अभिनेता की इसी भूमिका को रेखांकित करने का प्रयत्न करें।

यूँ तो ऊपरी तौर पर एक कहानी के मंचन में अभिनेता की भूमिका के अनेक रूप दिखाई पड़ जाते हैं—वह नैरेटर अथवा वर्णनकार है, व्याख्याकार अथवा टिप्पणीकार है; पाठक, दर्शक और श्रोता है और अन्ततः आवश्यकता पड़ने पर एक चरित्र भी है। सवाल उठाया जा सकता है कि अभिनेता के ये सभी रूप क्या किसी नाटक की प्रस्तुति में दिखाई नहीं पड़ते ? निश्चय ही दीख पड़ते हैं लेकिन वहाँ वे एक चरित्र के साथ समाहित होते हैं और मुख्य रूप से संवादों के भीतर से ही ध्वनित होते हैं। लेकिन कहानी में यह प्रक्रिया दोहरे-तिहरे स्तरों पर चलती है। ये सभी रूप अलग अलग भी देखे जा सकते हैं, एक दूसरे में मिला-जुलाकर भी प्रस्तुत किए जा सकते हैं और यह तो तनिक भी ज़रूरी नहीं कि इन सबके लिए कहानी में अलग से संवाद भी हों। वास्तव में नाटक और कहानी जैसी विधाओं में सबसे बड़ा अन्तर ही यही है कि नाटक का एकमात्र माध्यम संवाद है। यदि वहाँ नैरेशन को भी आना है, तो वह भी एक प्रकार का नाटकीय

संवाद ही है। कहानी के साथ संवादों की अनिवार्यता बिलकुल नहीं है। कहानी मूलतः वर्णित के सहारे आगे बढ़ती है। यदि कहानी में संवाद आते भी हैं तो वे भी उसी वर्णित का अंश होते हैं। दूसरे शब्दों में यह भी कहा जा सकता है कि कहानी के संवाद किसी स्थिति-विशेष की नाटकीयता को स्थापित नहीं करते वरन् वे स्थिति का विवरण ही प्रस्तुत करते हैं। यह तो कहानी के मंचन में जब अभिनेता के माध्यम से वे संवाद मंच पर सुने जाते हैं, तब सचमुच में स्थिति के अनुसार उनकी नाटकीयता मंच पर उजागर होने लगती है। यह बात उन कहानियों पर और भी ज़्यादा लागू होती है, जिनमें संवाद होते ही नहीं--क्या उन कहानियों का मंचन नहीं किया जा सकता ? यदि ऐसा होगा तब तो कहानी का रंगमंच अपने उद्देश्य में असफल होकर रह जाएगा। उसके लिए तो चुनौती ही यही है कि यदि कहानी पढ़ने में अपने कथ्य के कारण हमें कहीं गहराई से प्रभावित करती है, फिर वह चाहे किसी भी शैली में क्यों न लिखी गई हो, उसका मंचन क्यों नहीं किया जा सकता ? उसमें संवाद हों या पात्र विवरण, इससे क्या अन्तर पड़ता है ? कहानी के मंचन में अभिनेता की रचना-प्रक्रिया का सबसे दिलचस्प पहलू यही है कि उसे कहानी के विवरण को भी एक नाटकीय एवं रंगमंचीय अनुभव में तब्दील कर देना है--कहने का अर्थ यही है कि वह विवरण अब मात्र विवरण न रह जाए वरन् वह दृश्यों, बिम्बों और अनुभूतिपूर्ण चित्रण में स्थानान्तरित हो जाए अर्थात् विवरणात्मक शब्द मात्र शब्द न रहकर जीते जागते ऐसे शब्दों में बदल जाएँ जो एक साथ बोले भी जा रहे हैं और देखें भी जा रहे हैं। निश्चय ही यह प्रक्रिया नाटक की प्रस्तुति से नितान्त भिन्न है। नाटक में बोलने के नाम पर केवल संवाद होते हैं। नाटक के विवरणात्मक अंश, जो प्रायः मंच-संकेतों के रूप में कोष्ठकों में होते हैं, वे कभी बोले नहीं जाते। हाँ, मंच पर स्थापित मंच-सज्जा, आलोक-सज्जा, रूप-सज्जा, वस्त्र-सज्जा और अन्य मंच-उपकरणों के रूप में उन्हें मंच पर देखा जा सकता है। इतना ही नहीं, प्रयोग के नाम पर कोई निर्देशक चाहे तो उन मंच-निर्देशों को अभिनेता अथवा अन्य किसी दूसरी युक्ति से पढ़वा अथवा बुलवा भी सकता है। लेकिन कहानी के साथ कोष्ठक जैसी कोई सुविधा नहीं जुड़ी है। उसका हरेक शब्द पाठक, श्रोता और दर्शक के लिए भी उतना ही आवश्यक है, जितना कि वह स्वयं अभिनेता के लिए होता है।

यही कारण है कि किसी नाटक को उसकी सम्पूर्णता में देखे बिना भी उसके कथानक से परिचित हुआ जा सकता है, लेकिन कहानी के मंचन के साथ ऐसी छूट नहीं ली जा सकती। वहाँ कहानी के शब्दों, अभिनेता और दर्शक के बीच शुरू से लेकर आख़िर तक एक ऐसा रिश्ता होना ज़रूरी है, जो बीच में कहीं भी टूटे नहीं। यह इसलिए कि बहुत सम्भव है, मंच पर मात्र कहानी के शब्दों और अभिनेता के अतिरिक्त और कोई भी मंच-उपकरण उपस्थित ही न हो। यूँ भी कहानी के मंचन की सबसे आदर्श परिकल्पना यही है कि एक ख़ाली स्पेस में उसके शब्द अभिनेताओं के समूह के माध्यम से जीवन्त और साकार होते चलें, जब चाहें मंच पर वैसा ही स्वरूप ग्रहण कर लें और उसी क्षण तिरोहित हो जाएँ। दर्शक के सामने कुछ हद तक सचमुच के दृश्य-खंड बन

जाएँ और उससे भी ज़्यादा स्वयं उसकी अपनी कल्पना के लिए विस्तार दें—एक मायने में अभिनेता को गायक और नर्तक जैसी सूक्ष्म से सूक्ष्म क्षमता को भी अपने भीतर समोना होता है, जहाँ वह मात्र शब्दों की ध्वनियों अथवा मुद्राओं से ही सबकुछ साक्षात प्रस्तुत कर देते हैं।

संक्षेप में, कहानी के मंचन में अभिनेता की भूमिका स्वयं कहानीकार, कहानी के शब्दों के पाठक, वाचक, गायक और नट, न जाने कितने रूप-स्वरूप ग्रहण करती रहती है और इसी प्रक्रिया में सम्भवतः उसके मंचन का रहस्य छिपा हुआ है, जिसे हर बार नए सिरे से खोजना पड़ता है।

कहानी के रंगमंच का रहस्य

महेश आनन्द के साथ एक बातचीत

महेश आनन्द : कथा-साहित्य और रंगमंच के आपसी रिश्तों की तलाश करने की कोशिश में आप कहानी को जिस प्रकार शब्द दर शब्द, बिना कोई परिवर्तन करते हुए मंचित करते हैं, उसे कथामंचन या कहानी का दृश्य-काव्य भी कह सकते हैं। 'कहानी का रंगमंच' शीर्षक ही क्यों ? क्या यह प्रयोग 'थिएटर आफ़ द एब्सर्ड' या 'थिएटर ऑफ़ क्रुएल्टी' की तरह किसी ख़ास विचारधारा की ध्वनि देता है ? अथवा सुविधा के लिए यह नाम रख दिया है ?

अंकुर : जब इस प्रयोग की शुरुआत की थी तभी इसके लिए यह शीर्षक सूझ गया था। इसके पीछे यही विचार था कि अन्ततः कहानी अपने मूल रूप को सुरक्षित रखते हुए भी किस प्रकार एक रंगमंचीय अनुभव में तब्दील हो सकती है। इसीलिए, शायद 'कहानी का रंगमंच' जैसे शीर्षक ने जन्म लिया। बाद में, बहुत सी जगहों पर लोगों ने इसे कथारंग, कथामंचन इत्यादि नाम भी दिए। चूँकि तब तक कहानी का रंगमंच लोकप्रिय हो चुका था, इसीलिए उसे बदलने की ज़रूरत महसूस नहीं हुई। फिर यह सवाल 'कहानी का रंगमंच' जैसे शीर्षक को लेकर ही क्यों ? नुक्कड़ नाटक को खुला नाटक क्यों नहीं कहा जा सकता—शास्त्रीय नाटक, लोक नाटक, पारसी नाटक—इन सबके लिए अलग अलग शीर्षक क्यों ? आपके मतानुसार तो नाटक या ज़्यादा से ज़्यादा रंगमंच का एक ही शब्द से काम चल जाना चाहिए। दरअसल, इस प्रकार के प्रश्न इसलिए पैदा होते हैं कि हम पूरे मन से भारतीय रंगमंच की इस नई विधा को स्वीकार करने में कहीं झिझकते रहते हैं जबकि दुनिया की किसी और विधा पर बहस-मुबाहिसा करते हुए ऐसी कोई दुविधा नहीं होती। इसलिए मुझे 'कहानी का रंगमंच' शीर्षक के पीछे राजनीति कम नज़र आती है, इससे ज़्यादा इस प्रयोग को स्वीकारने के पीछे राजनीति अधिक लगती है। जबकि सच्चाई यह है कि पिछले पच्चीस बरसों से मेरे अलावा और बड़े बड़े

तथा नए नए निर्देशक भी इस प्रयोग के प्रति आकर्षित हुए हैं।

म.आ. : नाटक का शब्द बोलने के लिए होता है और कहानी का पढ़ने के लिए। इस पढ़ने (सुनने) वाले शब्द को देखने की सीमा तक ले जाना ही कहानीमंचन का मर्म है। तब इस दृश्य-काव्य की स्थिति में सचमुच 'कहानी एक शुद्ध विधा' रह पाती है ?

अंकुर : जैसाकि मैं पहले भी कहता रहा हूँ कि कहानी का फ़ार्म बरक़रार रहेगा, लेकिन ज्यों ही उसके साथ उसी रूप में देखने का अनुभव शामिल होता है तो क्या वह अपने आप में एक नया अनुभव नहीं है। जब रचनाकार स्वयं अपनी कहानी का वाचन श्रोताओं के सम्मुख करता है तब क्या उस लिखित शब्द में परिवर्तन नहीं होता। फिर मंच पर अभिनेताओं द्वारा उसी लिखित शब्द को बोले जाने को लेकर शुद्धता का इतना आग्रह क्यों ? क्या कभी भी हम भाषा को उसी रूप में बोलते हैं जिस रूप में उसे लिखते हैं। ऐसा कभी सम्भव ही नहीं हो सकता। अतः यह शुद्ध अशुद्ध की बात कोई मायने नहीं रखती। सीधे सीधे कहानी कहानी ही है, हम उसे सुनते थे, फिर पढ़ने लगे और आज उसे देखते भी हैं। क्या तीनों ही रूपों में श्रोता, पाठक और दर्शक तक पहुँचाने की जो प्रक्रिया क्रियाशील रहती है, उसमें कहानी तो कहानी, कौन सी विधा एक अन्तर्निहित परिवर्तन प्रक्रिया से नहीं गुज़रती।

म.आ. : तब फिर इस प्रकार का हठ ही क्यों कि इसे ज्यों का त्यों प्रस्तुत किया जाए ?

अंकुर : लगता है कि आपने मेरी बात को ठीक से समझा नहीं। कहानी को प्रस्तुत करने के अलग अलग विकल्प हो सकते हैं। जिन्हें बदलाव करना है, वे न जाने कब से उसका नाट्य-रूपान्तर करते अथवा उसके आधार पर नया नाटक रचते चले आ रहे हैं लेकिन क्या इस प्रक्रिया में जो कहानी हमारे सामने प्रस्तुत होकर आती है, हम उसे कहानी की संज्ञा दे सकते हैं ? बिलकुल नहीं। वह कहानी से अलग एक नई विधा, एक नई रचना कहलाएगी, चाहे हम उसे नाटक कहें या नाट्य-रूपान्तरण कहें अथवा कुछ भी। लेकिन मेरे प्रयोग में कहानी कहानी भी रहती है और बिना नाटक बने हुए एक नाटकीय अनुभव में भी परिवर्तित हो जाती है। आप अनुभव के स्तर पर इसे ज़्यादा रचनात्मक प्रक्रिया मानते हैं अथवा उसी पुरानी घिसी-पिटी शैली में हुए एक नाट्य-रूपान्तरण को।

म.आ. : यह तो सही है कि कहानी की स्थिति स्थिर रहती है परन्तु देखा जाए तो इन दोनों स्थितियों में कहानी का दृश्यात्मक विस्तार ही होता है,

उसके मर्म का उद्‌घाटन होता है। यह विस्तार दोनों प्रयोगों में किस बिन्दु पर अलग हो जाता है ?

अंकुर : आपने बहुत ही दिलचस्प सवाल को रखा है। ज़ाहिर है कि कहानी एक नैरेटिव माध्यम है। नैरेशन नाटक में भी होता है, लेकिन वह मूलतः संवादों के माध्यम से होता है। कहानी के लिए अलग से संवादों का होना कोई ज़रूरी शर्त नहीं है। कहानी का अपने आप में नैरेटिव होना ही एक संवाद है। अब यदि हम किसी कहानी के नाट्य-रूपान्तर की तरफ़ बढ़ें और वह भी किसी ऐसी कहानी के माध्यम से जो शुद्ध रूप से मात्र विवरणात्मक हो तो हमें उस विवरण को अनिवार्य रूप से दृश्यों और संवादों में परिवर्तित करना होगा अन्यथा वह रूपान्तर कैसे कहलाएगा। दूसरे वह रूपान्तर पूरी तरह से नाटकीय व्याकरण की शर्तों पर होगा अर्थात् एक विशेष समय-सीमा के भीतर घटने वाली घटनाओं, स्थितियों को अलग अलग दृश्यों, चरित्रों तथा संवादों के माध्यम से आगे बढ़ाना, जबकि यदि कहानी को हम अपने मूल रूप में ही प्रस्तुत कर रहे हैं तो शायद उपर्युक्त तत्त्वों में से किसी एक की भी ज़रूरत नहीं।

म.आ. : 'महाभोज' जैसा उपन्यास, जिसका मंचन आपने भी किया है, नाट्यान्तर के बाद कमज़ोर हुआ है ?

अंकुर : इसका उत्तर तो वही लोग दे सकते हैं जिन्होंने 'महाभोज' को दोनों संस्करणों में देखा है। सच्चाई तो यह है कि सबसे पहले मैंने ही 'महाभोज' को उपन्यास के रूप में मंचित किया था। चूँकि वह प्रस्तुति रायपुर जैसे दूर-दराज़ शहर में हुई थी, इसलिए उसकी ज़्यादा चर्चा नहीं हो पाई। उसके ठीक एक वर्ष बाद राष्ट्रीय नाट्य विद्यालय रंगमंडल ने स्वयं लेखिका द्वारा रूपान्तरित किए गए आलेख को मंच पर प्रस्तुत किया। यदि आप उपन्यास और नाट्य-रूपान्तरण, दोनों को एक साथ पढ़ें तो आपको स्वयं ही अपने सवाल का जवाब मिल जाएगा। लाख कोशिश करने के बावजूद भी लेखिका उपन्यास के नैरेटिव तत्त्व से मुक्त नहीं हो पाई और उसे महेश जैसे पात्र के माध्यम से एक सूत्रधार की कल्पना करनी पड़ी। अब यदि उसके रूपान्तरण में भी इसी तरह की तकनीकों का सहारा लेने की ज़रूरत पड़ती है तो फिर उसे अपने मूल रूप में करने में क्या दिक़्क़त है। और, जब बाद में दर्शकों को मूल उपन्यास पर आधारित मेरी प्रस्तुति देखने का अवसर मिला तो उनकी प्रतिक्रियाओं से कहानी का रंगमंच और रूपान्तरण के भेद का ख़ुलासा स्वयं हो गया।

म. आ. : कथावाचन-गायन परम्पराओं से अलग जब इस प्रयोग में कहानी

प्रस्तुत होती है तो उसकी मंचीय सम्भावनाएँ नाटक से किस प्रकार अलग हो जाती हैं। आपके प्रयोग में एक अभिनेता व्याख्याकार भी है और चरित्र को निभाने वाला अभिनेता भी। ये तत्त्व तो किसी नाटक में भी हो सकते हैं अर्थात् उसमें भी पाठ और दृश्य हो सकता है। आलोचकों के शब्दों में कहूँ कि कहानी-मंचन में अभिनय नहीं नॉन एक्टिंग है या फिर नाटक का इल्यूज़न मात्र है। वैसे इस प्रयोग में श्रोता और पाठक के स्थान पर दर्शक आता है तो कहानी नाटक जैसी प्रदर्शनकारी विधा के किसी न किसी ढाँचे को तो अपनाती ही है। क्या इस कोशिश में कहानी या नाटक का सामूहिक अनुभव एक जैसा नहीं ? तब वह कौन सा सूक्ष्म अन्तर है जो कहानी और नाटक के मंचन को एक दूसरे से अलग करता है ?

अंकुर : सबसे पहले तो गायक अथवा वाचक से अलग एक अभिनेता का आगमन कहानी के रंगमंच को अपनी पूर्ववर्ती तमाम परम्पराओं से अलग करता है। अब रहा अभिनेता के आने के बाद कहानी के मंचन और नाटक के मंचन के फ़र्क़ का सवाल। यह फ़र्क़ बिलकुल वैसा है जैसा एक संस्कृत नाटक को देखने का अनुभव, लोक नाटक को देखने का अनुभव, पारसी नाटक को देखने का अनुभव। तीनों में अभिनेता उपस्थित हैं, तो क्या हम अलग अलग नाट्यानुभव लेकर वापस नहीं जाते और यदि सभी नाटकों को देखने का अनुभव एक ही जैसा है तब तो फिर कहीं न कहीं नृत्य, संगीत, चित्रकला आदि के अनुभवों को भी एक ही धरातल पर समेट देना चाहिए।

दर्शक चित्रकला में भी है परन्तु उसका अनुभव वैसा ही है जैसा नाटक देखने पर होता है ? इसी तरह नृत्य, फ़िल्म और दूरदर्शन को भी व्याख्यायित किया जा सकता है। मैं तो शुरू से इस बात पर ज़ोर दे रहा हूँ और वह कहानी का रंगमंच शीर्षक में स्वयं ध्वनित होता है कि यहाँ कहानी भी है और नाटक का इल्यूज़न भी है, रंगमंचीय तत्त्व भी हैं। यदि इन सबके होते हुए भी हम उसके अपने ढाँचे से कोई छेड़छाड़ नहीं कर रहे हैं तो इससे बढ़कर नई खोज और क्या हो सकती है। रही बात नाटक में भी अभिनेता के चरित्र और व्याख्याकार होने की, तो हम भूल चुके हैं कि नाटक ने यह तत्त्व कहानी से ही लिया है, न कि उसकी अपनी मौलिक तलाश है।

'कहानी के रंगमंच' में अभिनेता के आने के बाद भी नॉन एक्टिंग की बात करना अपने आप में हास्यास्पद है। कथावाचन-गायन परम्परा में तो इस स्थिति को कुछ हद तक स्वीकार किया जा सकता है, लेकिन कथा-मंचन में यदि नॉन एक्टिंग ही रहती तो दर्शक डेढ़-दो

घंटे तक क्या देखते रहते हैं। यदि वे सिर्फ़ कहानी को पढ़ने सुनने ही आते तो यह प्रयोग कभी का बन्द हो चुका होता।

म.आ. : इन सवालों के बाद लगता है कि सीधा आपकी प्रस्तुति-प्रक्रिया पर बातचीत की जाए। इस प्रक्रिया में, तकनीकी अर्थों में, व्याख्या, स्थितियों या बिम्बों आदि की निश्चित रेखाएँ नहीं रहतीं, क्योंकि हर नई कहानी का फ़ार्म अपनी भूमिका निभाता है। यही फ़ार्म अन्त तक पहुँचे बिना, इन सबको रहस्यात्मक रखता है। आपका उद्देश्य इस फ़ार्म को नए शिल्प में यानी दृश्यरूप में बुनना पहले होता है अथवा कुछ ऐसी शर्तें ज़रूरी हो जाती हैं जिससे कहानी भी बनी रहे और दृश्यात्मक सम्प्रेषणीयता भी ?

अंकुर : कहानी के रंगमंच की प्रस्तुति-प्रक्रिया बहुत ही रोचक है। कहानी को पढ़ते समय पाठक के मन-मस्तिष्क में अपने बिम्ब बनते चलते हैं। यही बात अभिनेता के साथ भी लागू होती है। पहली प्रक्रिया में पाठक अथवा श्रोता के हृदय में बिम्ब बनते ज़रूर हैं, लेकिन वे उसके अपने एकान्त में बनते हैं, मिटते हैं और पुनः बनते रहते हैं। इससे अलग कहानी को देखने की प्रक्रिया में एक बड़ा दर्शक समूह उपस्थित है। मंच पर अभिनेता अपने हृदय में बने बिम्बों को एक ख़ाली मंच पर कम से कम तकनीकी साधनों के माध्यम से जीवन्त करने की कोशिश करता है। न्यूनतम साधन किसी आर्थिक अभाव के कारण नहीं, वरन् इस खोज के तहत, इस ज़रूरत के तहत कि जिस प्रकार मूल कहानी को पढ़ते या सुनते हुए पाठक/श्रोता के बिम्ब अपनी ग्राह्यता में पूरी तरह से स्वतन्त्र होते हैं, उसी प्रकार अभिनेता द्वारा प्रस्तुत किए जा रहे बिम्ब भी उतने ही स्वतन्त्र, लचीले और परिवर्तनशील हों। यही कारण है कि कहानी का रंगमंच शुद्ध रंगमंचीय तत्त्वों यथा मंच-सज्जा, वेशभूषा, रूप-सज्जा, प्रकाश-योजना और यहाँ तक कि संगीत-रचना से भी अपने आप को मुक्त रखकर दृश्यात्मक होने की तरफ़ बढ़ता है, क्योंकि जैसे ही हम उपर्युक्त तत्त्वों में से किसी एक को भी मंच पर ठोस रूप में स्थापित करने की कोशिश करेंगे तो कहानी की प्रस्तुति भी नाटक जैसी रूढ़ होती चली जाएगी।

म.आ. : इस प्रक्रिया में शब्द को दृश्य में बदलने की प्रक्रिया महत्त्वपूर्ण है क्योंकि इसमें तकनीकी माध्यमों से अलग शब्दाश्रित रहने की स्थिति प्रमुख हो जाती है। कहानी को इस देखने की स्थिति तक ले जाने में अभिनेता आम नाटकों में होने वाले अभिनय से कहाँ अलग होता है ? क्या आपके अभिनेताओं में ऐसे बदलाव आए ?

अंकुर : निश्चित ही अभिनेता की यात्रा दोनों विधाओं में बिलकुल अलग

अलग है। नाटक में पहले वह एक निश्चित चरित्र तैयार करता है और फिर उसे शुरू से लेकर आख़िर तक बरक़रार रखता है। जबकि कहानी के मंचन में चरित्र-निर्माण की ज़रूरत ही नहीं पड़ती। यहाँ मुख्यतः अभिनेता अपने उसी रूप में होता है जो कि वह ख़ुद अपनी ज़िन्दगी में है और, स्थिति के अनुसार जब उसे चरित्र बनना होता है, वह उस भूमिका को भी धारण कर लेता है। दरअसल, एक बने-बनाए ढाँचे को तोड़कर नए क़िस्म के अभिनय की तरफ़ बढ़ने से मेरे साथ काम करने वाले अभिनेताओं ने भी नई प्रकार की चुनौतियों का सामना किया। उदाहरण के लिए, कहानी के विवरण को लेकर हमेशा उनके सामने कई तरह के प्रश्न खड़े होते हैं कि वे विवरण को लेखक के रूप में स्पष्ट करें, स्वयं अपने रूप में स्पष्ट करें अथवा चरित्र के रूप में दर्शकों के सामने रखें। अभिनय के स्तर पर तीन-तीन विकल्पों से साक्षात्कार आज के अभिनेता के लिए क्या कम महत्त्वपूर्ण बात है ! ज़ाहिर है कि उसे इस नई विधा पर काम करने के लिए अपने आप को बदलना होगा और पहले से निर्धारित पूर्वग्रहों से मुक्त होना होगा। अभिनेताओं ने इस दिशा में सोचने की पहल की है, यह एक शुभ संकेत है।

म.आ. : एक अभिनेता के अनुसार तो कहानी-मंचन में वह 'खोजता है, पाता है, खो देता है, फिर नए सिरे से खोजता है, पाता है और फिर खो देता है' क्योंकि वह नैरेटर से पात्र और फिर नैरेटर और फिर पात्र बनता रहता है। तो क्या वह ऐक्टर और परफ़ार्मर, दोनों एक साथ बनता है अथवा ऐक्टर और डिमांस्ट्रेटर ?

अंकुर : मैं समझता हूँ कि काफ़ी हद तक इस सवाल का जवाब पहले ही दिया जा चुका है। मैंने कहीं लिखा था कि कहानी के मंचन में अभिनेता स्वयं लेखक है, पाठक है, व्याख्याकार है, टिप्पणीकार और अन्ततः एक चरित्र भी है। ये सारी स्थितियाँ उसकी खोजने-पाने-खोने और फिर नए सिरे से खोजने-पाने-खोने की प्रक्रिया को रेखांकित करती हैं। क्या इससे पहले रंगमंच की दुनिया, अभिनेता के सामने इस तरह के सवाल कभी पैदा हुए थे !

म.आ. : अभी आपने कहा था कि कहानी के लिए संवादों का होना कोई ज़रूरी नहीं है, लेकिन यदि कोई कहानी पूरी तरह से संवादों में ही लिखी गई हो तब वह नाटक से किस रूप में अलग है ?

अंकुर : कहानी में मात्र संवादों का होना उसे नाटक नहीं बना देता। प्रायः लोगों में यह धारणा है कि संवादों में लिखे जाने से कोई भी विधा नाटक बन जाएगी। यदि हम इस स्थिति को स्वीकार कर लें तो

देवकीनन्दन खत्री के सारे उपन्यासों को नाटक ही कहना चाहिए, क्योंकि किसी भी स्थिति के चित्रण में जितना सहारा उन्होंने संवादों से लिया है, उतना विवरण से नहीं। फिर वह क्या बात है जो संवाद होते हुए भी कहानी और नाटक को अलग अलग विधा के रूप में प्रतिष्ठित करती है। वह है नाटक के शब्द का अपने आप में क्रियात्मक होना, न कि मात्र विवरणात्मक। जबकि कहानी में ठीक इससे उलट है। और, कहानी के रंगमंच की ख़ूबी भी यही है कि वह एक विवरणात्मक शब्द को क्रियात्मक की सीमा तक ले जाती है।

म.आ. : यहीं एक सवाल और कि ख़ाली स्पेस से 'बन्द गली का आख़िरी मकान' का यथार्थवादी दृश्यबन्ध या फिर राकेश की चार कहानियों के लिए लगभग एक ही दृश्यबन्ध के इस्तेमाल से कहानियों के मंचन में क्या फ़र्क़ आया ?

अंकुर : यदि आपने ग़ौर किया हो तो 'बन्द गली का आख़िरी मकान' में भी पूरी तरह से यथार्थवादी दृश्यबन्ध नहीं था। दीवार थी, लेकिन उसकी प्राकृतिक ऊँचाई नहीं थी। उसे बीच बीच में तोड़ दिया था और उस ख़ाली स्पेस को अभिनेताओं के आने जाने के लिए इस्तेमाल किया गया। इसलिए स्वयं ही यथार्थवाद का भ्रम टूटता चला गया कि दीवार है भी और अभिनेता उसी को लाँघकर भीतर प्रवेश कर जाता है। हाँ, मंच-उपकरणों के रूप में एक चारपाई, एक सन्दूक़, एक सांरगी और एक चौकी आदि का ज़रूर इस्तेमाल किया गया, लेकिन वे भी पूरी प्रक्रिया में अपना स्थान बदलते रहते थे। इस तरह से एक ख़ाली स्पेस के समानान्तर ही गतिशील हो रहे थे। राकेश की चार कहानियों को एक साथ जोड़कर एक सम्पूर्ण नाट्यानुभव देने की कोशिश की गई थी। इसी कारण एक ही दृश्यबन्ध को शुरू से लेकर अन्त तक रखा गया। मंचन के दौरान इसके कारण एक बहुत ही जटिल क़िस्म की प्रक्रिया ने कहानी के मूल पाठ और अभिनेता के आपसी टकराव से दर्शकों को फ़िल्म और दूरदर्शन के बीच के किसी नए माध्यम से साक्षात्कार कराया।

म.आ. : क्या आपको दूसरे निर्देशकों द्वारा की गई कहानियाँ पसन्द आईं, जो आपके प्रयोग से भिन्न नए मोड़ों को दर्शाती हैं ?

अंकुर : निश्चित रूप से मेरे अपने काम से अलग इसमें दो-तीन तरह के विकल्प दूसरे निर्देशक लेकर आए। एक तरह से वे इस काम की नई नई सम्भावनाओं को खोजने में दस्तक देते हैं। उदाहरण के लिए रा.ना.वि. के दिनेश खन्ना जो किसी भी कहानी को करते समय कहानी में से उभरते हुए बिम्बों को लेकर अपना आलेख स्वयं रचने की

कोशिश करते हैं अथवा मंटो की कहानी 'खोल दो' को लेकर मायाराव की प्रस्तुति, जिसमें शायद कहानी का एक भी शब्द इस्तेमाल नहीं किया गया। केवल कुछ गतियों, मुद्राओं और ध्वनियों के माध्यम से कहानी की पीड़ा को अभिव्यक्ति देने की कोशिश की गई। चित्रकला और रंगमंच को लेकर इधर किए गए अनुराधा कपूर के प्रयोगों की चर्चा भी की जा सकती है। कहने का अर्थ यही है कि हर निर्देशक के रास्ते अलग अलग हो सकते हैं, लेकिन मेरे लिए सबसे अधिक ख़ुशी की बात यह है कि ज़्यादातर निर्देशक अपनी सामग्री के लिए कथा-साहित्य की तरफ़ लौट रहे हैं जिसकी शुरुआत मैंने पचहत्तर में की थी।

म.आ. : 'उसने कहा था' (गुलेरी) से लेकर 'रामसजीवन की प्रेमकथा' (उदयप्रकाश) की कहानियों तक आप अपने प्रयोग का मूल्यांकन किस प्रकार करेंगे ?

अंकुर : ज़ाहिर है कि अभी भी प्रक्रिया चालू है। कोई भी दो कहानियाँ अपने फ़ार्म के स्तर पर एक जैसी नहीं कही जा सकतीं जैसाकि आमतौर पर नाटकों के साथ निश्चित होता है। अतः मेरे लिए हर प्रयोग एक खोज है। मुझे अभी भी प्रस्तुत होने के अन्तिम क्षण तक यह पता नहीं होता कि कहानी अन्ततः मंच पर क्या स्वरूप लेगी। यह रहस्य, जिज्ञासा ही शायद कहानी के रंगमंच का वह मर्म है जिसके चलते मैं आज भी उसे करता जा रहा हूँ। मूल्यांकन का काम आलोचकों पर छोड़ना होगा।

म.आ. : ऐसी कुछ कहानियाँ हैं जो छपने के बाद चर्चा का विषय नहीं बनी, बल्कि मंचन के बाद चर्चित हुई हैं।

अंकुर : मेरे प्रयोग की सार्थकता इसी से सिद्ध हो जाती है कि कहानी के मंचन ने ऐसी कहानियाँ को भी चर्चा के केन्द्र में लाकर खड़ा किया जिनको उनके प्रकाशित रूप में नोटिस ही नहीं किया गया। क्या आपको नहीं लगता कि प्रकारान्तर से आप इस प्रश्न को उठाकर कहानी के मंचन में अभिनेता की महत्त्वपूर्ण भूमिका को रेखांकित कर रहे हैं। उदाहरण के लिए मंजुल भगत का उपन्यास 'अनारो' जो सीमा भार्गव के अभिनय के कारण पहली बार साहित्य में चर्चा का केन्द्र बना। कथा-कोलाज : एक और दो की मंच-प्रस्तुतियों के कारण श्रीराम सेंटर के बुक कार्नर में उन छह दिनों में जितने कहानी-संकलन बिके, उतने शायद वर्ष भर में भी नहीं बिके। इससे ज़्यादा भी कोई सबूत चाहिए।

म.आ. : क्या आपको नहीं लगता कि कहानी का रंगमंच बहुत हो गया, अब कुछ नया करना चाहिए ? या फिर इस प्रयोग की कुछ सम्भावनाएँ

शेष हैं ?

यह सवाल इसलिए ज़रूरी है कि दर्शकों को पिछली कुछ प्रस्तुतियों में दोहराव या एकरसता का सामना करना पड़ा है। जैसे टी.वी. में धारावाहिक हैं वैसे ही आपकी कथा-कोलाज सीरीज़ बन रही है। आप रा.ना.वि. में छात्रों के प्रशिक्षण का हिस्सा कहकर इस सवाल को नहीं नकार सकते।

अंकुर : यह ऐसा ही सवाल है कि कोई लेखक से कहे कि आपने बहुत लिख लिया, अब लिखना बन्द कर दीजिए। वह लिखेगा नहीं तो क्या करेगा ? वैसे ही स्थिति मेरे साथ भी है। सम्भावनाएँ हैं, इसीलिए तो किए जा रहा हूँ। एक कार्यशाला ऐसी करने की इच्छा है जिसमें एक ही रचना को लेकर अलग अलग माध्यमों के लोग उसकी प्रस्तुति करें—संगीतकार संगीत में, नृत्यकार नृत्य में, नाट्य-निर्देशक एक नाटक के रूप में, चित्रकार एक पेंटिंग में, कवि अपनी कविता में और मैं उस रचना को अपने उसी के मूलरूप में। तब शायद अलग अलग माध्यमों की यह धुन्ध कुछ हद तक छँटे।

किसी भी माध्यम में लगातार काम करते रहने से दोहराव होना स्वाभाविक है। बचने की कोशिश होनी चाहिए। यदि नहीं हुआ है तो मेरी कमज़ोरी है और मुझे इसे स्वीकार करने में कोई हिचक नहीं है।

फिर भी मुझे सन्तोष है कि यहाँ कहानियों का अन्तिम चुनाव स्वयं अभिनेता करते हैं और उनका क्या मंचीय स्वरूप बनेगा, इसकी पहल भी उनकी तरफ़ से होती है। अतः उनके प्रशिक्षण की दृष्टि से इस काम की बेहद सार्थकता है।

कृष्ण बलदेव वैद : चार पड़ाव

कृष्ण बलदेव वैद का कथा-साहित्य यदि उन्नीस सौ इक्यावन से लेकर उन्नीस सौ अठ्ठानवें यानी लगभग पचास बरस की समयावधि में फैला हुआ है तो कम से कम पिछले पच्चीस सालों से मैं भी उसके साथ एक नियमित पाठक की तरह से जुड़ा हुआ हूँ। कहानियों को पढ़ने, चुनने और मंचन की प्रक्रिया से गुज़रते हुए मुझे वैद की दो कहानियों को मंच पर लाने का अवसर मिला है—सन् पचहत्तर में 'सब-कुछ-नहीं' और तिरासी में 'मेरा दुश्मन'; और इसमें कोई सन्देह नहीं कि एक ओर यदि ये दोनों रचनाएँ वैद के लेखन में अपना विशेष स्थान रखती हैं तो दूसरी ओर उनके यहाँ उपलब्ध कथ्य की दो महत्त्वपूर्ण दिशाओं की प्रतिनिधि कहानियाँ भी हैं। लेकिन वैद की पचास सालों में रचित और प्रकाशित लगभग नब्बे कहानियों को एक साथ पढ़ना सचमुच में एक लम्बी यात्रा पर निकलने और लौटकर आने के समान है। यह यात्रा कम से कम चार पड़ावों को अपने में समेटे हुए है। यह क़त्तई ज़रूरी नहीं कि वे पड़ाव समय के अन्तराल में बराबर-बराबर बँटे हुए हों और शायद कुछ हद तक हों भी। लेकिन अपने कथ्य और संरचना में निश्चित ही हमें ये चार पड़ाव अलग अलग दिखाई पड़ते हैं। प्रायः वैद के बारे में आम राय यही है कि उनका समूचा लेखन एक ऐसे व्यक्ति का लेखन है, जिसके पास मात्र शिल्प है, जिसमें अनुभव कम और कल्पना का ज़्यादा आग्रह है, जो या तो सिर्फ़ स्त्री-पुरुष के रिश्तों को लेकर आत्मरत है अथवा अपने ऊपर बाहर से आरोपित और आयातित अजनबीयत का शिकार, और इन सबकी वजह से समूचा लेखन एक जैसा सतही और चमत्कार पैदा करने वाला लगता है।

लेकिन शायद उपर्युक्त सारी धारणाएँ बहुत जल्दबाज़ी में लिए गए निर्णयों के समान हैं और किसी एक-आध रचना को पढ़ने के बाद पड़ने वाले प्रभाव का नतीजा हैं। यदि उनके कथा-साहित्य को सम्पूर्ण रूप में पढ़ा जाए तो मुझे विश्वास है कि ये सारे निर्णय खुद-ब-खुद ख़ारिज होते चले जाएँगे। न तो वहाँ सिर्फ़ शिल्प है, न सिर्फ़ कल्पना, न केवल औरत और मर्द के आपसी रिश्तों की कहानियाँ और अन्ततः न सिर्फ़ अपने ऊपर अजनबीयत को ज़बरदस्ती ओढ़ लेने का आग्रह। इसके विपरीत, जैसाकि मैंने ऊपर संकेत किया है, कम से कम चार ऐसे कोण, दिशाएँ और पड़ाव ज़रूर मिलते हैं जिनके आधार पर वैद के सम्पूर्ण कहानी-लेखन को जाँचा-परखा जा सकता है।

पहले पड़ाव में वे कहानियाँ रखी जा सकती हैं, जो जीवन के उस यथार्थ से सीधे सीधे जुड़ी हैं जो शायद बहुत कम लेखकों के अनुभव का दायरा बनता है। उदाहरण

के लिए 'बीच का दरवाज़ा', 'उड़ान', 'जामुन की गुठली', 'एक बदबूदार गली', 'लछमन सिंह', 'माई की महिमा', 'मुरारी फूलवाला' और 'मीमसाब', 'भूखकुमारी के साथ एक शाम', 'अपना मकान' और 'शंकर'—यह भी कम रोचक तथ्य नहीं कि ये सारी कहानियाँ उनके लेखन के आरम्भिक दौर की कहानियाँ हैं—आज़ादी के बाद के लगभग पन्द्रह सालों के बीच लिखी गईं कहानियाँ, लेकिन किसी भी तरह के मोहक सपनों के संसार और आदर्शवाद से कोसों दूर। यहाँ हमारा सामना उस यथार्थ से होता है जो बेहद गन्दा है, क्रूर है और समाज के उस तबक़े से सम्बन्ध रखता है जो शायद ग़रीबी की रेखा के नीचे है या ज़्यादा से ज़्यादा निम्न मध्यवर्गीय स्तर पर है, लेकिन अपनी अभिव्यक्ति में बेहद ईमानदार, बेबाक और दो टूक है। आश्चर्य होता है कि वैद ने ये कहानियाँ उस समय लिखी थीं, जब साहित्य में न तो दलित साहित्य का उदय हुआ था, न जनवादी लेखन का वरन् किसी भी प्रकार के वाद, लेबल या ठप्पे से मुक्त ये वे कहानियाँ हैं जो आपको जीवन के कठोर, नंगे और वीभत्स यथार्थ से रूबरू कराती हैं। यदि इसी समय के आसपास भीष्म साहनी की कहानी 'चीफ़ की दावत है', जहाँ माँ को लगभग एक खिलौने की तरह से इस्तेमाल करके नई पीढ़ी पृष्ठभूमि में धकेल देती है तो वैद 'माई की महिमा' के माध्यम से माई जैसा सशक्त और जुझारू चरित्र लेकर उपस्थित होते हैं जो अकेले अपने दम पर अपने आसपास के उन सभी लोगों का डटकर सामना करती है, जो किसी भी तोड़-तिकड़म से उसका मकान हड़पने के फेर में हैं। इस कहानी के लगभग तीस साल बाद असग़र वजाहत अपने नाटक *जिस लाहौर नहीं वेख्या...*में जिस माई के चरित्र की परिकल्पना करते हैं, उसके बीज वैद की कहानी 'माई की महिमा' में पूरी शिद्दत के साथ मौजूद हैं। इसके समानान्तर 'मुरारी फूलवाला और मीमसाब' निहायत की महीन, सूक्ष्म और मार्मिक कहानी है : वर्ग, जात, ऊँच-नीच से परे मानवीय सम्बन्धों की दास्तान, जो ऊपर से दिखने में जितनी भावुक या रोमांटिक नज़र आती है, भीतर से उतनी ही रोज़मर्रा की ज़िन्दगी से जुड़े यथार्थ की तस्वीर प्रस्तुत करती है। यह कहानी एक साथ ही हिन्दी की कई दूसरी कहानियों की भी याद दिला जाती है—रेणु की 'तीसरी कसम', श्रीकान्त वर्मा की 'शवयात्रा', जगदम्बा प्रसाद दीक्षित की 'मोहब्बत' और महीप सिंह की 'शास्त्री जी'। ये सारी कहानियाँ भी समाज के निचले तबक़े से जुड़े लोगों के प्रेम-प्रसंगों को केन्द्र में रखकर लिखी गई हैं और इसीलिए बहुत ही सहज, सरल, लेकिन जीवन्त भी हैं। जीवन के ठोस धरातल पर स्थित लेकिन पात्रों के भीतर बैठी उमंग, सामाजिक बन्धनों को तोड़कर अपने ढंग से जीने की अदम्य चाह, और चाहे एक ही दिन के लिए सही, जीवन को भरपूर भोग लेने के उत्साह में से उपजी है 'उड़ान', जिसमें तीन-चार औरतें अपने-अपने घरों का काम-धन्धा छोड़कर एक सुबह बस निकल पड़ती हैं और बच्चों के से उछाह-उत्साह के साथ पूरा दिन मटरगश्ती करके शाम को घर लौटती हैं। क्या यही चित्र भीष्म साहनी की 'यादें' अथवा सूर्यबाला की 'संझा-बाती' में साकार नहीं होते, जब उम्र के आख़िरी पड़ाव पर पहुँचे लोग अपने अतीत में लौटकर बेहद लुत्फ़ का अनुभव करते हैं ! प्रकारान्तर से कृष्णा सोबती की लम्बी कहानी 'ऐ

लड़की' भी इसी तर्ज़ पर लिखी गई है।

जिस तथ्य को अलग से नोटिस किया जाना चाहिए वह यह है कि ये सारी कहानियाँ ज़िन्दगी के व्यावहारिक और सकारात्मक पक्ष की कहानियाँ हैं, न कि उससे मोहभंग की, जो उस दौर के बहुत से दूसरे कहानीकारों की रचनाओं में मिलता है। इसीलिए यहाँ यथास्थिति का चित्रण न होकर घटना-बहुलता है, गति है, वैविध्य है। ये सारे चरित्र बिलकुल आसपास के नितान्त अपने लगते हैं, चाहे वह 'लछमन सिंह' का लछमन सिंह हो अथवा 'शंकर' का शंकर। शहरी दुनिया से रिश्ता बन जाने के बावजूद इनमें अभी भी वह मासूमियत, भोलापन और पारदर्शिता बरक़रार है, जो बाद में बदलती सामाजिक परिस्थितियों के कारण उन जैसे चरित्रों को भी चतुर और काइयाँ बनाती चली गई है। इसीलिए इन कहानियों में एक ऐसी तीव्रता, गर्माहट और मांसलता की अनुभूति होती है, जो आज की ज़िन्दगी में अदृश्य होती जा रही है। इतना ही नहीं, वैद ने हास्य और व्यंग्य के छींटों के साथ इन चरित्रों को और भी जीता-जागता बना दिया है। यह हास्य-व्यंग्य यदि 'शंकर' और 'लछमन सिंह' के मुख्य चरित्रों और उनको घेरे हुए आसपास के लोगों के आदान-प्रदान के भीतर से उभारा गया है तो एक दूसरे पर 'भगवान के नाम सिफ़ारिशी चिट्ठयाँ' और 'भैंसे और भ्रान्तियाँ : एक अध्ययन' में भी उपस्थित है। वस्तुतः ये दोनों रचनाएँ हरिशंकर परसाई, शरद जोशी या फिर दूसरे व्यंग्यकारों की कड़ी में शुद्ध रूप से हास्य-व्यंग्य लेखन का ही प्रतिनिधित्व करती हैं। एक प्रकार से ये रचनाएँ वैद के लेखन में अपवाद ही मानी जा सकती हैं क्योंकि कहानी के एक हिस्से के रूप में तो हास्य कई कहानियों में मिल जाएगा लेकिन अलग से, विशेष रूप से, मात्र हास्य-व्यंग्य को आधार बनाकर रची गई कहानियाँ वैद के यहाँ विरल हैं।

देखा जाए तो ये सारी कहानियाँ वैद के पहले उपन्यास 'उसका बचपन' की आधारशिला हैं। जितने भी चरित्र यहाँ अलग अलग कहानियों में उकेरे गए हैं, वे सब मानो बाद में उस उपन्यास में गुंफित हो गए हैं। 'बीच का दरवाज़ा' के रामदास, 'उड़ान' की शीला, रानी, बन्तो, 'एक बदबूदार गली' के लगभग सारे चरित्र—लगता है कि लेखक की इन सारे पात्रों से गहरी आत्मीयता एवं अन्तरंगता है, इसीलिए वे उसकी रचनाओं में बार बार आते हैं। यही नहीं, वैद के कथा-लेखन में उस दौर के भी प्रतिनिधि चरित्र हैं ये लोग, जब वैद उस ज़मीन से जुड़े हुए थे, जहाँ उनका जन्म हुआ और शायद जहाँ उम्र का एक बड़ा हिस्सा गुज़ारा। इसीलिए इन चरित्रों के उकेरने में ज़िन्दगी का फ़र्स्ट हैंड अनुभव खुलकर सामने आता है।

लेकिन आश्चर्य है कि 'उसका बचपन' में जिस पिता और माँ के चरित्रों को इतनी गहराई से प्रस्तुत किया गया है, उनको लेकर वैद के यहाँ कोई भी कहानी नहीं मिलती। ऐसा नहीं कि अब तक चर्चित और विवेचित कहानियों में माँ पिता जैसे चरित्र हैं ही नहीं, लेकिन वे वहाँ दूसरे सन्दर्भों में, दूसरे पात्रों के साथ उपस्थित हैं अथवा उनका उल्लेख अप्रत्यक्ष रूप में होता है। मात्र एक कहानी 'पिता की परछाइयाँ' में वैद इस

चरित्र की तरफ़ पूरी सम्पूर्णता और ऊर्जा के साथ लौटकर आते हैं। यह अलग बात है कि यह पिता 'उसका बचपन' वाला वह पंजाबी पिता नहीं है जो गाँव-क़स्बे की ज़िन्दगी का हिस्सा था। अब यह पिता एक पढ़े-लिखे प्रौढ़ व्यक्ति का बूढ़ा पिता है, जो स्वयं भी शायद उतना ही आधुनिक और शिक्षित है। लेकिन इसमें कोई सन्देह नहीं कि अपने प्रभाव में यह कहानी भी उतनी ही समग्रता लिए हुए है, जितनी परिवार, विशेष रूप से संयुक्त परिवारों से सम्बद्ध कहानियाँ। हम चाहें तो यहाँ निर्मल वर्मा की 'बीच बहस में' और ज्ञानरंजन की 'पिता' को याद कर सकते हैं, जो कमोबेश उसी भावभूमि की कहानियाँ हैं। यहीं पर मैं उनकी एक कहानी 'भूखकुमारी के साथ एक शाम' का ज़िक्र भी करना चाहूँगा। यद्यपि अपनी संरचना में यह कहानी काफ़ी हद तक अमूर्तता लिए हुए है, तथापि इसका महत्त्व इसलिए ज़रूर है कि बाद में जाकर यही कहानी उनके नाटक 'भूख आग है' की पृष्ठभूमि बनती है।

इस प्रकार कुल मिलाकर वैद की उपर्युक्त कहानियों का दौर एक ऐसे रचनाकार से साक्षात कराता है जिसके पास शिल्प और संरचना के नाम पर कोई प्रयोगधर्मिता नहीं है। सारी की सारी कहानियाँ जीवन के यथार्थ को एक सपाट बयान की तरह से प्रस्तुत करती हैं जिसमें कोई भाव-विह्वलता, भाव-प्रवणता और भावनाओं का उद्दाम ज्वार नहीं है। यह बात तो मात्र उपर्युक्त कहानियों के सन्दर्भ में ही नहीं वरन् वैद के सम्पूर्ण कथा-साहित्य के विषय में निस्संकोच कही जा सकती है कि वैद सम्भवतः अकेले ऐसे कहानीकार हैं, जिनके यहाँ एक-आध अपवादों को छोड़कर ज़िन्दगी के उन क्षणों-पलों के लिए कोई समय और स्थान नहीं है, जिन्हें रोमैंटिक कहा जाता है। यदि किसी कहानी में ऐसा भाव या चित्रण आता भी है तो वैद तुरन्त कहानी संरचना को ऐसे तब्दील कर देते हैं कि वह रूमानियत कहीं एक मज़ाक़, एक व्यंग्य अथवा खोखली होकर सामने आती है। यही कारण है कि सम्पूर्ण कथा-साहित्य में एक भी कहानी ऐसी नहीं मिलती, जिसका अन्त अप्रत्याशित हो, जिसके चरित्र अपने व्यवहार में अतिरंजित या मेलोड्रामेटिक हों और वे अपने आपसी लेन-देन में कोई उत्सुकता जगाते हों।

उपर्युक्त सारी बातें वैद की उन कहानियों में तो और भी ज़्यादा उभरकर अलग से दिखाई पड़ती हैं, जिनका मुख्य कथ्य स्त्री-पुरुष के आपसी रिश्ते हैं। दरअसल इस कथ्य को केन्द्र में रखकर लिखी गई कहानियाँ वैद के कथा-लेखन के दूसरे पड़ाव की भी प्रतिनिधि कहानियाँ हैं। लेकिन आश्चर्य है कि औरत और मर्द के आपसी सम्बन्धों पर आधारित होते हुए भी इनमें उस मांसलता, शारीरिकता अथवा यौन प्रसंगों के कहीं दर्शन नहीं होते, जिनके लिए वैद बाद में अपने उपन्यासों के माध्यम से बेहद विवादास्पद और चर्चित रहे हैं। यह नहीं कि इन कहानियों में शरीर का यथार्थ आता ही नहीं। आता है, और कई बार अपने अलिफ़ नंगेपन में आता है, लेकिन उसके साथ जो भाव-संवेग और उत्तेजना जुड़ी रहती है, उससे वह बिलकुल रहित है। एक मायने में वैद की ये कहानियाँ एक डॉक्टर की सी निरपेक्ष, निस्संग और तटस्थ नज़र से लिखी गई लगती हैं, जिसके लिए नारी-शरीर एक प्राकृतिक यथार्थ के सिवा कुछ नहीं होता। इसीलिए

मुझे ये कहानियाँ आदमी और औरत के परस्पर लेन-देन की चीर-फाड़, पोस्टमार्टम जैसी लगती हैं। यह शायद इसलिए भी सम्भव हुआ है क्योंकि लगभग सभी कहानियाँ उम्र के उस पड़ाव पर पहुँचे हुए स्त्री-पुरुष से सम्बन्धित हैं जो अधेड़ हो चुके हैं और लगभग प्रौढ़ावस्था में प्रवेश करने को आतुर हैं। इसलिए यहाँ 'गुनाहों का देवता' (धर्मवीर भारती) वाली लिजलिजी भावुकता नहीं है वरन् इतनी लम्बी उम्र के भीतर से गुज़रकर मिलने वाले अनुभव पर आग्रह है। यहाँ भी औरत-मर्द के रिश्तों के जितने भी रूप-रंग हो सकते हैं, वे सब मौजूद हैं—प्रेमी-प्रेमिका, पति-पत्नी, अजनबी पुरुष-अजनबी स्त्री, दोस्त की पत्नी अथवा पत्नी का दोस्त, लेकिन सारी स्थितियों को उन्होंने जिस ठंडेपन और अलगाव के साथ चित्रित किया है, ऐसा बहुत कम लेखकों के यहाँ देखने को मिलेगा।

उदाहरणार्थ, वैद की एक बहुचर्चित कहानी 'सब-कुछ-नहीं' को लें। जैसाकि मैंने शुरू में ही उल्लेख किया है, मुझे इस कहानी की एक मंच-प्रस्तुति भी करने का अवसर मिला है। अपने शुद्ध अर्थों में तो शायद इसे कहानी कहा ही नहीं जा सकता क्योंकि यहाँ बाह्य स्तर पर घटना-दुर्घटना जैसी कोई बात घटित ही नहीं होती। कहानी में एक अजनबी आदमी और औरत के बीच कुछ दिन एक पहाड़ी स्थान पर साथ साथ रहते हुए शारीरिक सम्बन्ध स्थापित हो जाते हैं। कहानी जहाँ से शुरू होती है, वह शायद दोनों की उस जगह पर आख़िरी रात है और दोनों एक दूसरे को भोगने के बाद एक लम्बी ड्राइव पर निकलते हैं। इसके बाद कहानी का ताना-बाना मात्र इतना है कि उन दोनों के बीच संवादों के कुछ आधे-अधूरे टुकड़े सम्प्रेषित होते हैं और यह क्रम काफ़ी देर तक चलता रहता है, लेकिन ऐसा कुछ घटित नहीं होता जिसे सचमुच की घटना का नाम दिया जा सके। इस रूप में यह कहानी एक प्रतीक है वैद के शिल्प और प्राविधियों का, जहाँ वह पात्रों के भीतर उतरते चले जाते हैं और बाहरी तौर पर ऐसा लगता है कि सबकुछ ठहरा हुआ है। इसीलिए इस दौर की ज़्यादातर कहानियाँ बेहद संश्लिष्ट और जटिल हैं। 'दो आवाज़ें और एक ख़ामोशी', 'इनकार', 'दूसरे का बिस्तर', 'साहिरा' और 'गुंजल का खेल' जैसी कहानियों को भी इसी परिप्रेक्ष्य में देखा-परखा जा सकता है।

लेकिन एक दृष्टि से ये कहानियाँ एकायामी भी कही जा सकती हैं। यह इसलिए कि सारी कहानियाँ पुरुष की तरफ़ से लिखी गई हैं। जो भी स्थितियाँ-परिस्थितियाँ आती हैं, उन्हें लेकर सारी सोच, सारी क्रिया-प्रतिक्रिया पुरुष के माध्यम से घटित होती हैं। इसीलिए उस दौरान वे औरतें क्या सोच रही हैं अथवा किस तरह के भावतन्त्र के भीतर से गुज़र रही हैं, इसका कोई अन्दाज़ा नहीं होता। देखा जाए तो उनकी उपस्थिति मात्र एक माध्यम, साधन और उपकरण जैसी लगती है। लेकिन जब जब वैद ने इस एकतरफ़ा चिन्तन की पद्धति को तोड़कर आदमी-औरत, दोनों के माध्यम से कहानी को आगे बढ़ाया है, तब तब वह संरचना की दृष्टि से बेहद प्रभावशाली बन पड़ी है। इस दृष्टि से 'दो आवाज़ें और एक ख़ामोशी' को लिया जा सकता है। आदमी और औरत (जो

एक दूसरे से परिचित हैं) बरसों बाद अचानक आमने सामने टकरा जाते हैं और फिर उन दोनों के आत्मालाप के भीतर से कहानी आगे बढ़ती है। इससे जहाँ संरचना को बहुआयामिता मिलती है, वहीं एक नए क़िस्म की नाटकीयता भी जन्म लेती है। लगभग ऐसी ही कहानी है 'मरी हुई मछली'। एक दूसरे स्तर पर 'अजनबी' कहानी को भी हम इसी कथ्य की रचना-प्रक्रिया के साथ जुड़ी हुई मान सकते हैं।

वैद के यहाँ सबसे रोचक तथ्य यही है कि कथ्य की दृष्टि से स्त्री-पुरुष की कहानियाँ होते हुए भी ज़्यादा संख्या ऐसी रचनाओं की है, जिनमें ऐसे स्त्रियों-पुरुषों के बीच सम्बन्ध स्थापित होते हैं जो पहले से एक दूसरे को नहीं जानते। एक तरफ़ अजनबी स्त्री और अजनबी पुरुष और दूसरी तरफ़ उनके बीच शारीरिक स्तर पर ऐसा कुछ भी घटित नहीं होता जो पाठक में किसी प्रकार का रोमांच या उत्तेजना पैदा करे। वास्तव में यही वह पक्ष है जो वैद की कहानियों को इसी कथ्य पर दूसरे कहानीकारों द्वारा लिखी गई कहानियों से एकदम अलग कर देता है, जहाँ आदमी-औरत के बीच स्थापित शारीरिक सम्बन्धों को चटख़ारे ले लेकर बयान किया जाता है। यहाँ खुलापन भी है लेकिन उसके साथ-साथ धैर्य, संयम और ठहराव भी है। इसीलिए कभी-कभार यदि ऐसे प्रसंग आते भी हैं, जैसे कि 'दूसरे का बिस्तर' में, तो वे इतने बेबाक और सपाट रूप में चित्रित किए गए हैं कि लगता है कि ऐसा कुछ घटित नहीं हो रहा है जो ज़बरदस्ती उत्सुकता अथवा जुगुप्सा जगाए। वैद का सारा श्रम ही इस बात में निहित है कि हमें लगातार ऐसा लगता रहता है कि अब कुछ होगा, अब कुछ होगा, लेकिन अन्ततः कुछ नहीं होता और कुछ नहीं होने को भी वैद जिस नोट पर ख़त्म करते हैं, वह बिना किसी नाटकीयता के भी बेहद नाटकीय लगने लगता है।

इस तरह की कहानियों में मात्र एक कहानी 'एक क़ुतुबमीनार छोटा-सा' ऐसी है, जो जवान स्त्री-पुरुष के प्रेम प्रसंग पर लिखी गई है। और कोई आश्चर्य नहीं कि यह उनके आरम्भिक दौर की रचना है। इसी कथ्य का एक दूसरा पक्ष ऐसी कुछ कहानियों का है जो हैं तो वास्तव में स्त्री-पुरुष से जुड़ी हुईं लेकिन घटित होती हैं दो पुरुषों के बीच। 'वह मैं हम' और 'ख़ामोशी'—कम से कम दो कहानियों का उल्लेख तो किया ही जा सकता है। जहाँ पहली कहानी के केन्द्र में दोस्त की पत्नी सीता है, वहाँ दूसरी कहानी में दोस्त की भूतपूर्व पत्नी अमीना है। दोनों ही स्त्री-चरित्र कहानियों में प्रत्यक्ष तौर पर उपस्थित नहीं हैं, फिर भी पूरी कहानी उन्हीं को लेकर दो दोस्तों के बीच घटित होती है। यदि 'वह मैं हम' अपने अन्तिम कलेवर में थोड़ी सपाट और सतही है तो 'ख़ामोशी' निश्चय ही ज़्यादा धीर, गम्भीर और सूक्ष्म है।

लेकिन यह सच है कि ये सारी कहानियाँ, चाहे वे प्रेमी-प्रेमिका से सम्बद्ध हों, चाहे दोस्त की पत्नी अथवा भूतपूर्व प्रेमिका से सम्बद्ध हों, चाहे दो अजनबी लोगों के बीच में घट रही हों, अन्ततः ये सारी कहानियाँ इन रिश्तों के बासी, ठंडे और अजनबी होते जाने की कहानियाँ हैं इसीलिए इनमें इन सम्बन्धों से जुड़े सपने नहीं हैं, वरन् एक ऐसा यथार्थ उद्घाटित होता है जो आज की वस्तुस्थिति के निकट पड़ता है। कहने का

तात्पर्ययह है कि कहानियों में आए चरित्र चाहे पहली बार एक-दूसरे से मिलते हैं, चाहे बरसों बाद अचानक एक दूसरे से टकरा जाते हैं लेकिन कहीं भी चौंकने का नहीं बल्कि सहज स्वीकार का भाव है।

आदमी का समाज में एक 'आउटसाइडर' या अजनबी होते जाना, परिवार में ऐसे ही परिवेश का अंग हो जाना और अन्ततः आदमी का स्वयं अपने आप में अजनबी बनते जाना, यह एक ऐसी थीम है जो हमारे यहाँ के रचनाकारों को प्रायः आकर्षित करती रही है और वैद भी अपने लेखन के तीसरे पड़ाव में उससे अछूते नहीं रहे हैं। कहा जाता है कि यह दर्शन सीधे सीधे पश्चिम से अस्तित्ववाद के दौर में हमारे देश में आया और इसने तत्कालीन लेखन को काफ़ी दूर तक प्रभावित किया। लेकिन क्या स्वयं हमारे यहाँ सन् साठ के बाद ऐसी राजनीतिक, सामाजिक और आर्थिक स्थितियों ने जन्म नहीं लिया, जिनकी वजह से आम भारतीय का मोहभंग होता चला गया ? यही वह समय है जब वैद 'मेरा दुश्मन' जैसी कहानी लेकर आते हैं, जिसने वैद को तो हिन्दी कथा साहित्य में अपार प्रतिष्ठा दिलाई ही, अपने बाद के अनेक कहानीकारों को भी इस तर्ज़ की कहानियाँ लिखने के लिए प्रेरित किया। यह दुश्मन कौन है, क्या है, इस अद्‌भुत अमूर्तता के भीतर से वैद ने इस चरित्र को रचा है, जो एक ही साथ एक जीता-जागता मांसल चरित्र भी जान पड़ता है और दूसरे ही क्षण मात्र एक अमूर्त भाव। केवल 'मेरा दुश्मन' में ही नहीं, वैद ने इस थीम को अपनी अनेक कहानियों में दोहराया है। सबसे मज़ेदार बात यह लगती है कि ये सभी कहानियाँ एक लम्बी सीरीज़ के अलग अलग टुकड़े जान पड़ती हैं क्योंकि ये मात्र तीन पात्रों के इर्द-गिर्द घूमती रहती हैं—मैं, माला और साधना। 'मेरा दुश्मन' के साथ-साथ यदि हम 'मेरा क्या होगा' और 'लापता' को भी पढ़ें तो ऐसा लगता है कि एक नाटक के तीन अंक पढ़ रहे हैं। इस तरह से कथ्य, कहानी और चरित्रों की निरन्तरता प्रत्यक्षतः सम्भवतः वैद के यहाँ ही दिखाई पड़ती है। यह भी कम महत्त्वपूर्ण तथ्य नहीं है कि यह अजनबी होते चले जाने वाला कथ्य किसी पश्चिमी परिवेश में नहीं वरन् शुद्ध मध्यवर्गीय भारतीय परिवेश में स्थापित किया गया है। अतः वैद के ऊपर लगाए गए इस आक्षेप पर पुनर्विचार किया जाना चाहिए कि उनकी कहानियों का अधिकांश परिवेश पश्चिम का है। मुझे तो वस्तुस्थिति ठीक इसके विपरीत दिखाई देती है। कुल मिलाकर नब्बे कहानियों में शायद दो-तीन कहानियाँ ऐसी होंगी जो सचमुच में पश्चिमी दुनिया में घटित होती हैं।

हाँ, इस बात से इनकार नहीं किया जा सकता है कि भले ही इन कहानियों का परिवेश और वातावरण इसी देश का है, लेकिन उसे चित्रित करने में जिस शिल्प, संरचना और पद्धतियों का इस्तेमाल किया गया है, वे निश्चय ही पश्चिम का प्रभाव लिए हुए हैं। इस दृष्टि से वैद अकेले ऐसे कहानीकार हैं, जिनके यहाँ कथ्य से ज़्यादा कथ्य को किस प्रकार से अभिव्यक्त किया जाए, इस पर ज़्यादा आग्रह रहता है। एक अर्थ में वह शुद्ध रूप में प्रयोगवादी कथाकार हैं जो भाषा के स्तर पर कहानी के घटनाक्रम के

विकास के स्तर पर और एक ही बात को बार बार नए नए रूपों और प्रतिरूपों में अभिव्यक्त करने के स्तर पर लगातार प्रयोगशील हैं। इसीलिए कथ्य से अलग कथन भी वैद के लेखन का एक ऐसा पहलू है जो अपने आप में एक चौथे कोण के रूप में स्वतंत्र सत्ता ग्रहण कर लेता है। और यही पहलू उनके लेखन का सबसे विवादास्पद पक्ष भी है।

जब तक संरचना कथ्य पर हावी नहीं होती, वैद की कहानियों को पढ़ने और अनुभूत करने में कोई दिक़्क़त नहीं होती, लेकिन जैसे ही कहानी के भीतर से महज़ कला-कौशल ही उभरकर आता है तो लगता है कि आख़िर वैद साबित क्या करना चाहते हैं ! इस क्रम में उनकी कई कहानियों के नाम लिए जा सकते हैं जैसे कि 'बिमल, कॉफ़ी हाउस' और बुनियादी सवाल', 'एक था बिमल', 'कोलाज-1', 'कोलाज-2, 'आलाप', 'उसके बयान', 'बुढ़िया की गठरी' आदि। इन सबको पढ़कर लगता है कि वैद व्यर्थ के शब्दजाल में उलझकर असंगत लेखन का उदाहरण प्रस्तुत कर रहे हैं। लेकिन यह कोशिश इतनी पारदर्शी है कि साफ़ पता चलता है कि लेखक के पास कहने को कुछ नहीं है और वह ख़ामख़्वाह सायास कुछ गढ़ना चाहता है। इन कहानियों का मात्र इतना महत्त्व ज़रूर है कि बिमल सीरीज़ वाली रचनाएँ बाद में उनके एक उपन्यास, 'एक था विमल उर्फ़ जाएँ तो जाएँ कहाँ' की स्रोत-सामग्री बनीं। एक बार फिर वह उपन्यास किसी और शीर्षक से भी इधर छपकर आया है। इसी तरह 'बुढ़िया की गठरी' कहानी उनके इसी नाम के नाटक के रूप में परिवर्तित और परिवर्धित होकर आई। लेकिन दोनों विधाओं का असर एक जैसा ही पड़ता है—जो बात वैद बहुत संक्षिप्त होकर कह सकते हैं, उसे अनावश्यक विस्तार देते चले जाते हैं और इस तरह से रचना बेहद सतही, उथली और बनावटी लगने लगती है। 'बुढ़िया की गठरी' नाटक के सार्वजनिक पाठ के दौरान यह अहसास बहुत शिद्दत से हुआ। आश्चर्य हुआ कि 'भूख आग है' जैसा संश्लिष्ट नाटक लिखने वाला रचनाकार 'बुढ़िया की गठरी' जैसा सपाट नाटक भी लिख सकता है !

वास्तव में वैद के लेखन के ये दो अतिवादी छोर ही तनिक विचलित करते हैं। लेकिन इससे उनके लगभग पचास बरसों में रचित कथा-साहित्य के समग्र प्रभाव में कोई कमी नहीं आती। देखा जाए तो वैद उन विरले कथाकारों में से हैं जो कभी लेखकों के लम्बे हुजूम का हिस्सा नहीं रहे और अकेले अपनी बनाई राह और पगडंडियों पर चलते रहे। उम्र का एक बड़ा हिस्सा पश्चिम में गुज़ारकर आने के बाद भी संरचनात्मक प्रभावों को छोड़कर उन्होंने वहाँ से कुछ ठोस ग्रहण किया हो, ऐसा कुछ नज़र नहीं आता। यही कारण है कि अपनी सोच, रख-रखाव और व्यक्तित्व में आधुनिकता का पुट समेटे होने के बावजूद उनकी ज़्यादातर रचनाएँ अपनी ज़मीन को नहीं छोड़तीं, भले ही यह ज़मीन मध्यवर्गीय माहौल से जुड़ी हो। यही कारण है कि वैद को हमेशा धारा से कटा हुआ कहानीकार मान लिया गया और उनके लेखन पर ज़्यादा विचार-विमर्श नहीं हुआ, लेकिन यह भी उतना ही महत्त्वपूर्ण है कि इधर वैद के सम्पूर्ण कथा-लेखन

पर 'कला प्रयोजन' जैसी पत्रिका के विशेषांक ने पुनः वैद को और उनके लेखन को साहित्य में चर्चा के केन्द्र में स्थापित कर दिया है। संक्षेप में, तमाम सहमतियों-असहमतियों, आरोपों-आक्षेपों के बावजूद वैद के लेखन में ही ऐसा वैविध्य देखने को मिलता है जो दूसरे लेखकों के यहाँ दुर्लभ है। यह वैविध्य कथ्य के स्तर पर बेशक़ न मिले लेकिन एक ही कथ्य को कितने अलग अलग रूपों में अभिव्यक्त किया जा सकता है, इसकी छटा वैद जैसे बुज़ुर्ग लेकिन अत्यन्त सक्रिय रचनाकार के लेखन में बख़ूबी देखी जा सकती है।

काशीनाथ सिंह :
एक उपन्यास और दो कहानियों से गुज़रते हुए

प्रायः कहानीकारों, नाटककारों और दूसरे रचनाकारों को मुझसे यही शिकायत है कि आज तक मैंने जितनी भी कहानियाँ अथवा नाटक मंचित किए हैं, वे सब उन लोगों द्वारा रचित थे, जो मेरे अभिन्न मित्र हैं। मैंने कभी भी किसी नए रचनाकार की कृति को मंचन के लिए नहीं चुना। मुझे नहीं मालूम कि रचनाकारों की यह धारणा कैसे बनी, लेकिन सच्चाई यही है कि सन् पचहत्तर से लेकर आज तक जितनी भी कहानियाँ मंचित की हैं, उनके पहले मंचन से पूर्व रचनाकार से कोई व्यक्तिगत परिचय नहीं था। चाहे वह निर्मल वर्मा हों, कृष्णा सोबती हों, उदय प्रकाश हों, अखिलेश हों, दूधनाथ सिंह हों, पंकज बिष्ट हों। यहाँ तक कि अवधेश श्रीवास्तव हों—कहने का तात्पर्य यही है कि मेरे लिए रचनाकार से ज़्यादा रचना बड़ी है। यदि रचना ने पढ़ते समय अपने कथ्य के कारण मुझे उसके मंचन के लिए प्रेरित किया है, तो फिर वह किसी के द्वारा भी रचित क्यों न हो, मुझे उससे कोई फ़र्क़ नहीं पड़ता। शायद बहुत से लोगों को यह जानकर आश्चर्य होगा कि प्रयाग शुक्ल, रामेश्वर प्रेम, गिरिराज किशोर, आलोकधन्वा, राजी सेठ—सभी का मुझसे बहुत गहरा रिश्ता है किन्तु आज तक उनकी किसी रचना को मंच पर प्रस्तुत करने का अवसर नहीं मिला। ऐसा नहीं कि करना नहीं चाहता लेकिन कहानियों के चुनाव की प्रक्रिया इतनी लचीली है कि अन्तिम रूप से मंचन के लिए किन कहानियों का चुनाव होगा, यह पहले से कभी निश्चित नहीं होता।

अच्छा होगा कि मैं संक्षेप में उस प्रक्रिया के विषय में भी बात करूँ। हर साल राष्ट्रीय नाट्य विद्यालय में मुझे अपने छात्रों के साथ कहानियों की प्रस्तुति करनी होती है। सबसे पहले हम विद्यालय की ओर से एक मर्मज्ञ पाठक को इस काम के लिए अनुबन्धित करते हैं कि वह अपनी सुविधानुसार चार-पाँच सौ कहानियों को पढ़कर कम से कम सौ कहानियों का चुनाव करके लाए। दूसरे चरण में उन सौ कहानियों को मैं स्वयं पढ़ता हूँ और उनमें से बीस-पच्चीस कहानियाँ अपने अभिनेताओं के पास लेकर जाता हूँ। तीसरे चरण में वे सारी कहानियाँ अभिनेताओं की मंडली द्वारा पढ़ी जाती हैं और रोज़ाना उन पर विचार-विमर्श के बाद कभी छः, कभी सात और अधिक से अधिक दस कहानियों को मंचन के लिए चुन लिया जाता है, जिन्हें दो शामों में बाँटकर प्रस्तुत किया जाता है। ज़ाहिर है कि इस प्रक्रिया में अभिनेताओं की सहभागिता भी कम

महत्त्वपूर्ण नहीं होती क्योंकि अन्ततः उन्हें ही कहानियों को मंच पर साकार करना होता है।

ठीक ऐसा ही काशीनाथ सिंह के साथ हुआ। सन् उन्नासी से लेकर निन्यानवे तक—इन बीस बरसों में संयोग से उनकी तीन रचनाओं को मंच पर करने का अनुभव प्राप्त हुआ। सबसे पहले उनका उपन्यास 'अपना मोर्चा' जो उपन्यासों की मंच-प्रस्तुति के क्रम में भी मेरी पहली प्रस्तुति थी, फिर चौरासी में उनकी लम्बी कहानी 'कविता की नई तारीख़' और निन्यानवे में एक और कहानी 'अपना रास्ता लो बाबा'। दिलचस्प तथ्य यह भी है कि तीनों ही रचनाएँ अलग अलग संस्थाओं के साथ तैयार हुईं। 'अपना मोर्चा' दिल्ली में प्रयोग के साथ, 'नई तारीख़' गोरखपुर में रूपान्तर के साथ और 'अपना रास्ता लो बाबा' पुनः दिल्ली में राष्ट्रीय नाट्य विद्यालय के छात्रों के साथ। जब पहली बार उन्नासी में 'अपना मोर्चा' का मंचन किया, काशीनाथ सिंह से कोई मेल-मुलाक़ात नहीं थी। उनसे जो भी, जैसा भी परिचय था—वह उनकी रचनाओं के माध्यम से था।

काशीनाथ सिंह से पहली मुलाक़ात सन् अस्सी की जनवरी मैं एक दिन सुबह ही सुबह बनारस में उनके घर पर हुई। हुआ यूँ कि उन दिनों मैं बनारस की एक नाट्य संस्था कला परिषद के साथ कहानियों की प्रस्तुति के सिलसिले में बनारस में ही था। रोज़ाना अलग अलग कहानियों के पाठ के सिलसिले में किसी ने 'उत्तरार्द्ध' में प्रकाशित रमेश उपाध्याय की कहानी 'कामधेनु' का नाम सुझाया। समस्या यह थी कि 'उत्तरार्द्ध' का वह अंक कहाँ से मिले ? पता चला कि यदि मिलेगा तो काशीनाथ सिंह के पास मिलेगा। सो एक दिन सुबह ही सुबह उनके तुलसी घाट पर बने घर के सामने पहुँच गया और आवाज़ लगाई—'काशीनाथ जी'। वह शायद उस समय घर की ड्योढ़ी में बने शौचघर में थे। वहीं से आवाज़ लगाई—'के ?' 'मैं हूँ दिल्ली से देवेन्द्र राज अंकुर'। पुनः उत्तर मिला—'भीतर बैठिए'। अन्दर घुसते ही एक छोटी सी बैठक, जहाँ-तहाँ पत्र-पत्रिकाओं से घिरी हुई। बहरहाल वह निवृत्त होकर आए और फिर उसके बाद एक क्षण को भी यह महसूस नहीं हुआ कि हम लोग पहली बार मिल रहे हैं। उसके बाद तो जब जब मुलाक़ात हुई है, उस गर्मजोशी में कोई फ़र्क़ नहीं पड़ा।

बहरहाल, काशीनाथ सिंह से ज़्यादा यदि उनकी रचनाओं की मंचन-प्रक्रिया के अनुभव को याद किया जाए तो एक सार्थक पहल होगी। 'अपना मोर्चा', 'नई तारीख़' और 'अपना रास्ता लो बाबा'—तीनों रचनाएँ अलग अलग समय पर लिखी होने के बावजूद एक दूसरे से जुड़ी हुई हैं। यहाँ तक कि प्रकारान्तर से वे एक ही कथ्य को अपने में समेटे हुए हैं; और वह है, दो बिलकुल अलग-अलग जीवन दृष्टियों, पद्धतियों और अनुभवों का आपसी टकराव। यह टकराव शहरों कस्बों के तथाकथित आधुनिक कहे जाने वाले मध्यवर्गीय चरित्रों और ठेठ गाँव-ज़मीन से जुड़े सहज व सरल पात्रों के बीच घटित होता है। यहाँ घटनाएँ भी हैं किन्तु उनसे भी ज़्यादा संवाद-विवाद के माध्यम से ये आपसी तनाव ज़्यादा उजागर होते हैं और स्थितियों को वह नाटकीयता प्रदान करते हैं, जो उनके मंचन में जीते-जागते अभिनेताओं के भीतर से गुज़रकर और मुखर हो

उठती है।

'अपना मोर्चा' सन् सड़सठ में पूरे हिन्दी भाषी प्रदेश, विशेषतः बनारस हिन्दू विश्वविद्यालय में हुए भाषा आन्दोलन को केन्द्र में रखकर लिखा गया है। एक प्रकार से पूरी तरह से एक नई युवा पीढ़ी के लड़के-लड़कियाँ, प्राध्यापक वर्ग, प्रशासक वर्ग, जिसमें विश्वविद्यालय का प्रशासन और पुलिस, दोनों शामिल हैं और इन सबके सामने अकेला खड़ा ज्वान—मानों एक पूरी भीड़ को सम्बोधित करता हुआ। बीच बीच में जुलूस, नारे, शोर-शराबा, तोड़-फोड़, भाग-दौड़—कुल मिलाकर मानवीय ध्वनियों का ऐसा समूहन, जो अपने आप में मंच पर एक वातावरण का निर्माण कर देता है। अभिनेताओं की मंडली में कुल जमा आठ लोग थे, अतः चुनौती यह भी थी कि इन्हीं के भीतर से उपन्यास के अनगिनत चरित्रों को साकार करना है। अतः रचना के प्रारम्भिक पाठ के दौरान ही एक दृश्य-प्रस्तुति स्वयं में ही उभरकर सामने आने लगी—एक ख़ाली मंच, उस पर आठ अभिनेताओं की निरन्तर उपस्थिति, उन्हीं में से एक मैं और दूसरा ज्वान की केन्द्रीय भूमिका में और शेष छः अभिनेता बार बार अलग अलग भूमिकाओं को निभाते हुए। इस प्रकार पूरी प्रस्तुति की संरचना एक लम्बे नुक्कड़ नाटक के रूप में परिणित होती चली गई और हम लोगों ने लगातार उसके प्रदर्शन किए भी उसी शैली में। कभी किसी कॉलेज की कैंटीन में, कभी खुले मैदान में और कभी किसी बन्द हॉल में भी। ज़्यादातर चारों तरफ़ बैठे दर्शकों के बीच एक घेरे में। अपने में इस तरह से बनकर आई सहज बनावट का परिणाम यह हुआ कि बेशक़ भाषा का वह आन्दोलन उस समय कम से कम बाईस साल पुराना पड़ चुका था, तब भी मंचन में अभिनेताओं और दर्शक की इस आपसी निकटता ने उस कथ्य को एक नई ताज़गी प्रदान कर दी। भाषा अर्थात् महज़ हिन्दी भाषा के अर्थ में न होकर उपन्यास हमारे लिए व्यवहार की भाषा, ओढ़ने की भाषा, बिछाने की भाषा यानी एक जीवन पद्धति की भाषा में परिवर्तित हो गया। इसीलिए उसकी प्रस्तुति ने दर्शकों पर गहरा असर डाला—मंच पर अभिनेताओं की जीवन्त उपस्थिति और उपन्यास के शब्दों के अतिरिक्त कुछ भी नहीं था, अतः यह स्वाभाविक ही था कि दर्शकों को अपनी कल्पना के लिए भी पर्याप्त विस्तार और स्पेस मिला और वे शब्दों को भेदकर उनके पार जा सके। इस दृष्टि से 'अपना मोर्चा' की यह मंच-प्रस्तुति मुझे हमेशा याद रहेगी कि किस प्रकार उपन्यास जैसी एक साहित्यिक विधा भी लेखक और पाठक के एकान्त सम्बन्ध को छोड़कर, अपने मूल रूप में ही सार्वजनिक होती चली गई। इस उपन्यास के मंचन तक मैं लगभग पच्चीस कहानियाँ मंचित कर चुका था लेकिन एक उपन्यास को प्रस्तुत करने की दिशा में यह मेरा पहला प्रयास था। मुझे इस पहले प्रयास में ही इतना थ्रिल मिला कि उसके बाद आज तक चौदह उपन्यास और मंचित किए हैं, सिर्फ़ हिन्दी में ही नहीं, कन्नड़, तेलुगू, उड़िया और मलयालम में भी और वहाँ भी दर्शकों ने उतने ही मुक्त कंठ से उनकी सराहना की।

'नई तारीख़' अपेक्षाकृत जटिल रचना थी। कहानी का काफ़ी बड़ा हिस्सा मात्र

विवरणों के सहारे चलता है और सही मायनों में अन्तिम दृश्य में ही एक लम्बा संवाद अथवा मोनोलॉग सामने आता है। दरअसल यह दो दोस्तों, सम्बन्धियों के एक साथ मिलने, रहने और आपसी तनाव की कहानी है। 'मैं' अपने परिवार के साथ एक यात्रा पर निकला है, अपने दोस्त के साथ कुछ दिन साथ-साथ रहकर छुट्टियाँ बिताने के लिए। दोस्त के आभिजात्य को लेकर आक्रान्त भी है और अपनी हीनता के बोध को लेकर भीतर ही भीतर आहत भी। लेकिन जब वही आभिजात्य समझा जाने वाला दोस्त अपने अन्तरतम के साथ उपस्थित होता है तो 'मैं' का हीनता-बोध न जाने कहाँ तिरोहित हो जाता है और वह अपने आप को अभिजात के समकक्ष खड़ा पाता है। शायद वह स्वयं को उससे बड़ा भी महसूस करता है। जीवन को इस नए अहसास एवं अनुभव से देखने की दृष्टि का नाम ही 'कविता की नई तारीख़' है जो गद्य को रूखेपन से हटाकर पूरे माहौल में एक रागात्मकता भर देती है।

कथ्य में कितनी भी सरल, सतही और शायद सपाट भी लगे, लेकिन मंच-प्रस्तुति के दृष्टिकोण से उतनी आसान नहीं थी यह कहानी। एक परिवार, उसका घर, वातावरण, साज़ो-सामान—इन सबके बिना अभिजात का वह प्रभाव पैदा नहीं किया जा सकता था, जिसको लेकर 'मैं' आक्रान्त है। तब क्या किया जाए ? क्या मंच पर वह सबकुछ जुटा दिया जाए, जिसका विवरण कहानी में आता है ? क्या ऐसे में हम मात्र उस विवरण का एक चित्रण भर नहीं करेंगे ? क्या सारे के सारे विवरणों को दरकिनार कर दिया जाए और सिर्फ़ कहानी में उपलब्ध संवादों के माध्यम से ही काम चलाया जाए ? ऐसे में कहानी के अपने मूल स्वरूप का क्या होगा ? क्या वह एक दूसरी विधा नाटक में नहीं बदल जाएगी ? लगातार ऐसे या इनसे मिलते-जुलते प्रश्नों का सामना करना पड़ रहा था। अन्ततः रचने की प्रक्रिया में ही विकल्प भी मिलते चले गए—सबसे पहले तो यह तय हुआ कि कहानी के विवरणात्मक अंश ज्यों के त्यों मौजूद रहेंगे लेकिन वे हमारे लिए मात्र विवरण न होकर संवाद का रूप ले लेंगे। दूसरे अर्थों में कहानी सुनाने की पुरानी परम्परा का नए एवं लिखित-प्रकाशित साहित्य के लिए प्रयोग और उसी के साथ मंच पर सुविधानुसार कुछ गिनी-चुनी चीज़ें लाई जाती रहें अर्थात् मंच पर कोई स्थायी दृश्य-सज्जा नहीं है, लेकिन वह पूरी तरह से ख़ाली भी नहीं है। इस प्रकार इस कहानी के यथार्थवादी ढाँचे के अनुरूप ही एक प्रस्तुति-शैली तैयार होती चली गई, जो थी तो रोज़मर्रा की जीवन पद्धति से संचालित लेकिन फिर भी एक रीतिबद्धता और शैलीबद्धता का आभास देती थी।

'अपना रास्ता लो बाबा' फिर से एक यात्रा की कहानी है—गाँव से शहर की ओर। शहर में रहने वाला परिवार भी मूलतः गाँव से ही आया है किन्तु धीरे धीरे एक ऐसी शहरियत को ओढ़ चुका है जो बिलकुल दिखावटी और बनावटी है। गाँव का बाबा अपना खांटीपन लेकर आता है। दुविधा यह है कि कैसे इस अनगढ़ता का स्वागत किया जाए या जल्दी से जल्दी उससे छुटकारा पाया जाए ? सही मायनों में एक पढ़े-लिखे मध्यवर्गीय बुद्धिजीवी की द्वन्द्वात्मकता—नए मूल्य-पुराने मूल्य—इनमें कैसे और क्या

सामंजस्य बिठाया जाए ? पूरी कहानी का घटनाक्रम लगभग एक ही दृश्य खंड पर सम्पन्न होता है, अतः मंच-सज्जा के नाम पर कुछ साज़ो-सामान शुरू से लेकर आख़िर तक रहता है और उसी से निर्मित परिवेश में तैयार होते हैं वे दृश्य, जो चरित्रों की भीतरी परतों को उघाड़ते हैं। इस कहानी ने अभिनेताओं को सचमुच में अभिनय और चरित्र-चित्रण के वे क्षण प्रदान किए, जिन्हें हम बहुआयामी कहते हैं। यहाँ कोई भी पात्र एकांगी नहीं है। उसे सिर्फ़ काले या सफ़ेद, ग़लत या सही अथवा अच्छे या बुरे के अर्थ में नहीं देखा जा सकता। यही कारण था कि इस कहानी ने दर्शकों की संवेदनाओं को कहीं बहुत गहरे में छुआ क्योंकि उन्होंने कथ्य के साथ तादात्म्य महसूस किया।

कथ्य के साथ ऐसा रिश्ता शायद काशीनाथ सिंह की हर रचना में उपलब्ध है। इसका मुख्य कारण यही है कि वह कहानी के शिल्प और संरचना को लेकर उतने चिन्तित नहीं हैं। इसीलिए अभिव्यक्ति का जो भी स्वरूप उभरकर आता है, उसमें सायासता की बजाय एक सहजता और काफ़ी हद तक एक अनगढ़पन भी दिखाई पड़ता है। शायद इसलिए भी ये रचनाएँ मुझे अपने बहुत निकट की जान पड़ती हैं। अपनी सारी शिक्षा-दीक्षा, शहरी ज़िन्दगी में रहने की नियति के बावजूद हम अपने संस्कारों, मूल्यों और परम्पराओं से कहाँ अलग हो पा रहे हैं जो हमें विरासत में मिले हैं ? अलग हो पाने से भी ज़्यादा महत्त्वपूर्ण प्रश्न यह है कि अलग होना चाहिए भी कि नहीं ? यदि मेरी पीढ़ी के ये प्रश्न और दुविधाएँ हैं, तो मेरे अपने बच्चों की अगली पीढ़ी की कौन सी दिशा होगी ? क्या वे सीधे सीधे ही हमें नकार नहीं देंगे—क्या इसी डर से हम अपने कुछ मूल्य उन पर थोपते नहीं जा रहे हैं ? इन तीनों रचनाओं को मंचित करना मानो उपर्युक्त सारे सवालों के आमने-सामने खड़ा होना था। अपने सही रूप और कथ्य में ये रचनाएँ मुझे एक ऐसी यात्रा के समान जान पड़ीं, जो शुरू तो बाहर से होती हैं लेकिन कब आपके अपने भीतर घुसकर आपको लगातार कोंचने लगती है, पता ही नहीं चलता। और इस कोंचे जाने की प्रक्रिया में आप काशीनाथ सिंह की ही एक दूसरी कहानी 'सुख' के मुख्य चरित्र की तरह अकेले होते चले जाते हैं, जो सूरज देखने के सुख या ख़ुशी को सबके साथ शेयर करना चाहता है लेकिन सभी अपनी रोज़मर्रा की ज़िन्दगी में मग्न हैं।

इसीलिए एक पूरी भीड़ के होते हुए भी अन्ततः ये रचनाएँ मात्र दो लोगों, दो विचारों और दो धाराओं के अलग होने, मिलने और पुनः अलग होने की कहानियाँ हैं।

मात्सुकाज़े

मूल रचना : ज़ियामी

हिन्दी अनुवाद : देवेन्द्र राज अंकुर

पात्र

घुमक्कड़ पुजारी—वाकी
गाँव का आदमी—क्योगेन
मुरासामे का प्रेत—सूरे
मात्सुकाज़े का प्रेत—शीते

स्थान

सुमा का तट, सेत्त्सु प्रान्त।

मौसम

शरदकाल।

मंचकर्मी चीड़ के पेड़ का ढाँचा लेकर आते हैं और उसे मंच के बीचोंबीच आगे की तरफ़ रख देते हैं।

प्रस्तावना

मात्सुकाज़े काजुरा-मोनो या 'स्त्री-प्रधान' टुकड़ों में से सबसे मशहूर नाटकों में से एक है और काजुरा-मोनो में भी यह नाटक ऐसी विधा से ताल्लुक़ रखता है, जिसमें चु-नो-माई नृत्य होता है। इस लिहाज़ से यह युया की तरह है लेकिन युया में सभी पात्र जीवित व्यक्ति होते हैं, जबकि इसमें नायिका और उसका प्रेमी अतिप्राकृत तत्त्वों के रूप में पेश किए जाते हैं।

नाटक का कथ्य 'हाइन काल' में घटी मानी जानेवाली एक रोमांटिक घटना पर आधारित है। राजघराने के राजकुमार और कवि कुमार युकीहिरा को मियाको से निकाल दिया गया था और वह सेत्सु प्रान्त में समुद्र-किनारे स्थित सुमा गाँव में तीन साल तक एक निर्वासित की ज़िन्दगी जीता रहा। यहीं वह एक नमक बनाने वाले की दो लड़कियों मात्सुकाज़े और मुरासामे से प्यार करने लगा। तीन साल के वनवास के बाद उसे माफ़ कर दिया गया और वह मियाको में अपने घर लौट गया, जहाँ जल्दी ही उसकी मृत्यु भी हो गई। दुःखी बहनें बड़ी गहराई से उसका इन्तज़ार करती रहीं और उसकी टोपी और चोगे (जो वह उनके पास एक निशानी के रूप में छोड़ गया था) को प्यार से सँभाले रहीं।

अनगिनत साल बीत जाते हैं। पश्चिमी प्रान्त की तरफ़ जाता हुआ एक घुमक्कड़ पुजारी सर्दियों की एक शाम के आसपास सुमा पहुँचता है। समुद्र के किनारे चलते हुए उसे एक चीड़ (देवदार) का पेड़ मिलता है, जिसकी एक डाल पर एक कविता और उसी के साथ एक सूचना पट्ट टँगा हुआ है। एक गाँववाले से पूछने पर पता चलता है कि पेड़ उसी घर की जगह पर खड़ा है, जहाँ बहनें अपने प्रेमी के साथ सुख से रहा करती थीं। इस कहानी से अभिभूत होकर पुजारी तीनों प्रेमियों की आत्माओं के लिए बौद्ध सूत्रों का उच्चार शुरू कर देता है। इसी बीच रात घिर जाती है और चाँद निकल आता है। चाँदनी में स्वर्गीय सौन्दर्य वाली दो नवयुवतियाँ उभरती हैं जो नमक के पानी की बाल्टियों से भरी गाड़ी को खींच रही हैं। वे एक झोंपड़ी के भीतर चली जाती हैं। पुजारी उनके पीछे पीछे जाता है, उनसे एक रात वहाँ ठहरने की बात करता है, जिसे वे मान लेती हैं। वह उन्हें बताता है कि राजकुमार के घर की जगह पर उसने कुछ धार्मिक क्रिया-कलाप सम्पन्न किए हैं। औरतें रोने लगती हैं क्योंकि वे मात्सुकाज़े-मुरासामे की ही प्रेत हैं। अपने इतने गहरे लगाव के कारण, उनकी आत्माएँ अभी भी आध्यात्मिक अँधेरे में ही भटक रही हैं। इसी क्षण अपनी इच्छा की गहराई से अभिभूत होकर

मात्सुकाज़े उस चोगे़ और टोपी को पहन लेती है और उन्माद की अवस्था में नृत्य करने लगती है, जबकि उसकी बहन उसे रोकती रह जाती है। चु-नो-माई नृत्य (जिसके तुरन्त पहले एक आइरो नृत्य और बाद में एक हा-नो-माई नृत्य होता है) उसकी अपने प्रेमी के लिए इच्छा को ज़ाहिर करता है। हा-नो-माई के आख़िर तक आते आते वह चीड़ के पेड़ से ही लिपट जाती है मानो वह उसका प्रेमी हो। जैसे ही दिन निकलता है, वे ग़ायब हो जाती हैं और हवा में हिलते चीड़ के पेड़ के सिवा कुछ बाक़ी नहीं रहता। पुजारी होश में आता है और सोचता रह जाता है कि यह सब सपना था या कुछ और ?

अपने गायन की वजह से दो दृश्यों को बेहद लोकप्रियता मिली है—एक तो बहनों के आने के तुरन्त बाद, जब वे समुद्र के पानी से बाल्टियाँ भरती हैं और दूसरा है क्यूज़ जो कुमार युकीहिरा के लिए नायिका की कामना को दर्शाता है। ये दो दृश्य और इनके बाद के दो नृत्य नाटक के सबसे महत्त्वपूर्ण अंश हैं।

लेखक : ज़ियामी मोतोकियो (1363-1443)। ऐसा कहा जाता है कि ज़ियामी ने अपने पिता क्वानामी क्योत्सुगु के नाटक मात्सुकाज़े और मुरासामे को ही दुबारा से लिखा, जो उससे भी पहले लिखित शियोकुमी (नमक के पानी का ढोया जाना) नाम के नाटक पर आधारित था, जिसे किसी डेन्गाकू नाटककार ने लिखा था।
स्रोत : कोकिन्शु (905) और सेन्जुशो (1183)।

दृश्य एक

प्रवेश संगीत ननोरीबु बज रहा है। घुमक्कड़ पुजारी नुकीली टोपी, सदा किमोनो और खुली बाँहों वाला चोगा पहने आता है, पुल के रास्ते को पार करता है और मंच पर प्रवेश करता है। वह शीते के स्तम्भ के पास जाकर खड़ा हो जाता है।

पुजारी : प्रान्त-दर-प्रान्त घूमने वाला मैं एक पुजारी हूँ और चूँकि मैं कभी भी पश्चिमी प्रान्त नहीं गया, इसीलिए मैंने वहाँ की यात्रा करने का निश्चय किया है।

कितना खुश हूँ मैं ! जल्दी जल्दी चलते हुए मैं सेत्सु प्रान्त में सुमा के किनारे पहले ही पहुँच चुका हूँ। (तट के आसपास देखते हुए चीड़ के पेड़ की तरफ़ देखता है) मुझे एक चीड़ का पेड़ नज़र आ रहा है। यह कुछ अजीब सा जान पड़ता है। इसकी ज़रूर कोई न कोई कहानी होगी। मैं यहाँ के किसी रहने वाले से इसके बारे में पूछता हूँ। क्या यहाँ सुमा का कोई ग्रामीण मौजूद है ?

[पुल की तरफ़ घूमता है।]

गाँव का आदमी (धारीदार किमोनो, बिना बाँहों का चोग़ा और झूलती स्कर्ट पहने और एक छोटी सी तलवार लिए) क्योगेन सीट से उठता है और पहले चीड़ के पास जाता है।

आदमी : आप किसी को ढूँढ़ रहे हैं। मैं आपकी क्या सहायता कर सकता हूँ, श्रीमान्।

पुजारी : मैं एक घुमक्कड़ पुजारी हूँ। यहाँ तट पर एक चीड़ का पेड़ है, जिसकी एक डाल पर एक कविता टँगी हुई है और पास ही लकड़ी का एक सूचना-पट्ट लगा है। क्या इस पेड़ की अपनी कोई कहानी है। अगर ऐसा है तो मैं उसे सुनना चाहूँगा।

आदमी : सच ! यह पेड़ दो नमक बनाने वालों—मात्सुकाज़े और मुरासामे की याद में खड़ा है। अच्छा होगा, अगर आप उनकी आत्माओं की मुक्ति के लिए धार्मिक अनुष्ठान करें।

पुजारी : तुम्हारे अनुग्रह के लिए धन्यवाद। जैसा तुम कहते हो, मैं पास जाता हूँ और उनकी आत्मा के लिए एक धार्मिक अनुष्ठान करता हूँ,

हालाँकि मैं उनसे किसी भी रूप में जुड़ा हुआ नहीं हूँ।

आदमी : मैं आपके कुछ और काम आ सका तो मुझे खुशी होगी। जब भी आप चाहें, मुझे बुला सकते हैं।

पुजारी : मैं इस बात का ध्यान रखूँगा।

आदमी : ज़रूर, श्रीमान्।

[स्लाइडिंग दरवाज़े से बाहर जाता है, पुजारी मंच के मध्य में आ जाता है और चीड़ के पेड़ की तरफ़ घूमता है।]

पुजारी : यह चीड़ का पेड़ खड़ा है
मात्सुकाज़े और मुरासामे की याद में,
प्राचीन काल की दो नमक बनाने वाली औरतें।
बहुत दिनों से धरती में दफ़न हैं वे।
उनकी याद को हमेशा के लिए ताज़ा रखने के लिए
यह अकेला चीड़ कितनी कितनी गर्मियाँ
झेलकर भी अपने इस शाश्वत काम
में लगा हुआ है।
ओह ! कितना मार्मिक दृश्य !

इधर मैं सूत्रों और मन्त्रों का पाठ करने में लगा हूँ, उधर तेज़ी से रात उतर आई है, जैसाकि सर्दियों के छोटे दिनों में हमेशा होता ही है। पहाड़ की घाटी में बसा गाँव अभी बहुत दूर है, इसलिए मैं किसी नमक बनाने वाले की झोंपड़ी ढूँढ़ता हूँ ताकि रात भर ठहरने का इन्तज़ाम हो सके।

[वाकी सीट की तरफ़ जाता है और बैठ जाता है।]

दृश्य दो

प्रवेश संगीत शिन-नो-इस्सई बज रहा है। मंचकर्मी एक नमक ढोने वाली गाड़ी मेत्सुके स्तम्भ के पास लाते हैं और उस पर एक बाल्टी रख देते हैं। तब मात्सुकाज़े का प्रेत—एक जवान औरत का मुखौटा, विग, रंग-बिरंगी सोने के काम वाली नीचे की किमोनो, कढ़ाईदार कोशीमाकी फैशन की किमोनो, सफ़ेद ढीली बाँहों वाला चोगा पहने; और मुरासामे का प्रेत—सूरे का मुखौटा लगाए, वैसे उसी वेशभूषा में, हाथ में एक छोटी बाल्टी लिए प्रवेश करते हैं। मुरासामे आगे आगे चलती है और तीसरे चीड़ के पास रुक जाती है।

मात्सुकाज़े और मुरासामे :

इस्साई : समुद्र के नमक को ढोती
गाड़ी के पहियों की तरह ही,
हमारी नियति भी एक सीधे और छोटे
से रास्ते पर घूमती है।
ओ निर्दयी जीवन !

मुरासामे : सुमा के तट पर लहरें काफ़ी ऊँची उठती हैं।

[मंच पर प्रवेश करती हैं। मुरासामे बीच में खड़ी होती है और मात्सुकाज़े शीते स्तम्भ के पास।]

मात्सुकाज़े और मुरासामे :

फेन हमारी बाँहें भिगो देता है
और चाँद को देखकर हमारे आँसू उमड़ पड़ते हैं।

मात्सुकाज़े : *(सशी)*
हालाँकि हम किनारे से थोड़ी दूरी
पर रहते हैं,
रातों को सर्दियों की विलाप करती हवा,
(जिसने स्वामी युकीहिरा को गाने के लिए प्रेरित किया,

मात्सुकाज़े और मुरासामे :

"सर्दियों की हवा
बिना रुके
सुमा की सीमा को
लाँघ जाती है।")
लहरों को तट पर उछालती है
तो उस बड़ी लहर की आवाज़
हमारे कानों के बहुत पास जान पड़ती है
और दूर गाँव से आते हुए
चाँद के सिवाय हमारा कोई साथी नहीं होता।

मात्सुकाज़े : हालाँकि जीने का यही साधन है,
फिर भी नमक ढोने वाला जीवन थका डालता है।

मात्सुकाज़े और मुरासामे :

एक भयानक समुद्र में एक छोटी सी नाव
ऐसा ही है हमारा जीवन इस दुनिया में
अन्तहीन दुःखों से घिरा हुआ।
इसे जीवन भी क्या कहें,
इतना क्षणभंगुर है यह,

नमक की भुरभुराहट जैसा, जिसे हम ढोते हैं।
हम इस धरती पर किससे बात करें ?
हमारे हृदय उदासी से भरे और भारी हैं

मानों पानी से भीगी बाँहें
रोज़ाना अन्तहीन मेहनत करते करते।

कोरस : *(सागे-उता)*
"इस दुनिया के ऊपर, जिसे झेलना कठिन है,
पवित्र और चमकता चाँद ऊपर उठ रहा है !
ओ ईर्ष्या पैदा करने वाले सितारों !"
आओ, उठती हुई लहर को उलीच दें !
आओ, उठती हुई लहर को उलीच दें !
पानी में हमारे बिम्ब हमें लज्जित करते हैं,
पानी में हमारे बिम्ब हमें लज्जित करते हैं।
हम चोरी-चोरी नमक की गाड़ी खींचते हैं,
फिर भी हमारी नियति एक सड़े तालाब जैसी है।
नीची लहरों वाले तट पर छूटे हुए;
हम कितने दिन और जीवित रहेंगे ?
अगर हम घास के मैदान पर ओस होते
तो सूरज के आते ही समाप्त हो गए होते;
पर हम तो अनचाही गन्दगी हैं
जो मछुआरे किनारे पर फेंक जाते हैं।
सड़ते सड़ते हम नष्ट हो रहे हैं।
सड़ते सड़ते हम नष्ट हो रहे हैं।

दृश्य तीन

मात्सुकाज़े : सुमा का तट सन्ध्या में कितना
सुन्दर लगता है !
यह दृश्य हमारा जाना पहचाना है।
दूर कहीं से मछुआरों की हल्की आवाज़ें,

मात्सुकाज़े और मुरासामे :
उनकी छोटी छोटी नावों की मशालें,

धुँधली सी जलती हुई;
मुरझाया चाँद आसमान में सोया हुआ,
जंगली बत्तखें अपनी उड़ान में;
किनारे पर टिटहरियों का झुंड,
सर्दियों की हवा से धरती उड़ती सी;
यह शरद का कैसा मार्मिक नज़ारा !
कितनी उदास है आज की शाम !

मात्सुकाज़े : समुद्र से पानी निकालने के लिए
हम अपने कन्धों के आर-पार बाँधते हैं

मुरासामे : अपने निचले वस्त्र के छोर

मात्सुकाज़े : और अपनी मेहनत के लिए तैयार होते हैं

मुरासामे : हालाँकि ये सब हमसे होता नहीं

मात्सुकाज़े : क्योंकि हम कैसे कमज़ोर लोग हैं।

कोरस : *(आगे-उता)* लहरें इधर उधर मचल रही हैं,
लहरें इधर उधर मचल रही हैं,
सारस परेशान से उड़ और चीख़ रहे हैं,
जैसे ही बाढ़ उनके शिकार को बहा
कर ले जाती है।
बहती हवा और ज़ोर से शोर करती है
हम ठंड की रातों को कैसे बिता पाएँगे ?
रात के बढ़ने के साथ साथ चाँद की चमक बढ़ती जा रही है।
लीजिए ! नमक के साथ ही हम चाँद को भी डुबोकर भरते हैं।
ज़रा ध्यान से, ओ नमक से उठे धुएँ,
उसके चाँदी से चेहरे को मत ढँक देना !
नमक निकालने वालों का जीवन भी
सर्दियों में सिर्फ़ दर्दमय ही नहीं होता।

[सागे-उता]

चीड़ की कतारों में
ओजिमा के नमक बनानेवाले
चाँद की छाया को भी निकाल लेते हैं।
कितनी काव्यमय क्रिया !
चाँद की छाया को भी निकाल लेते हैं।
कितनी काव्यमय क्रिया !

[मात्सुकाज़े गाड़ी के सामने जाती है और नमक निकालने का मूकाभिनय करती है।]

दृश्य चार

मात्सुकाज़े शीते स्तम्भ के पास जाकर अपनी सीट पर बैठ जाती है।

कोरस : अपना नमक वे लगातार
[रोंगी]
दूर मिचिनोकु में
चिका के नमक भट्टे तक ढोते रहते हैं।

मात्सुकाज़े : नमक बनाने वाले लकड़ियाँ
अकोगी की सुन्दर खाड़ी के पास लाते हैं
जब लहर नीचे आती है।

कोरस : आइस के प्रान्त में
'दो-बार' देखी जा सकने वाली गाड़ी है।
ओह ! दो बार ही हम अपने ख़ुशी भरे दिन भी देख सकते।

मात्सुकाज़े : बसन्त में किसी एक दिन
जब किनारे के चीड़ एक जाल सा बुनते हैं,
रेतीले मैदान के पार बहुत दूर
नीचे गिरती लहर से नग्न होता सा

कोरस : हमें नरूमी का समुद्र दिखाई देता है,
और नारूओं में चीड़ के झुंड के झुंड
और चाँद का सौन्दर्य आशिया में छुप जाता है।

मात्सुकाज़े : आह ! हम यहाँ नादा में अपनी ज़िन्दगी जीते हैं
भोजन पाने के लिए नमक निकालते हुए;
लेकिन क्या कोई भी जान पाएगा
हमारी आज की दयनीय दशा !

कोरस : उठती लहर में से बाल्टी भरते हुए
हम उसमें झाँककर देखते हैं चाँद को।
[मुरासामे गाड़ी के पास जाती है और नीचे बैठकर बाल्टी को उसके ऊपर रख देती है।]

मात्सुकाज़े : ओह, इस बाल्टी को देखो ! चाँद को पकड़ लिया है जिसने !
[मात्सुकाज़े गाड़ी के पास जाकर बाल्टी में देखती है।]

कोरस : ओह, मज़ा आ गया ! यहाँ भी चाँद पकड़ा गया है।
[मात्सुकाज़े गाड़ी के पास जाकर बाल्टी में देखती है।]

कोरस : ओह, मज़ा आ गया ! यहाँ भी चाँद पकड़ा गया है।
[मात्सुकाज़े दूसरी बाल्टी में देखती है। मुरासामे मात्सुकाज़े के हाथ

में गाड़ी की रस्सी पकड़ाकर शीते स्तम्भ के पास खड़ी हो जाती है।]

मात्सुकाज़े : वहाँ तो एक ही चाँद है,

कोरस : लेकिन यहाँ दो बिम्ब हैं।
इस तरह अपनी गाड़ी में
चाँद और नमक के साथ
अपनी मेहनत को भूलते हुए
हम अपने घर तक की यात्रा का मज़ा उठाते हैं।

[मात्सुकाज़े ऑर्केस्ट्रा की तरफ़ जाती है, रस्सी खींचती है, फिर उसे छोड़कर एक स्टूल पर बैठ जाती है। मुरासामे शीते स्तम्भ के पास ही बैठ जाती है। मंचकर्मी गाड़ी को बाहर ले जाते हैं।]

दृश्य पाँच

पुजारी : घर की मालकिन वापस आ गई है। मैं उससे एक रात ठहरने के बारे में पूछता हूँ। सुनो ! जो भी अन्दर हो, मैं उससे बात करना चाहूँगा।

[मुरासामे की तरफ़ मुड़ता है।]

मुरासामे : क्या मैं जान सकती हूँ, आप कौन हैं ?

पुजारी : मैं प्रान्त-दर-प्रान्त घूमने वाला एक पुजारी हूँ। कृपया मुझे एक रात यहाँ ठहर लेने दीजिए।

मुरासामे : थोड़ा रुकिए। मैं मालकिन से आपके बारे में बात करती हूँ।

[उठती है और पुजारी की तरफ़ मुड़ती है।]

क्षमा करें, दरवाज़े पर एक यात्री खड़ा है और रात-भर के लिए पनाह माँग रहा है।

[मात्सुकाज़े की तरफ़ मुड़ती है और बैठ जाती है।]

मात्सुकाज़े : नमक बनाने वाले की यह झोंपड़ी बहुत गन्दी है, मैं यहाँ उसे नहीं ठहरा सकती। उसे यह बता दो।

मुरासामे : *(उठकर, पुजारी की तरफ़)* मैंने मालकिन से तुम्हारी बात की थी। उनका कहना है कि झोंपड़ी बेहद गन्दी है और वह आपको नहीं ठहरा सकतीं।

पुजारी : गन्दगी उसके लिए कोई मायने नहीं रखती, जिसने दुनिया को ही ठुकरा दिया हो। कृपया उनसे एक बार और पूछ लें कि वह मुझे रात भर रहने दें।

मुरासामे : वह तैयार नहीं होंगी।

मात्सुकाज़े : *(मुरासामे की तरफ़ मुड़कर)*

ठहरो।
चाँदनी में देखने पर लगता है कि
जो व्यक्ति आया है
उसने बहुत पहले ही संसार को छोड़ दिया है।
फिर भी इस गन्दी जगह में
चीड़ के लट्ठों और
बाँस की खपच्चियों के बीच
मुझे डर है कि रात में उसे
ठंड लगेगी ही।
फिर भी सरकंडों की आग से
उसे कुछ तो गर्मी मिलेगी ही।
इसलिए उसे अन्दर आने के लिए
कह दो।

मुरासामे : कृपया इधर से आइए।

पुजारी : कितना ख़ुश हूँ मैं ! आता हूँ।

[कुछ क़दम आगे बढ़ाता है—मुरासामे अपने स्थान पर जाकर बैठ जाती है।]

दृश्य छः

मात्सुकाज़े : *(पुजारी की तरफ़ घूमकर)* हालाँकि शुरू से ही तुम्हें ठहराने के लिए बेचैन थी लेकिन मेरी झोंपड़ी की ग़रीबी और गन्दगी ने ही मुझे तुम्हारी प्रार्थना अस्वीकार करने के लिए विवश किया।

पुजारी : आपके अनुग्रह के लिए धन्यवाद। यात्रा पर निकले हुए पुजारी के रूप में मैं किसी भी स्थान पर ज़्यादा देर नहीं रुकता और न ही मुझे ठहरने के लिए कोई चिन्ता है। इतना ही नहीं, जिस आदमी को सुमा तट प्यारा हो, वह तो ऊबड़-खाबड़ ज़िन्दगी ही पसन्द करेगा।

''अगर कोई मुझे पूछने आए
तो बता देना कि सुमा के
मछुआरों की तरह
भीगी बाँहों के साथ

मैं चट्टानी ज़िन्दगी जीता हूँ।"
ऐसा कुमार युकीहिरा गाया करते थे, मुझे पता चला है।
मैंने तट पर एक चीड़ देखा था। पूछने पर पता चला कि मात्सुकाज़े और मुरासामे नाम की नमक बनाने वाली दो औरतों की यादगार है वह। इसलिए मैंने उनकी आत्माओं के लिए धार्मिक अनुष्ठान सम्पन्न किए, यद्यपि मैं उनसे किसी रूप में भी जुड़ा हुआ नहीं हूँ।

[दोनों रोने लगती हैं।]

आश्चर्य ! मात्सुकाज़े और मुरासामे के नाम पर तुम्हें इतना दुःख ! कृपया बताएँ कि ऐसा क्यों है ?

मात्सुकाज़े और मुरासामे :

"किसी के हृदय की भावनाएँ
उसके चेहरे पर हूबहू दिखाई दे जाती हैं।"
आपने जिस कविता का ज़िक्र किया,
"अगर कोई मुझे पूछने आए,"
उसने हमारी अतीत की स्मृतियों को
फिर से झकझोर दिया है और
हमारे आँसुओं से हमारी बाँहें, फिर
से गीली हो गई हैं, जो आँसू
इस संसार से लगाव के कारण गिर रहे हैं।

पुजारी : क्या ! इस संसार से लगाव। यह तो स्वर्गीय आत्माओं की भाषा है। और फिर आपका यह कहना कि वह कविता, 'अगर कोई मुझे पूछने आए,' आपके भीतर अतीत की स्मृतियों को झकझोर रही है। मैं कुछ समझ नहीं पा रहा। कृपया अपने नाम तो बताएँ।

मात्सुकाज़े और मुरासामे :

हम बता देते लेकिन लज्जा आती है,
क्योंकि एक बार यहाँ से चले जाने के बाद
इस दुनिया में हमें पूछने वाला कोई नहीं है।

[कुदोकी]

हमारी आत्माएँ अभी भी जुड़ी हुई हैं
निराश उदास सी !
लेकिन हम अपने आप को छुपाएँ क्यों ?
हम मात्सुकाज़े और मुरासामे की प्रेत हैं
चीड़ के नीचे दफ़न,
जिनकी आत्माओं के लिए आज शाम
आपने सबसे पवित्र अनुष्ठान सम्पन्न किए हैं।

जब तीन वर्ष के लिए निर्वासित होकर
स्वामी युकीहिरा सुभा में आए,
तो कौतुक-नावों पर उनकी सेवा करने,
उनके समय के तनाव को हल्का करने,
नमक निकालने और ढोने के लिए,
चाँदनी रात में उन्हें सुकून देने के लिए,
हम दोनों बहनें इसी काम के लिए
चुनी गई थीं।
वह हमें हमेशा 'पाइन ब्रीज़' और
'पासिंग शॉवर' के नाम से बुलाते
थे, जो ऋतुओं के नाम से
मिलते-जुलते हैं।
इस प्रकार हमेशा चाँद की तरह चमकने वाले
सम्भ्रान्त स्वामी के साथ सुमा की
सीधी-सादी लड़कियाँ जुड़ती चली गईं।

मात्सुकाज़े : नमक की गन्ध से भरे वस्त्रों को उन्होंने दूर फेंक दिया।

मात्सुकाज़े और मुरासामे :
और लहराती सिल्क के वस्त्रों से स्वयं को आभूषित कर लिया
जो इत्र की गन्ध में रचे-बसे थे।

मात्सुकाज़े : आख़िरकार उनका तीन साल का वनवास समाप्त हुआ।
युकीहिरा ने मियाको में अपने घर के लिए प्रस्थान किया।

मुरासामे : लेकिन शीघ्र ही हमें समाचार मिला कि अपनी भरी जवानी में वह स्वर्ग सिधार गए।

मात्सुकाज़े : इन ख़बरों ने हमें उनकी प्रतीक्षा के लिए
और ज़्यादा विवश कर दिया;
यद्यपि न जाने कितने युगों से हम इस
दुनिया में प्रतीक्षा कर रहे हैं
लेकिन अब उनका समाचार हमें कैसे
मिल सकता है ?

कोरस : *(सागे-उता)*
लड़कियो, अपने दुःख पर क़ाबू रखो,
लगातार आँसुओं में रोती और
अपनी लहराती बाँहों को भिगोती,
ओ अन्धी आस्था !
ओ अक्षम्य पाप !

हमारी अपवित्र आत्माओं के लिए
प्रार्थना करो !

[मात्सुकाज़े और मुरासामे अपने दोनों हाथ पुजारी के सामने प्रार्थना की मुद्रा में जोड़ लेती हैं।]

दृश्य सात

[पुजारी वाकी सीट पर बैठ जाता है और मुरासामे बाँसुरीवादक के सामने।]

कोरस : *(आगे-उता)*
ओस में भीगी प्यार की घास
हमारे विचारों के उद्यान अवरुद्ध हो गए हैं,
हमारे विचारों के उद्यान अवरुद्ध हो गए हैं।
नाग पंचमी के दिन अपने को पवित्र किया जाना
नूसा की भेंटें, कुछ भी काम न आया
क्योंकि देवता लोग हमसे रूठ गए थे।
आह ! हम लहरों की झाग की तरह से नष्ट होते रहे।

[मंचकर्मी मात्सुकाज़े की एक छोटी सी खड़ी टोपी और नृत्य के लिए चोकेन चोग़ा थमा देते हैं।]

(क्यूज़) आह ! जैसे हमें अतीत याद आता है
हमारी कामना नई नई हो उठती है।
अपने वनवास के साल समाप्त होने पर
जब हमारे सम्भ्रान्त स्वामी मियाको में अपने
घर लौट गए तो अगली बार मिलने तक
निशानी के तौर पर वह अपना शिरस्त्राण
और चोग़ा हमें दे गए, जो वह
हमेशा दिन-ब-दिन पहनते रहे थे।
जब भी हम उन्हें देखते हैं,
हमारी कामना और भी घनीभूत हो उठती है,
हम चाहें तो भी हमारे मन
एक क्षण के लिए भी उन्हें भूल नहीं पाते।
ओ दारुण दुःख !
"अब तो निशानी ही कष्टदायक है,

ओह, अगर ये मेरे पास न होती
शायद मैं उन्हें भूल गई होती।"
ऐसा कवि विचार कर कहता है।
किन्तु हमारा प्रेम तो न जाने कितना गहरा है !

[मात्सुकाज़े चोग़े को देखकर रोती है।]

मात्सुकाज़े : "यह चोग़ा, जिसे रोज़ सोने से पहले उतार दिया करता हूँ।"

[मात्सुकाज़े उठती है।]

कोरस : मैंने इसे टाँग दिया और इसमें
मुझे कुछ सुकून मिला कि
शायद इस धरती पर हम
एक दूसरे से फिर मिल सकें।
अब वह आशा भी हमेशा के लिए
समाप्त हो चुकी है,
और हमारे लिए इस निशानी को भी
रखने का कोई अर्थ नहीं।

[मात्सुकाज़े चोग़े को नीचे लाती है, जैसे कि उसे गिरा रही हो।]

मैं इसे ज़मीन पर भी नहीं फेंक सकती,
मैं एक बार फिर इसे अपने हाथों में लेती हूँ
और ज्योंहि मैं ऐसा करती हूँ,
उसका बिम्ब मेरी आँखों के सामने आ जाता है।
जागते-सोते आगे-पीछे मैं अपने शाश्वत प्रेम
द्वारा जकड़ी हुई हूँ।
बचने का कोई रास्ता नहीं,
मैं सिर्फ मुँह के बल गिरकर रो सकती हूँ।
आह, पीड़ा ही हूँ मैं !

[मात्सुकाज़े शीते स्तम्भ के पास ढह जाती है और चोग़े से लिपटकर रोती रहती है।]

दृश्य आठ

[मात्सुकाज़े बड़ी बाँहों वाला चोग़ा उतारकर नृत्य वाला चोकेन चोग़ा और छोटी खड़ी टोपी पहन लेती है।]

मात्सुकाज़े : तीन नदियों की बहती धारा में

आँसुओं की लहर प्रेम के सरोवर में
यहाँ-वहाँ भँवर बनाती चलती है।
ओ कैसी ख़ुशी !
हमारे सम्भ्रान्त स्वामी यहीं खड़े हैं
और पुकार रहे हैं—'मात्सुकाज़े'।
मुझे तुरन्त जाना चाहिए।

[चीड़ के पेड़ को देखती है और अपने को अधबैठी मुद्रा में ले आती है। पेड़ की तरफ़ चल देती है किन्तु मुरासामे द्वारा रोक ली जाती है।]

मुरासामे : क्या पागलपन है !
प्रेम के पाप में सनक
अभी भी तुम पर सवार है।
जब तुम इस धरती पर थी,
तब से अपने इस लगाव को
तुम चाहकर भी अपने से अलग नहीं कर सकती।
वह और कुछ नहीं सिर्फ़ चीड़ का पेड़ है,
स्वामी युकीहिरा तो कहीं नज़र नहीं आ रहे।

मात्सुकाज़े : कितनी हृदयहीन हो तुम ! वह चीड़ स्वयं
युकीहिरा ही हैं।
क्या उन्होंने कविता में नहीं कहा था
कि चाहे कुछ समय के लिए हम लोग
अलग हो गए हैं,
वह फिर वापस आएँगे,
जब उन्हें पता चलेगा कि
हम उनकी वापसी की कामना करते हैं ?

मुरासामे : सच ! मैं तो भूल ही गई थी।
उनकी वापस लौटने की प्रतिज्ञा,
जब भी उन्हें पता चलेगा कि
हम उनकी कामना करते हैं।

मात्सुकाज़े : मैं कभी भुला नहीं पाई,
और यदि मेरी आशा के अनुरूप
चीड़ की हवा कभी उनके लौटने के बारे
में बोल भी दे तो क्या ?

मुरासामे : क्या हमारे आँसू सिर्फ़ एक बौछार होकर
रह जाएँगे ?

मात्सुकाज़े : तभी हमारी दृढ़ता

मुरासामे : सदैव सेवा को तत्पर चीड़ की तरह,
अपना पुरस्कार पाएगी। इसलिए हमारी सारी आशा

मात्सुकाज़े : इस कविता में केन्द्रित है।

कोरस : "यदि मैं कभी तुम लोगों को छोड़कर चला जाता हूँ।"

[मात्सुकाज़े आइरो नृत्य और उसके बाद चू-नो-माई नृत्य करती है।

जब बाँसुरी में आइरो बज रहा हो, मुरासामे रोती हुई बाँसुरीवादक के सामने जाकर बैठ जाती है। मात्सुकाज़े पहले चीड़ के पास जाती है, मंच पर वापस आती है और रोती है।]

दृश्य नौ

मात्सुकाज़े : "मैं फिर लौटूँगा,
जब एक बार मैं तुम्हें
माउंट इनाबा के चीड़ों की तरह
साँस लेते सुनूँगा।"
आह, उस कविता में इनाबा का नाम आता है।

[मात्सुकाज़े पेड़ की तरफ़ जाती है।]

कोरस : लेकिन यह तो सुमा के तट वाला चीड़ है
जो स्वामी युकीहिरा को जानता था,
जिसकी हम एक बार लौटने के लिए
प्रतीक्षा करते हैं।
यदि वह लौटे, मैं पास जाकर
इसकी छाया में उनका आलिंगन करूँगी।
ओ हमारे परमप्रिय चीड़ !

[मात्सुकाज़े पेड़ के पास जाकर उसे सहलाती है, फिर थोड़ा पीछे मुड़कर रोने लगती है।

मात्सुकाज़े हा-नो-माई नृत्य करती है जिसके अन्त में पेड़ के चारों तरफ़ घूमती है।]

दृश्य दस

[मात्सुकाज़े नृत्य करती है जब निम्नलिखित पंक्तियाँ गाई जाती हैं।]

कोरस : जब हवा चीड़ की डालियों को उछाल रही थी
और लहरें सुमा के तट से टकरा रही थीं।

[मात्सुकाज़े बीच में आ जाती है और घुटनों के बल झुककर पुजारी के सामने प्रार्थना की मुद्रा में अपने हाथ जोड़ लेती है।]

पूरी रात हमारी अन्धी आस्था ही
आपके सपनों में जीते-जागते रूप में आई थी।
ओ ! हमारी आत्माओं के लिए प्रार्थना करना !
अब हम आपसे अन्तिम विदा लेते हैं,
अच्छे पवित्र पुजारी !
सुमा के तट के पार
जहाँ लहरों की आवाज़ आ रही है,
दूर पहाड़ों से सुबह की समीर
नीचे उतर रही है,
और पास वाले क़स्बे में मुर्ग़ों ने एक
स्वर में बाँग देना शुरू कर दिया है।
पुजारी अपने स्वप्न से जागता है
और सुबह की रोशनी में चकित होता है
क्या बौछार—क्या सभी कुछ एक सपना ही था ?
क्योंकि चीड़ में बहती हवा के अलावा कुछ नहीं बचा है।
क्योंकि चीड़ में बहती हवा के अलावा कुछ नहीं बचा है।

[मात्सुकाज़े शीते स्तम्भ के पास दो बार पैर से प्रहार करती है।]

गधों का मेला

(एक मिस्री नाटक)

मूल रचना : तौफ़िक़-अल-हकीम

हिन्दी अनुवाद : देवेन्द्र राज अंकुर

पात्र

दो बेरोज़गार आदमी
किसान
किसान की बीवी

पहला दृश्य

[गधों के मेले के आसपास। दूर से गधों का रेंकना सुनाई दे रहा है। मेले के बाहर दो आदमी बैठे हैं। उनके फटे-पुराने कपड़ों और गन्दी हालत से ऐसा लगता है कि दोनों बेरोज़गार आवारा हैं।]

पहला बेरोज़गार: *(अपने साथी से)* बता सकते हो कि हममें और गधों में क्या फ़र्क़ है ?

दूसरा बेरोज़गार: फ़र्क़ तुम अपने कानों से खुद पूछ लो।

पहला : रेंकना ?

दूसरा : हाँ, रेंकना।

पहला : ऐसा तो नहीं कि गधे रेंककर ही बात करते हों ?

दूसरा : बस, वही तो।

पहला : मतलब कि उनमें बातचीत हो रही है।

दूसरा : हो सकता है कि वे चिल्ला रहे हों।

पहला : अजीब हैं। वे क्या बातचीत कर रहे होंगे ?

दूसरा : इसको समझना है तो गधा बनना पड़ेगा।

पहला : वे तो एक दूसरे से इतनी ज़ोर से बातचीत करते हैं।

दूसरा : ज़ाहिर है। एक दूसरे को सुनना नहीं है क्या ?

पहला : मेरा तो ख़याल था कि गधे आपस में फुसफुसाते हैं।

दूसरा : क्यों ? ऐसा क्यों करेंगे वे ?

पहला : हमारी तरह ही।

दूसरा : ख़ैर छोड़ो, गधे हमारी तरह नहीं हैं।

पहला : ठीक कहते हो। गधे सभ्य नस्ल के होते हैं।

दूसरा : क्या कह रहे हो ? सभ्य ?

पहला : तुमने कभी जंगली गधे देखे हैं ? जंगली घोड़े और जंगली भैंसें और जंगली कबूतर और जंगली बिल्लियाँ तो होती हैं, पर जितने भी गधों को अपने चारों तरफ़ देखा है, वे चुपचाप काम करते हैं और खुलकर बातचीत करते हैं।

दूसरा : खुलकर ?

पहला : मतलब कि चिल्ला-चिल्लाकर।

दूसरा : जहाँ तक चिल्लाने की बात है, बता सकते हो कि हम लोग अच्छे ढंग से क्यों नहीं जी पा रहे हैं—तुम और मैं ?

पहला : क्योंकि तुम्हारी और मेरी हालत ख़स्ता है।

दूसरा : और हमारी हालत ख़स्ता क्यों है ?

पहला : क्योंकि कोई भी हमें घास नहीं डालता। अगर गधों के मेले जैसा हमारा भी एक बाज़ार होता तो कोई न कोई हमें भी ख़रीद लेता।

दूसरा : फिर हमें कोई ख़रीदता क्यों नहीं ?

पहला : क्योंकि घर की मुर्ग़ी दाल बराबर।

दूसरा : घर की मुर्ग़ी दाल बराबर क्यों है ?

पहला : पैसा सिर्फ़ बाहर के माल पर ही मिल सकता है।

दूसरा : हम भी बाहर जाकर अपनी नुमाइश क्यों नहीं करते ?

पहला : कैसे ?

दूसरा : अपनी बोली लगाकर।

पहला : उसमें तो बहुत चिल्ला नहीं पाएँगे।

दूसरा : पर गधे की बोली ऊँची कैसे निकल आती है ?

पहला : क्योंकि...बता तो चुका हूँ कि वे सभ्य नस्ल के होते हैं।

दूसरा : तुम्हारी बात सोचने लायक़ है। काश ! इस आने वाले गधे की तरह मैं भी एक गधा होता। उधर देखो, वह आदमी मेले से गधे को ख़रीद के ला रहा है। पता नहीं, उसने कितने में ख़रीदा होगा। देखो देखो, कैसे घमंड से सीना फुलाए, गधे को लेकर चला आ रहा है।

पहला : मुझे एक बात सूझी है।

दूसरा : वह क्या ?

पहला : क्या तुम गधा बनोगे ?

दूसरा : मैं ? कैसे ?

पहला : सवाल मत पूछो। बनोगे कि नहीं ?

दूसरा : बनना तो चाहता हूँ, पर कैसे ?

पहला : मैं बताता हूँ। तुम उस गधे को देख रहे हो और उस आदमी को भी। मैं क्या करता हूँ कि उस आदमी के पास जाकर उसे बातचीत में उलझा लेता हूँ। इसी बीच तुम गधे के गले से रस्सी निकालकर अपने गले में डाल लेना। पर होशियार, उसके मालिक को इसका पता न चले।

दूसरा : बस ! फिर उसके बाद ?

पहला : उसके बाद वह तुम्हें लेकर चल देगा और मैं गधा लेकर।

दूसरा : पर वह मुझे लेकर कहाँ चल देगा ?

पहला : क्या पता ? वह ख़ुदा पर छोड़ दो।

दूसरा : तुम मज़ाक़ तो नहीं कर रहे ?

पहला : तुम्हीं तो ऐसा चाहते थे न ?

दूसरा : मैं अपने गले में रस्सी डाल लूँगा और वह मुझे लेकर चल देगा ?

पहला : तो इसमें ग़लत क्या है ? कम से कम तुम्हें कोई तो ऐसा मिलेगा जो तुम्हें खाने के लिए एक टुकड़ा दे सके।

दूसरा : टुकड़ा कहाँ, पूरा गट्ठर होगा।

पहला : बात तो वही है। खाने के लिए कुछ।

दूसरा : मतलब यह कि भूखे रहने और सिर पर छत न होने से तो अच्छा ही होगा। पर मैं उस आदमी को बेवक़ूफ़ कैसे बनाऊँगा।

पहला : यह तो इसी पर मुनहसर होगा कि तुम कितने चलते पुर्ज़े हो।

दूसरा : चलो, कोशिश करते हैं।

पहला : छुप जाओ। आदमी हम दोनों को एक साथ न देख ले।

[दोनों अलग-अलग चले जाते हैं। मंच खाली हो जाता है। एक आदमी, जो देखने में किसान जैसा लगता है, मंच पर आता है। उसके हाथ में एक रस्सी है, जिससे वह गधे को लेकर चल रहा है। पहला बेरोज़गार उसके पास पहुँचता है।]

पहला : अस्सलाम-ओ-अलेकुम !

किसान : वालेकुम सलाम !

पहला : या ख़ुदा, मुझे पहचान ही नहीं पा रहे हो या कुछ...

किसान : तुम ? कौन हो तुम ?

पहला : कौन हूँ मैं ? क्या हमने साथ साथ लुक़्मा नहीं तोड़ा था ?

किसान : मेरे पल्ले कुछ नहीं पड़ रहा है। तुम्हारा मतलब कि हमने साथ साथ कभी लुक़्मा तोड़ा था ?

पहला : तुम्हारा मतलब कि तुम सबकुछ इतनी जल्दी भूल गए हो ? सिवा हरामी के और किसे अच्छा वक़्त याद नहीं रहता।

किसान : मुझे हरामी कह रहे हो ?

पहला : उस पर खुदा की मार, जिसने तुम्हारे बारे में ऐसा बोला हो ? मेरा मतलब था कि जो आदमी अपने अच्छे दोस्तों को भूल जाता है, वह...पर शुक्र खुदा का, तुम तो काफ़ी नफ़ीस और तहज़ीब वाले हो, सिर्फ़ मुझे ऐसे देखकर पहचान नहीं पा रहे हो। पते की बात यह है कि हम रात में मिले थे, साथ साथ खाना खाया था, सिर्फ़ उस रात चाँद नहीं निकला था।

किसान : चाँद ? कब ? कहाँ ?

पहला : मैं तुम्हें याद दिलाता हूँ। थोड़ा धीरज रखो, जब तक कि गाँठ न खुल जाए।

[वह गुस्से से अपने साथी को देखता है जो पहले से चुपचाप वहाँ पहुँचकर गाँठ को खोलने में लगा है।]

किसान : क्या न खुल जाए ?

पहला : मेरी जुबान जल जाए। तुमने मुझे शर्मिंदा कर दिया, भुला दिया कि मैं क्या कह रहा था। मेरी थोड़ी मदद करो। *(अपने साथी को कनखियों से देखता है और उसे जल्दी करने का इशारा करता है।)* गाँठ को खोल लो और मुझे इस मुसीबत से बाहर निकालो।

किसान : क्या कह रहे हो, कुछ समझ में नहीं आ रहा है।

पहला : जल्दी ही समझ जाओगे।...एक बार गाँठ खुल जाए...खुल ही चुकी होगी...बहुत देर से चल रहा है...बहुत ही देर से। जल्दी खोलो, यार।

किसान : पर क्या खोलूँ ?

पहला : *(यह देखकर कि उसके साथी ने अपना काम कर लिया है, उसने रस्सी को अपने गले में बाँध लिया है और गधे को खुला छोड़ दिया है।)* वाह ! आख़िरकार खुल ही गई ! सिर्फ़ ख़ुदा ही खोलता और हल करता है। हर चीज़ अपने सही वक़्त पर खुल गई और हल हो गई है। हर चीज़ का वक़्त होता है, यह देखकर कि तुम मुझे पहचान नहीं पा रहे हो, मैं तुम्हें वक़्त देता हूँ कि तुम आराम से बैठकर इस बारे में सोचो। ख़ुदा ने चाहा तो हम जल्दी ही मिलेंगे, तुम मुझे पहचान लोगे और गर्मजोशी से मेरा ख़ैर-मक़दम करोगे। ख़ुदा हाफ़िज़।

[वह किसान को असमंजस में छोड़कर चल देता है। वह गधे के पीछे जाता है और उसे लेकर चुपचाप चला जाता है।]

किसान : *(अपने आप से)* कहाँ मिला था मैं उससे ? कहाँ हमने खाना खाया था ? चाँद निकला नहीं था ? हो सकता है...आजकल दिमाग़ ठिकाने नहीं है।

[वह आगे लेकर जाने के लिए गधे की रस्सी खींचता है। उसे मालूम नहीं कि दूसरे ने गधे की जगह ले ली है।]

किसान : *(आवाज़ लगाते हुए)* चलो भई, गधे, चलो।

[दूसरा गधे के रेंकने की नक़ल करता है।]

किसान : *(इधर उधर देखकर हैरान होते हुए)* अरे, यह क्या ? कौन हो तुम ?

दूसरा : गधा हूँ।

किसान : गधा ?

दूसरा : हाँ, गधा जिसे तुमने अभी अभी मेले से ख़रीदा है।

किसान : नामुमकिन !

दूसरा : तुम इतने हैरतज़दा क्यों हो ? क्या तुमने अभी अभी मुझे मेले से नहीं ख़रीदा था ?

किसान : हाँ, पर...

दूसरा : पर क्या ?

किसान : खुदा की रहमत का साया हम पर बना रहे।

दूसरा : डरो मत, मैं तुम्हारा गधा ही हूँ।

किसान : कैसे, तुम तो आदमी हो ?

दूसरा : यह तो तुम्हारी क़िस्मत है, अच्छी क़िस्मत।

किसान : क्या तुम सचमुच में आदमी हो या...?

दूसरा : हाँ, आदमी हूँ, जिन्न नहीं। घबराओ मत, सारी बात साफ़ करता हूँ। बस, ज़रा सँभलो तो।

किसान : मैं...मैं सँभल गया हूँ।

दूसरा : तो सुनो, मेरे आक़ा...असली बात यह है कि मेरे वालिद...तुम्हारे जैसे ही एक नेक इन्सान...पर थे काफ़ी सख़्त। और उनके दिमाग़ में घुस गया कि एक ऐसी लड़की से मेरा निकाह कर दिया जाए, जिसे मैंने देखा ही नहीं और न उसने मुझे। मैंने इनकार कर दिया पर वह अड़े रहे। मैंने उन्हें सुझाया कि बातचीत करके किसी समझौते पर पहुँचा जा सकता है, बशर्ते सारी बातचीत खुली तबीयत से हो। उनको आ गया ग़ुस्सा और बोले, "मेरी औलाद मुझसे बहस नहीं करती।" मैंने उनसे कहा, "आप जो कुछ कह रहे हैं, मैं उसे मानने से इनकार करता हूँ।" इस पर वह बोले, "तुम गधे हो।" मैंने कहा, "मैं गधा नहीं हूँ।" वह बोले, "मैं कहता हूँ कि तुम गधे हो और गधे ही बन जाओगे।" और उन्होंने मुझे एक गधे में तब्दील कर देने के लिए खुदा से दुआ माँगी। उसी लम्हे में मानों बहिश्त के दरवाज़े खुल गए और उनकी इबादतें कारगर साबित हुईं और मैं सचमुच गधे में बदल गया। मेरे वालिद के इन्तक़ाल के बाद लोगों ने मुझे चरागाह में पाया, जहाँ मैं उनकी मौरूसी विरासत का हिस्सा बन चुका था। उन लोगों ने मुझे मेले में बेच दिया। फिर तुम आए और तुमने मुझे ख़रीद लिया।

किसान : हैरतअंगेज़ ! तो तुम्हीं वह गधे हो जिसे मैंने ख़रीदा है।

दूसरा : बिलकुल सही।

किसान : और तुम फिर से आदमी कैसे बन गए ?

दूसरा : बता तो चुका हूँ। यह तो तुम्हारी क़िस्मत है, अच्छी क़िस्मत। लगता है कि तुम खुदा के नेक बन्दों में से हो और खुदा, लाख लाख शुक्र है उनका, तुम पर मेहरबान हो गए...

किसान : सचमुच ! पर अब करेंगे क्या ?

दूसरा : हुआ क्या ?

किसान : हुआ यह कि तुम...कि मैं...मुझे नहीं पता कि कैसे शुरू करूँ। कहने

का मतलब यह कि मैं तो अपना सारा पैसा खो चुका हूँ, बरबाद हो चुका हूँ।

दूसरा : तुमने कुछ नहीं खोया है।

किसान : कैसे ?

दूसरा : तुमने एक गधा ख़रीदा था न, गधा यहाँ मौजूद है।

किसान : कहाँ किधर ?

दूसरा : मैं हूँ न इधर।

किसान : तुम ?

दूसरा : हाँ, मैं।

किसान : कहना चाहते हो कि तुम...

दूसरा : *(बात को काटते हुए)* पूरी तरह से तुम्हारी जायदाद। तुमने मुझ पर अपना पैसा लगाया, यह सोचकर कि मैं एक गधा हूँ। सौदा तय हो गया। अब अगर उसके बाद मैं कुछ और बन जाता हूँ तो इसमें तुम्हारी क्या ग़लती है। तुमने माल ख़रीद लिया है, और बात ख़त्म।

किसान : हाँ, मैंने ख़रीदा...

दूसरा : बिलकुल...मस्त रहो।

किसान : तुम्हारा मतलब कि अब तुम मेरी जायदाद हो ?

दूसरा : बाक़ायदा। क़ानून के मुताबिक़ तुम्हीं मेरे हक़दार हो। हक़ तो हक़ ही है...और तुम्हारा तो है ही।

किसान : बहुत ख़ूब। अच्छा, तो अब चलते हैं।

दूसरा : जैसी तुम्हारी मर्ज़ी।

किसान : मुड़ मुड़। ओहो, पर मैं तुम्हें बुलाऊँ किस नाम से ?

दूसरा : किसी भी नाम से बुलाओ। जैसे कि...कि...हसावी। यह नाम तुम्हें कैसा लगा ? हसावी...हसावी आ...हसावी जा ?

किसान : हसावी ?

दूसरा : इसके मायने भी हैं।

किसान : इस पर खुदा की नेमत। चलो फिर...मोहतरम हसावी ! ज़रा ठहरो, तुम्हारे गले में इस रस्सी की क्या ज़रूरत है।

दूसरा : जैसी तुम्हारी मर्ज़ी।

किसान : बेहतर है कि रस्सी को निकाल ही दो...आख़िरकार अब तुम्हें जाना भी कहाँ है ? ठहरो, मैं खोल देता हूँ।

दूसरा : *(खुद ही खोलते हुए)* मैं खुद...मैं खुद ही...अगर तुम्हारी इजाज़त हो ?

किसान : हाँ-हाँ, ठीक। चलो, घर चलते हैं, मोहतरम हसावी।

[अन्धकार]

दूसरा दृश्य

[किसान के घर में उसकी बीवी घरेलू काम-काज में लगी है। उसे दरवाज़े पर दस्तक सुनाई देती है।]

बीवी : कौन है ?

किसान : *(बाहर से)* *मैं हूँ बेगम, खोलो।*

बीवी : *(दरवाज़ा खोलती है और उसका ख़ाविन्द अन्दर आता है)* तुम इतनी देर से मेले में ही थे ?

किसान : अभी अभी तो वापस आया हूँ।

बीवी : तुमने गधा ख़रीद लिया ?

किसान : मैंने ख़रीद तो लिया...

बीवी : तुमने उसे चरागाह में छोड़ दिया ?

किसान : किस चरागाह की बात कर रही हो, बेगम ? अन्दर चले आओ, मोहतरम हसावी।

बीवी : तुम अपने साथ एक मेहमान भी ले आए ?

किसान : मेहमान नहीं... यह तो वही जिसे तुम...बाद में बताऊँगा।

बीवी : मेहरबानी करके अन्दर आ जाओ।

किसान : एक गिलास चाय तो बनाकर लाना।

[बीवी चली जाती है।]

हसावी : *(चारों तरफ़ देखते हुए)* लगता है कि मैं...

किसान : पर मैं अपनी बीवी से क्या कहूँ ?

हसावी : सच सच कह दो।

किसान : सच सच ?

हसावी : और क्या। न एक लफ़्ज़ ज़्यादा और न एक लफ़्ज़ कम। साफ़ साफ़ बोलना ही बेहतर है।

किसान : तब तुम सोओगे कहाँ ?

हसावी : चरागाह में।

किसान : क्या मतलब ? चरागाह ? तुम्हें लगता है कि यह ठीक होगा ?

हसावी : मेरी जगह तो वही है। सब चीज़ें तरतीब से होनी चाहिए। सिर्फ़ एक गद्दा और तकिया दे सको तो वहाँ रखवा देना।

किसान : ठीक ! पर खाना ? तुम्हारे लिए घास-फूस और फलियाँ तो ठीक नहीं रहेगीं।

हसावी : फलियाँ मैं खा लूँगा...अगर सेम की फलियाँ हों तो।

किसान : थोड़ा सा तेल में तलकर ?

हसावी : और एक टुकड़ा नीम्बू।

किसान : और तुम हमेशा फलियाँ ही खाते रहोगे ?

हसावी : यह तो ख़ुदा की नेमत होगी।

किसान : ख़ूब कही। गधों का तो एक ही खाना होता है। उन्हें क्या पता कि क्या नाश्ता और क्या दोपहर और रात का खाना। यही घास-फूस और फलियाँ बस।

हसावी : मालूम है।

किसान : ठीक। तुम्हारे सोने और खाने के बारे में तय कर लिया है। अब बताओ, काम क्या करोगे ?

हसावी : गधे जो करते हैं, वह सबकुछ...सिवाय सवारी के।

किसान : सवारी ?

हसावी : तुम मुझ पर सवारी नहीं कर सकते क्योंकि तुम गिर पड़ोगे।

किसान : और सामान को ढोना ? जैसी कि मेरी ख़्वाहिश थी कि मूली और प्याज़ के गट्ठर गधे की पीठ पर ढोकर सब्ज़ी वाले के पास ले जाऊँ।

हसावी : यह काम मैं कर दूँगा।

किसान : तुम सब्ज़ियों को अपने कन्धे पर ढोकर चलोगे ?

हसावी : वह काम मेरा है, मैं सँभाल लूँगा। बेशक मैं एक गधा हूँ पर मेरे पास दिमाग़ तो है।

किसान : दिमाग़ ? दिमाग़ की बात तो मेरे दिमाग़ से निकल ही गई थी।

हसावी : बेफ़िक्र रहो, मेरे दिमाग़ को तुम अपना ही समझो। तुम हमेशा मुझ पर भरोसा रख सकते हो। सिर्फ़ मुझे हर चीज़ के बारे में खुलकर बात करने का हक़ दो।

किसान : मतलब कि तुम सामान लेकर अपने आप सब्ज़ी वाले के पास पहुँच जाओगे ?

हसावी : और तुम्हारे लिए उससे बढ़िया रक़म तय करा लूँगा।

किसान : देखा जाए।

बीवी : *(अन्दर से)* चाय !

हसावी : अगर इजाज़त हो तो...*(उठने लगता है।)*

किसान : कहाँ जा रहे हो ?

हसावी : बाड़े में सोने की जगह देखने।

किसान : बाहर, दाईं तरफ़ को।

[हसावी बाहर चला जाता है। चाय का गिलास लिए बीवी प्रवेश करती है।]

बीवी : *(ख़ाविन्द को चाय देते हुए)* तुम्हारे मेहमान चले गए ?

किसान : वह कोई मेहमान नहीं, बेगम, वह तो...

बीवी : क्या ?

किसान : वह तो...वह तो...

बीवी : वह तो क्या ?

किसान : वह...एक...

बीवी : कौन है वह ?

किसान : तुम्हें यक़ीन नहीं होगा।

बीवी : क्या यक़ीन नहीं होगा ?

किसान : वही जो मैं अभी बताने वाला हूँ।

बीवी : ठीक है, बको तो सही।

किसान : वह...मेरा ख़रीदा हुआ गधा है।

बीवी : गधा ?

किसान : हाँ, मैं आज मेले में गधा ख़रीदने गया था कि नहीं ? यह वही गधा है जिसे मैं ख़रीदकर लाया हूँ।

बीवी : मियाँ, क्या तुम मुझे बेवक़ूफ़ साबित करना चाहते हो ?

किसान : बताया तो था कि तुम्हें यक़ीन नहीं होगा ?

बीवी : पर किस बात का यक़ीन ? कि मेले में इनसानी गधे बिकने लगे ?

किसान : जब मैंने उसे ख़रीदा था, उस वक़्त वह इन्सान नहीं था...सबों की तरह गधा ही था...और वह रेंक भी रहा था।

बीवी : अच्छा, रेंक भी रहा था ?

किसान : खुदा की कसम, क़ुरान मजीद की क़सम, वह रेंक रहा था।

बीवी : और फिर ?

किसान : और फिर घर आते हुए रास्ते में...मैं उसे रस्सी से खींचते हुए ला रहा था...अचानक मैंने पीछे मुड़कर देखा तो वह आदमी बन चुका था।

बीवी : खुदा हम पर रहम करे !...कोई जिन्न ?

किसान : नहीं बेगम, वह जिन्न नहीं है...उस पर बद्दुआ का असर था। पहले वह भी एक आदमी ही था, हम जैसे नेक बन्दों की औलाद। फिर वह बद्दुआ के असर से गधे में बदल गया और लोगों ने उसे मेले में बेच दिया। मैंने उसे ख़रीद लिया और खुदा का लाख लाख शुक्र, वह मुझ पर मेहरबान हो गए। और उसे फिर से आदमी बना दिया।

बीवी : या अल्लाह !

किसान : बस, यही कुछ हुआ।

बीवी : पर...

किसान : क्या कहना चाहती हो ?

बीवी : कुछ नहीं।

किसान : कुछ तो है।

बीवी : मेरा कहना है...मेरा मतलब है कि...उसे लेकर अब हम करेंगे

क्या...मतलब एक आदमी को लेकर ?

किसान : करेंगे क्या ? वही जो एक गधे को लेकर करते...और ऊपर से उसके पास दिमाग़ भी है।

बीवी : मेरा ख़याल है कि हम उस पर सवारी नहीं कर सकेंगे।

किसान : फ़िलहाल हम सवारी की बात को छोड़ दें।

बीवी : और हम उससे ऐसे ही बातचीत करेंगे, जैसे आदमी के साथ ?

किसान : हाँ, बात तो करेंगे ही और उसे नाम से बुलाएँगे भी।

बीवी : उसका नाम भी है ?

किसान : यक़ीनन ! तुम क्या सोचती हो ? उसका नाम है हसावी। हम उसे बुलाकर हुक्म दे सकते हैं–हसावी यहाँ आओ, हसावी वहाँ जाओ।

बीवी : और वह सोएगा कहाँ ?

किसान : बाड़े में। ज़्यादा से ज़्यादा तुम एक गद्दा बिछा देना।

बीवी : और वह खाएगा क्या ?

किसान : फलियाँ...पर तेल में तलकर।

बीवी : तेल में ?

किसान : और नीम्बू के साथ।

बीवी : और वह चाय पीएगा ?

किसान : यह आदत उसे न ही डालें तो अच्छा है।

बीवी : क्या ख़ूब !...हमें एक इनसानी गधा मिला है !

किसान : पर बेगम, होशियार रहना। पड़ोसियों से इस बारे में कोई बात मत करना, नहीं तो वे लोग हमें सरफिरे कहने लगेंगे।

बीवी : तो उनसे क्या कहूँ मैं ?

किसान : कहना...कह देना कि वह हमारा दूर का रिश्तेदार है जो रमज़ान के पहले हमारे काम में हाथ बँटाने यहाँ आया हुआ है।

[दरवाज़े पर दस्तक]

बीवी : कौन है ?

हसावी : *(बाहर से)* मैं...हसावी।

बीवी : *(ख़ाविन्द से)* वही है।

किसन : दरवाज़ा खोल दो।

[बीवी दरवाज़ा खोल देती है।]

बीवी : अन्दर आ जाओ...पर अपने पैर साफ़ करके।

हसावी : *(अन्दर आकर)* मैंने बाड़े में अपने लिए एक कोना साफ़ करके उसके ऊपर घास बिछा लिया है।

किसान : देख लिया जानेमन, सफ़ाई भी कर लेता है और अपना बिस्तर भी खुद लगा लेता है...एक और सहूलियत।

बीवी : हाँ, उसे उसकी आदत तो पड़ जानी चाहिए।

हसावी : मैं एक ज़रूरी बात बताने आया था।

किसान : किस बारे में ?

हसावी : सब्ज़ी वाले के बारे में।

किसान : सब्ज़ी वाला ? उसके बारे में क्या ?

हसावी : उसकी तरफ़ से एक आदमी आया था...मेरी उससे बाहर दरवाज़े पर ही मुलाक़ात हो गई। वह कह रहा था कि सब्ज़ी वाले को सौदा जल्दी से पहुँचाया जाए। बातों ही बातों में मैंने पता लगाया कि रमज़ान के दिनों में मूली और प्याज़ की क़ीमतें बढ़ने वाली हैं। मैंने उसे बता दिया कि आपने इस सौदे को लेकर अभी कुछ तय नहीं किया है क्योंकि एक दूसरा ख़रीदार इससे अच्छी क़ीमत अदा करने को तैयार है। वह आदमी तो सकते में आ गया और उसी दम ज़्यादा क़ीमत अदा करने को तैयार हो गया।

किसान : ऐसा हुआ ?

हसावी : *(कुछ पैसे निकालते हुए)* मैंने उससे ऊँची क़ीमत वसूल कर ली। ये लो।

किसान : तुम पर ख़ुदा की रहमत।

हसावी : पर मुझे तुमसे कुछ दरियाफ़्त करना था।

किसान : क्या ?

हसावी : किसी भी चीज़ को लेकर मुकम्मल तौर पर तय करने से पहले क्या तुम मुझे खुलकर बातचीत करने की इजाज़त दोगे ?

किसान : सुन रहा हूँ ?

हसावी : क्या तुम सारी की सारी फ़सल सब्ज़ी वाले को बेच देने की सोच रहे हो ?

किसान : हाँ, सारी की सारी।

हसावी : पर क्यों ?

किसान : क्योंकि हमें पैसे की ज़रूरत है।

हसावी : क्या बहुत ही ज़रूरत है अभी ?

किसान : हाँ है! रमज़ान के दिनों में हमें पैसे की सख़्त ज़रूरत है। क्या तुम भूल गए हो कि हमें काजू, पिस्ता, बादाम, अख़रोट वगैरह ख़रीदना होता है ?

हसावी : मुझे एक बात सूझी है।

किसान : उसे भी सुन लेते हैं।

हसावी : हम फ़सल का कुछ हिस्सा अलग करके अगले मौसम में उसका बीज डालें, बजाय इसके कि तब ऊँची क़ीमत पर नया बीज ख़रीदें।

किसान : अगले मौसम में तो अभी बहुत देर है।

बीवी : अगला मौसम खुदा के रहमोकरम पर...हम तो आज में जीते हैं।

हसावी : सही बात। मैंने तो सिर्फ़ अपनी राय ज़ाहिर की है...मुझे सिर्फ़ डर यह है कि जब अगला मौसम आएगा तो तुम्हारे पास बीज ख़रीदने के लिए पैसा नहीं होगा...और तुम्हें ब्याज पर पैसा उधार लेने के लिए सूदख़ोर के पास जाना पड़ेगा और शायद तुम्हें मुझे मेले में बेचने पर मजबूर होना पड़ेगा।

किसान : यह सबकुछ अल्लाह पर छोड़ दो।

बीवी : इतनी बहस क्यों कर रहा है ?

किसान : *(हसावी से)* क्या तुम्हें कुछ और कहना है ?

हसावी : हाँ, मुझे डर है कि...

किसान : किस बात का डर है तुम्हें ? हमें बता दो और जो कुछ होना है, होने दो।

हसावी : हाँ, मेरे दिलो-दिमाग़ में जो कुछ है, उसे मुझे साफ़ करना ही होगा। अभी जब मैं तुम्हारे खेत के पास से गुज़र रहा था तो मैंने देखा कि तुमने जो मूली और प्याज़ बोए थे, उनमें से दस मन के क़रीब तो सूख गए हैं क्योंकि सिंचाई का पानी वहाँ तक पहुँचा ही नहीं था।

किसान : अब उसके बारे में क्या किया जाए ?

हसावी : उसमें एक-दो शदूफ़ डाल देने चाहिए।

किसान : यह तो हमने सोचा था।

हसावी : फिर किया क्यों नहीं ?

किसान : पैसा...पैसा कहाँ है ?

हसावी : *(बीवी की कलाई को देखकर)* सिर्फ़ मोहतरमा के एक बाज़ूबन्द को...

बीवी : *(चिल्लाते हुए)* बरबादी !

हसावी : दस मन की सिंचाई से पहली फ़सल से ही बाज़ूबन्द की क़ीमत वसूल हो जाएगी।

किसान : तुम्हें ऐसा लगता है ?

बीवी : *(अपनी छाती पीटते हुए)* कैसी क़यामत ! मियाँ, तुम इस जानवर की बातें कब तक सुनते रहोगे ? क्या तुम वाक़ई मेरा बाज़ूबन्द बेचने की सोच रहे हो ?

किसान : हमने अभी कुछ भी ख़रीदा-बेचा नहीं है। हम तो यूँही बातचीत कर रहे हैं।

बीवी : गधे के साथ बातचीत, बेवक़ूफ़ ?

किसान : इसमें क्या ख़राबी है ? वह क्या बोल रहा है, मुझे सुनने दो...तुम भी

सुनो।

बीवी : मैं सुनूँ ? उसको सुनूँ ? उसकी बकवास को सुनूँ जिससे सरदर्द हो जाता है। जबसे वह यहाँ आया है, सिर्फ़ सरदर्द बना हुआ है।

किसान : उसे अपनी राय ज़ाहिर करने का हक़ है।

बीवी : उसकी राय ? वह क्या राय देगा ? राय...क्या अब हमें एक गधे की राय पर चलना होगा ?

किसान : वह और गधों जैसा नहीं है।

बीवी : उससे क्या ! खुदा क़सम, अगर तुम्हारा यह गधा चुप नहीं होता और अपने हाथ मेरे बाज़ूबन्द से नहीं हटाता तो मैं इस छत के नीचे रहने वाली नहीं।

किसान : हौसला रखो और अक़्ल से काम लो। आख़िर हमने उसकी राय मानने का फ़ैसला तो नहीं कर लिया है ?

बीवी : वही तो बाक़ी बचा था...कि तुम उसकी राय पर चलो। सारी ज़िन्दगी तुम अपने घर में मालिक रहे हो और तुम्हारी ही बात क़ानून होती थी। जबसे तुम मेले से अपने प्यारे दोस्त मोहतरम हसावी को घसीटकर लाए हो, तुम उसकी हर राय को सुनने लगे हो।

किसान : उसकी राय और मदद से ही हमें सब्ज़ी वाले से ऊँची रक़म मिल सकी है।

बीवी : ऊँची रक़म ? वह तो हमें उसका भी मज़ा नहीं लेने देगा। वह तो उसे अपने बेकार से ख़यालों के पीछे बरबाद करने पर तुला हुआ है। जबकि रमज़ान के सारे ख़र्चे हमारे सर पर सवार हैं...और यह भी मत भूल जाओ कि रमज़ान के ठीक बाद ही दावत होगी, जिसके लिए हमें केक बनाना होगा।...

किसान : और केक वाली दावत के बाद बड़ी दावत के लिए भेड़ चाहिए होगी।

बीवी : यह सब जानते हुए भी तुम उसकी बातों को क्यों सुन रहे हो ?

किसान : सुनने में कोई नुक़सान नहीं होता।

बीवी : कौन कहता है ऐसा ? कानों में पड़ी बक-बक तो जादू-टोने से भी ज़्यादा ख़राब होती है।

किसान : तुम कहना चाहती हो कि हम उसे अपना मुँह बन्द करने को बोल दें ?

बीवी : हाँ, ताला डालकर...ताकि वह ख़ामोश रहे। वह एक गधा है और उसे एक गधे की तरह ही रहना चाहिए और तुम इस घर के मालिक हो और तुम्हें इस घर का मालिक ही रहना होगा। उम्र के इस मुक़ाम तक पहुँचकर तुम कोई ऐरे-ग़ैरे नहीं हो, कुछ तो दबदबा रखो, मियाँ। कम से कम अपने सफ़ेद बालों का तो ख़याल करो।

किसान : तो मैं ऐरा-ग़ैरा हूँ ?

बीवी : क़सम से, तुम ख़ुद ही ऐसे बनते जा रहे हो। तुम्हारे प्यारे दोस्त हसावी की हुकूमत यहाँ चलती है।

किसान : कैसी हुकूमत, बेगम ? लगाम तो अभी भी मेरे ही हाथ में है।

हसावी : *(अपने आप से)* लगाम ?

बीवी : ठीक है, फिर देर किस बात की ? अभी से उसके ऊपर ज़ीन क्यों नहीं कस देते ?

किसान : और अगर उसे अपनी मर्ज़ी मुताबिक ही भटकने दें तो क्या फ़र्क़ पड़ता है ?

हसावी : *(अपने आप से)* भटकना ?

बीवी : मुझे उसके इस भटकने और भड़कने से बड़ा डर लगता है।

किसान : किस बात का डर है, तुम्हें ?

बीवी : कि वह तुम्हें बेवक़ूफ़ बनाता रहेगा और तुम बनते रहोगे।

किसान : बनता रहूँगा ? क्यों, मैं कोई गधा हूँ ?

बीवी : गधा तो यहाँ है और वह ज़ोर-शोर से बातें भी कर रहा है।

किसान : बातें करना एक चीज़ है और उन पर अमल करना दूसरी बात।

बीवी : किस अमल की बात कर रहे हो ? तुमने तो रस्सी भी खोल दी है।

किसान : तुम क्या चाहती हो कि उसे रस्सी से बाँधकर रखूँ ?

बीवी : जैसे दूसरे गधों को रखते हैं।

किसान : पर वह आदमी है, भली औरत।

बीवी : असल में तो गधा ही था। जब तुमने उसे मेले से ख़रीदा, उसके लिए अच्छी रक़म दी, तब वह गधा था। इसलिए उसकी जगह वहाँ बाड़े में ही है। न तो वह घर में घुसेगा और न ही किसी चीज़ के बारे में बात करेगा। यही होना चाहिए। अगर तुम्हें पसन्द नहीं तो मैं बाहर से सारे पड़ोसियों को बुला लाऊँगी और उनसे कहूँगी, "भाइयो, मुझे बचाओ...मेरे मियाँ का सर फिर गया है। वह बाज़ार से एक गधा ख़रीद लाया है और अब उसे आदमी बनाकर उसकी हर बात को मानने लगा है।"

किसान : पागल मत बनो, बेगम।

बीवी : खुदा क़सम, मैं ऐसा करके रहूँगी।

किसान : अच्छा, बहुत हुआ, अब तो चुप हो जाओ।

बीवी : क्या मतलब ? बहुत हुआ ? बोलो !

किसान : हम जैसे थे, वैसे ही रहेंगे। ख़ुश ? ऐ हसावी, इधर सुनो !

हसावी : जनाब !

किसान : देखो, मैं तुम्हारी राय पूछूँ और तुम मेरी—यह सिलसिला चलने वाला

नहीं है। यहाँ मेरा हुक्म ही चलता है और तुम्हारा काम है उसे पूरा करना। मेरा मतलब है कि तुम्हारे मुँह से एक लफ़्ज़ भी निकलना नहीं चाहिए। समझे ? अब सीधे बाड़े में जाओ, जब तक मैं तुम्हारे काम का इन्तज़ाम करता हूँ।

हसावी : बिलकुल। पर आप मुझे कुछ कहने का मौक़ा दें तो...एक आख़िरी बात।

बीवी : क्या बदतमीज़ी है ! वह कह रहे हैं कि तुम बात मत करो, अपने मुँह को बन्द रखो...चुप रहो। तुम सचमुच बदतमीज़ हो।

हसावी : अच्छा, तो...मैं अपना मुँह बन्द रखता हूँ और चुप हो जाता हूँ। इजाज़त दीजिए।

[निकल जाता है।]

[अन्धकार]

तीसरा दृश्य

[किसान के घर के बाहर हसावी को अचानक अपना साथी पहला बेरोज़गार दिखाई देता है, जो असली गधे को लेकर चला आ रहा है। दोनों साथी एक दूसरे से गले मिलते हैं।]

हसावी : *(अपने साथी से)* बताओ, तुम्हारे साथ क्या हुआ ?

पहला : और तुम ! तुम्हारे साथ ?

हसावी : अभी बताता हूँ। पर इस जगह का पता तुम्हें कैसे चला ?

पहला : मैं दूर से चुपचाप तुम्हारे पीछे पीछे चलता रहा। बताओ, हमारे दोस्त गधे के मालिक के साथ क्या हुआ ?

हसावी : कम से कम तुम तो उससे छूट गए। वह तो पूरा अहमक़ है—यही नहीं पता कि उसकी भलाई किसमें है ? पर तुम गधा लेकर क्यों लौट आए ?

पहला : हमें इसकी ज़रूरत नहीं है। सब ठीक हो गया है...खुदा की मेहरबानी।

हसावी : कैसे ?

पहला : हमें काम मिल गया है।

हसावी : तुम्हें काम मिल गया है ?

पहला : मुझे और तुम्हें भी।

हसावी : कहाँ ? जल्दी बताओ।

पहला : तुम्हें छोड़कर जब मैं चला गया। मतलब मैं और गधा तो मुझे रास्ते

में एक बड़ा खेत दिखाई दिया जिसमें लोग फ़सल बो रहे थे। मैंने उनसे पूछा, "काम है करने को।" "बहुत सारा," वे बोले, "तुम और तुम्हारे जैसे दस-बीस लोगों के लिए।" मैंने कहा, "मेरे साथ कोई और भी है।" वे मुझसे बोले, "अभी जाकर उसे बुलाकर लाओ और काम शुरू कर दो।" इसलिए मैं सीधा तुम्हारे पास चला आया।

हसावी : लाजवाब ! याद है, वहाँ हम काम के लिए भूखों मर रहे थे ? लोग हमारा मज़ाक़ उड़ाते थे, "दफ़ा हो जाओ, कमीनो आवारो, दोनों के दोनों। हमारे पास तुम जैसे लोगों के लिए कोई काम नहीं है।"

पहला : ऐसा लगता है कि गधे के साथ होने से मेरी शोहरत में चार चाँद लग गए।

हसावी : ठीक कहते हो। लोग हर वक़्त नहीं कहते कि गधे जैसी मेहनत कर रहा है ? गधे का मतलब ही है मेहनत; जैसे कि घोड़ा यानी इज़्ज़त। लोग नहीं कहते कि घोड़े की सवारी से इज़्ज़त बढ़ती है, कुत्ते अच्छी पहरेदारी करते हैं और बिल्लियाँ चोर होती हैं ?

पहला : हाँ, ख़ुदा क़सम, यह सच है। उन्होंने मुझे गधे के साथ देखा और आपस में कहने लगे, "यह कमीना और आवारा नहीं हो सकता. .यह तो ज़रूर कोई मेहनती आदमी होगा।" नतीजा यह हुआ कि मुझे तो काम मिल ही गया और मेरी सिफ़ारिश पर तुम्हें भी।

हसावी : तुम्हारी सिफ़ारिश ? या गधे की ?

पहला : गधे की। इसकी वजह से असल से हम दोनों को ही काम मिला है। क्या यही अच्छा नहीं होगा कि हम इसे इसके मालिक को लौटा दें ?

हसावी : यही ठीक है।

पहला : हम उससे कहेंगे क्या ?

हसावी : हम उससे कहेंगे कि अपना गधा ले लो।

पहला : और तुम...क्या तुम अपने गले में फन्दा डालकर उसका गधा नहीं बने थे ?

हसावी : अब वह असली गधे को रखना ही पसन्द करेगा।

पहला : देखो, गधे को उसके सुपुर्द करके ख़्वामख़ाह की बहस में पड़ने की बजाय कि हम कहाँ थे और गधा कहाँ था, हम गधे को उसके घर के बाहर बाँधकर चम्पत हो जाते हैं। तुम्हारा क्या ख़याल है ?

हसावी : निहायत ही बेहतर ख़याल है...चलो।

[वह गधे को घर के दरवाज़े से बाँध देते हैं, फिर दरवाज़ा खटखटाकर भाग जाते हैं। दरवाज़ा खोलकर किसान झाँकता है।]

किसान : *(गधे को देखकर आश्चर्यचकित हो जाता है और चिल्लाता है)* बेगम, बाहर आओ !

बीवी : *(दरवाज़े पर आकर)* क्या हुआ ?

किसान : देखो ! आँखें फाड़कर देखो !

बीवी : किसे ?

किसान : वह फिर बदल गया...हसावी फिर वही मेले वाले गधे में बदल गया। जब मैंने उसे ख़रीदा था तो वह बिलकुल ऐसा ही था।

बीवी : खुदा का लाख-लाख शुक्र है...ओ खुदा, तुम कितने मेहरबान हो !

किसान : हाँ, पर...

बीवी : पर क्या ? तुम और क्या कहना चाहते हो ?

किसान : पर हम ही इसकी वजह हैं।

बीवी : हम क्यों ? हमने उसके साथ क्या किया था ?

किसान : हमने भी वही किया जो उसके वालिद ने उसके साथ किया था। उन्होंने भी उसे चुप कराके गधा बना दिया था।

बीवी : पर उसके गधा होने में बुराई क्या है ? कम से कम हम उसकी सवारी तो कर सकते हैं।

किसान : तुम ठीक कहती हो। जब वह एक आदमी था और उसके पास दिमाग़ भी था, वह सवारी के लिए बेकार था।

बीवी : और हमें उसके दिमाग़ का क्या करना था ? हमें चाहिए था कि हम सवारी कर सकें, अपना बोझ उस पर डाल सकें और वह हमें एक जगह से दूसरी जगह ले जा सके। भले आदमी, खुदा का शुक्र मनाओ कि उसने तुम्हें वही गधा वापस कर दिया जिसकी तुम्हें ज़रूरत थी।

किसान : *(प्यार से गधे का सिर सहलाते)* हम लोगों के ख़िलाफ़ अपने दिल में कुछ मत रखना, हसावी। क़िस्मत ही ऐसी थी। उम्मीद है कि तुम नाराज़ नहीं हो। हम लोगों के लिए तो तुम अब भी वही हो, मोहतरम हसावी...।

बीवी : तुम अभी भी उसी चक्कर में पड़े हो, मियाँ ? तुम अभी भी गधे के कान में शहद घोल रहे हो ? देखना...वह फिर से बोलना शुरू कर देगा !

[किसान चुपचाप गधे को बाड़े की तरफ़ ले जाता है, बीवी खुशी से रोने लगती है।]

[अन्धकार]

●●●